Les Entretiens de recrutement POUR LES NULS

Joyce Lain Kennedy
Éditorialiste de « Carrières »

Alain Dumesnil
Consultant spécialisé dans le conseil en recherche de cadres et de dirigeants, pour l'adaptation française

FIRST
Editions

Les Entretiens de recrutement pour les Nuls
Titre de l'édition américaine : Job Interviews for Dummies

Publié par
Wiley Publishing, Inc.
111 River Street
Hoboken, NJ 07030 - 5774
USA

ISBN 2-75400-086-0
Dépôt légal : 3e trimestre 2005
Nous nous efforçons de publier des ouvrages qui correspondent à vos attentes et votre satisfaction est pour nous une priorité. Alors, n'hésitez pas à nous faire part de vos commentaires :

Éditions Générales First
27, rue Cassette
75006 Paris - France
e-mail : firstinfo@efirst.com
Site internet : www.efirst.com

Traduction : Anne-Carole Grillot
Production : Emmanuelle Clément
Mise en page : Catherine Kédémos

Imprimé en France

Sommaire

Sixième partie : La Partie des Dix 303

Chapitre 24 : Interviewers : dix personnalités types..305

Chapitre 25 : Dix entretiens insolites 311

Index....................319

Introduction

Iriez-vous à un entretien avec le visage tuméfié, couvert d'hématomes et de points de suture ?

C'est ce qu'a fait **Mel Gibson**, star du cinéma américain. Après s'être bagarré dans un bar la veille de son audition, l'acteur a montré un visage parfait pour le rôle du héros futuriste Mad Max. En donnant une image conforme à celle du personnage, il a obtenu ce jour-là le rôle qui allait faire décoller sa carrière.

Aujourd'hui, les entretiens de recrutement s'apparentent à l'audition de Mel Gibson. En quelques minutes, vous devez prouver à votre interlocuteur qu'il est inutile de chercher plus longtemps : vous êtes fait pour le rôle.

George Clooney, célèbre pour la série américaine *Urgences*, a compris lui aussi qu'il est essentiel de rentrer dans la peau de son personnage aussi bien pour une audition que pour un entretien de recrutement.

Pour son premier job, un spot publicitaire, il est arrivé à l'entretien avec un pack de bière sous le bras (n'essayez pas de faire comme lui). Après avoir fait des recherches sur le type d'acteur que le publicitaire souhaitait pour le rôle, il avait découvert que le candidat idéal devait afficher une assurance décontractée.

Plus tard, il a expliqué son attitude en affirmant que ce n'est pas le meilleur acteur qui obtient le rôle mais celui qui fait la meilleure impression : « On obtient un rôle dès que l'on passe la porte. Parce que, curieusement, on ne vend pas un talent d'acteur mais une certaine dose d'assurance. »

Dans ce livre, vous allez découvrir le trio gagnant de l'acteur convaincant : l'apparence, la performance et l'assurance. Ces trois facteurs essentiels sont à la portée de tous. Vous apprendrez à les maîtriser et à utiliser les nouvelles technologies à votre disposition pour préparer votre entretien (voir Quatrième partie). Votre employeur potentiel ne pourra que reconnaître en vous le candidat qu'il attendait.

Qu'est-ce qu'une star dans le cadre d'un entretien de recrutement ?

Dans une série d'entretiens de recrutement, la star est le candidat qui se distingue des autres par son talent. Le public (ici, l'interviewer) est ébloui par sa présence et l'adopte immédiatement. Si vous êtes une star, votre interlocuteur prendra inconsciemment parti en votre faveur dès le début de l'entretien. Même s'il entend d'autres candidats après vous, sa décision sera déjà prise. Ce sera vous qui lui laisserez le meilleur souvenir et personne d'autre ne pourra l'effacer. Toutefois, l'utilisation du mot « star » ne doit pas vous faire croire que l'entretien de recrutement est du cinéma. C'est un moment très sérieux qu'il faut préparer avec professionnalisme et au cours duquel il faut davantage être naturel que jouer un rôle qui serait trop de composition (ce point sera développé plus loin).

Les Entretiens de recrutement pour les Nuls propose tout un éventail de stratégies et de techniques, des exemples de dialogues et des conseils de recherche. Vous voulez être une star une fois dans votre vie ? Dévorez ce livre et votre vœu sera exaucé.

Qu'est-ce qu'un Nul ?

Ce livre s'adresse à pratiquement tous les demandeurs d'emploi – jeunes diplômés, personnes souhaitant réintégrer le marché du travail, cadres expérimentés – qu'ils se destinent à une carrière technique, administrative ou autre.

Désormais, tout le monde connaît la collection *Pour les Nuls*. Les Nuls sont des lecteurs qui ont besoin d'une approche simple, certes, mais d'une information fiable et précise. À l'heure où tout s'accélère, de plus en plus nombreuses sont les personnes qui souhaitent avoir accès à l'information le plus rapidement possible sans tracasserie. *Les Entretiens de recrutement pour les Nuls* a été rédigé dans cet esprit. Entrez dans le monde génial des Nuls !

Aperçu des différentes parties de ce livre

Première partie : Les entretiens qui marchent

Faites un tour en coulisses pour revoir les principes fondamentaux de l'entretien de recrutement. Malgré la reprise de l'emploi, les employeurs restent prudents lorsqu'il s'agit d'intégrer une nouvelle recrue. Découvrez également l'entretien en tant que représentation théâtrale et huit concepts qui feront de vous une star.

Deuxième partie : La clé de la réussite : faire des recherches et répéter

Répétez en privé avant que tous les projecteurs ne soient braqués sur vous. Mémorisez votre texte, habillez-vous en fonction de votre rôle, repérez les mécanismes des tests de recrutement et travaillez avec vos références.

Troisième partie : Le déroulement de l'entretien

Découvrez les différents scénarios possibles pour un entretien de recrutement, identifiez les questions que vous pouvez poser pour vous vendre et apprenez à négocier votre salaire ou votre temps libre.

Quatrième partie : La technologie entre en scène

Préparez-vous à faire face à un nouveau type d'entretien, réalisé par téléphone ou vidéotransmission. La stratégie à adopter n'est pas la même lorsque les parties ne communiquent pas en tête-à-tête. Les nouvelles technologies s'imposent dans le monde entier et c'est à vous de vous adapter.

Cinquième partie : Des réponses à toutes les questions

Prévoyez à l'avance les questions que l'on peut vous poser sur vous, l'intérêt que vous portez à la société, votre expérience, votre formation, vos compétences et votre âge ; les questions que vous redoutez ; et celles que l'on ne devrait pas vous poser.

Sixième partie : La Partie des Dix

Identifiez les différents types d'interviewers. Découvrez ce qu'auraient pu dire certains personnages mythiques ou historiques s'ils avaient dû passer un entretien. Enfin, détendez-vous grâce à dix anecdotes retraçant l'entretien de candidats qui étaient loin d'être des stars…

Les icônes utilisées dans ce livre

Tous les livres de la collection *Pour les Nuls* sont jalonnés d'icônes destinées à attirer votre attention sur des informations essentielles. Voici la liste des icônes utilisées dans ce livre :

Infos à ne rater sous aucun prétexte si vous voulez devenir une star de l'entretien de recrutement.

Conseils à suivre pour cibler les opportunités en ligne.

Mises en garde contre les gaffes qui coûtent cher. Gare au T-Rex si vous ne voulez pas faire mauvaise impression dès le départ !

Suggestions de préparation avant l'entretien pour éviter la panique.

Règles fondamentales d'un entretien de recrutement réussi.

Conseils donnés par des experts de l'entretien de recrutement qui se trouvent de l'autre côté du rideau.

Divergences d'opinion sur des points précis.

Repères destinés aux jeunes diplômés ou aux nouveaux venus sur le marché du travail pour les aider à s'y retrouver.

Recommandations pour les personnes expérimentées qui ont besoin de se remettre à la page.

Mise en scène de votre production

Sur l'échelle des événements stressants de notre vie, l'entretien se situe au même niveau que le discours devant un auditoire armé de tomates et prêt à en faire usage. Certains candidats ont tellement le trac qu'ils prennent des tranquillisants pour être détendus. Il existe une meilleure façon de réduire la pression : bien connaître les rouages de l'entretien de recrutement. Apprenez à maîtriser chaque étape et vous aurez de l'assurance jusqu'à la fin de votre carrière. N'ayez cependant pas de complexe si vous ressentez un certain stress. C'est normal, naturel et humain. L'inverse prouverait au contraire que vous êtes peu motivé. Même les professionnels du recrutement, quand il leur arrive de se « mettre sur le marché de l'emploi », éprouvent cette inquiétude, positive quand elle est maîtrisée et pas trop apparente, de même que les parachutistes ont une certaine appréhension après avoir pourtant effectué plusieurs centaines de sauts. L'inverse serait de l'inconscience.

Première partie

Les entretiens qui marchent

« Laisse-moi te donner quelques conseils pour ton entretien : réfléchis à ce que tu vas dire avant d'ouvrir la bouche, regarde l'interviewer droit dans les yeux et n'oublie pas d'enlever le piercing que tu as sur la langue. »

Dans cette partie...

L'entretien de recrutement est une véritable représentation théâtrale dans laquelle chaque comédien joue un rôle prédéfini. Le premier chapitre est un résumé de tout le livre – si vous êtes convoqué demain, vous saurez l'essentiel en le lisant. L'entretien ne met plus uniquement en scène deux personnes assises l'une en face de l'autre. Aujourd'hui, vous pouvez être confronté à un panel de six recruteurs ou être invité à déjeuner pour voir comment vous vous comportez en société.

Le deuxième chapitre décrit les différents types d'entretien en les classant par objectif, technique de l'interviewer et lieu. Les entretiens basés sur l'étude du comportement sont de plus en plus courants.

Chapitre 1

L'entretien est une saynète

Dans ce chapitre :

- Résumé du livre
- L'entretien en tant que représentation théâtrale
- Huit conseils pour devenir une star
- Les risques d'exploitation
- La voie du succès

Avec la reprise de l'emploi, vous pourriez être tenté de relâcher vos efforts. Pourquoi consacrer du temps à la préparation d'un entretien puisque, de toute façon, on a besoin de vous ? Voici trois excellentes raisons :

- Vous obtiendrez un bien meilleur emploi en maîtrisant parfaitement l'art de l'entretien de recrutement.
- Vous surmonterez les obstacles auxquels vous serez confronté si vous avez plus de 40 ans ou si vous travaillez dans un secteur encore en crise.
- Vous serez prêt à vous battre s'il devient à nouveau difficile de trouver un emploi.

Convaincu ? Voici en quelques mots le fondement d'un entretien efficace.

Le principe de l'entretien de recrutement

Vous n'avez que deux choses à faire pour réussir un entretien de recrutement : convaincre l'employeur que vous pouvez remplir la tâche proposée mieux que vos concurrents et lui

Résumé pour demandeurs d'emploi pressés

Ce chapitre est un résumé de tout le livre. Si vous êtes pressé, parcourez ces pages introductives qui vous donneront un aperçu des tendances actuelles. Lorsque vous aurez du temps devant vous, vous découvrirez dans les chapitres suivants des informations précieuses sur la préparation de l'entretien, de la tenue que vous devrez porter à la meilleure façon de répondre aux questions déplacées.

prouver que vous vous en acquitterez dans la joie et la bonne humeur, en créant des bénéfices et non des problèmes.

Ces deux arguments constituent la base du message que vous devez faire passer à un entretien. Vous êtes à l'étape décisive de votre recherche d'emploi et, si vous ne faites pas bonne impression, le poste sera confié à quelqu'un d'autre. L'enjeu est tel que vous risquez d'avoir la gorge serrée et l'estomac noué. Mais ne laissez pas l'angoisse compromettre vos chances.

Vous trouverez dans ce livre des techniques éprouvées pour communiquer avec aisance. Peu à peu, vous sentirez votre langue se délier et vos mains accompagner vos paroles jusqu'à ce que vous gagniez suffisamment d'assurance pour entrer sans réticence dans la dynamique de l'entretien.

L'entretien en tant que représentation théâtrale

L'entretien est le point de non-retour du long processus de recrutement. C'est la raison pour laquelle les cabinets de conseil en carrière lui consacrent beaucoup de temps.

Dès que l'entretien commence, votre avenir professionnel est soumis à l'efficacité avec laquelle vous vous présentez à un étranger en 15, 30 ou 60 minutes.

Cette présentation a été assimilée à de nombreuses épreuves, des examens universitaires aux rites initiatiques, mais voici le véritable secret :

L'entretien de recrutement est une saynète.

Sachez que, chaque année, plusieurs millions de saynètes sont jouées dans le pays, même si vous ne les verrez jamais dans aucun théâtre.

L'entretien, comme la représentation théâtrale, exige beaucoup de préparation. Votre objectif est de livrer votre message de façon fluide et naturelle pour que l'employeur soit littéralement séduit par votre talent.

Attention toutefois à ne pas confondre saynète avec one-man show ou numéro de cirque. Car il s'agit bien d'un échange au cours duquel interviewer et interviewé échangent des informations.

« Être soi-même » n'est pas toujours un bon conseil

Dans *Les Enfants du silence*, un professeur (**William Hurt**) a une discussion houleuse avec une femme de ménage sourde (**Marlee Matlin**) dans une école spécialisée que celle-ci a fréquentée en tant qu'élève.

En langage des signes, la femme de ménage dit au professeur : « Laisse-moi être moi. » Et le professeur demande : « Mais qui es-tu, bon Dieu ? » Sa question reste sans réponse.

Personne ne peut répondre facilement à cette question. Par conséquent, être soi-même est un conseil difficile à suivre. Qui sommes-nous vraiment ? Ne devons-nous pas jouer plusieurs rôles dans une vie ?

Benoît est père, ingénieur, coureur de fond, étudiant en droit en soirée et joueur de bridge le week-end. Qui est le véritable Benoît ?

Juliette est célibataire, joueuse de tennis, fan de football et la meilleure vendeuse de sa société. Qui est la véritable Juliette ?

Benoît et Juliette pourraient affirmer qu'ils ont des traits de caractères immuables : *Je suis ce que je ressens. Si je réfrène mes envies, je ne suis pas fidèle à moi-même.*

Toutefois, ce raisonnement n'est que superficiel. Après tout, nous avons différentes sortes d'envies, dont certaines sont nobles et d'autres primaires et peu épanouissantes.

Ne vous enfermez pas dans une seule identité – tout le monde a plusieurs facettes.

Lors d'un entretien, vous êtes dans le rôle du demandeur d'emploi et l'étranger qui se trouve en face de vous, dans celui de l'interviewer.

Jouer le rôle le plus approprié à un moment de votre vie, et le jouer le mieux possible pour obtenir l'emploi que vous méritez, n'est pas malhonnête. Si vous ne le faites pas, vous resterez soit sans emploi soit sous-employé.

Vous l'avez compris : l'entretien de recrutement comporte bien sûr une partie de « vente ». Toutefois il faut rester dans certaines limites et ne pas forcer sa nature de manière exagérée. Dans ce domaine comme dans beaucoup d'autres, il faut trouver la bonne limite entre le compromis (« vendre » ses compétences) qui est nécessaire, et la compromission (en faire trop pour plaire coûte que coûte à votre interlocuteur) qui serait inacceptable. D'ailleurs il ne servirait à rien de rentrer dans une entreprise avec les valeurs de laquelle vous seriez trop en décalage : vous y seriez rapidement malheureux, inefficace et en seriez rapidement rejeté.

Il ne s'agit pas d'être faux ou poseur mais de prendre du recul par rapport à la situation pour voir quel comportement adopter pour obtenir une offre. Soyez à l'image du candidat idéal décrit par l'employeur.

En restant naturel, vous risquez de ne pas être convaincant

Faut-il rester spontané ? On dit toujours qu'il vaut mieux être naturel. Pourtant, nous le sommes rarement. Des cheveux coiffés sont-ils naturels ? Et des jambes rasées ? Une barbe entretenue ? Des chaussures cirées ? Est-ce naturel de mettre sa main devant la bouche pour tousser ? De ne pas se gratter là où ça démange ?

Être naturel lors d'un entretien est une option possible à condition qu'il ne s'agisse pas d'une excuse pour laisser échapper des informations négatives.

Ne vous comportez pas comme si vous étiez au confessionnal. Ne parlez ni de vos défauts ni d'événements qui n'ont rien à voir avec vos performances professionnelles.

Ne considérez pas non plus l'entretien comme une conversation au cours de laquelle vous pouvez faire part de vos opinions culturelles, sociologiques, politiques, sexuelles ou autres. Ne parlez pas de vos convictions personnelles sous prétexte d'être naturel et honnête.

La société ne peut accepter un comportement totalement naturel. Et l'entretien s'inscrit dans la même logique. Bien connaître quelqu'un à l'issue d'une rencontre de 15, 30 ou 60 minutes est tout simplement impossible – même si cette rencontre se renouvelle plusieurs fois. Comment pourrait-on résumer une vie en si peu de temps ?

Au cours d'un entretien, chaque partie voit ce que l'autre veut bien montrer. Si vous en doutez, demandez-vous combien de temps il vous a fallu pour connaître véritablement votre colocataire ou votre conjoint.

À moins que vous ayez affaire à un interviewer professionnel et expérimenté, l'entretien est loin d'être un échange d'informations rationnel, impersonnel et impartial. Chaque partie fait intervenir une dose de subjectivité, voire de préjugés. Si vous vous obstinez à rester naturel, l'interviewer ne retiendra peut-être pas votre candidature simplement parce que votre barbe est mal entretenue, vous ne souriez pas beaucoup ou vous avez eu la naïveté de faire part de votre adhésion à un parti politique.

Donnez le meilleur de vous-même

Comment devez-vous vous comporter lors d'un entretien ?

Montrez-vous sous votre meilleur jour.

Pour être à la hauteur, vous allez devoir assimiler certaines techniques qui convaincront l'interviewer de vous recruter.

Ceux qui vous recommandent d'être vous-même sont bien intentionnés mais vous donnent un conseil inutile. S'inscrire à un cours de théâtre pour apprendre à mettre en valeur vos meilleurs atouts est une démarche bien plus constructive.

Tout ce que vous avez fait jusqu'à présent – identifier vos compétences, élaborer votre CV (voir mon livre *Le CV pour les Nuls*), rédiger votre lettre d'accompagnement (voir mon livre *Les Lettres d'accompagnement pour les Nuls*) – ne servira à rien si l'entretien ne débouche pas sur une offre concrète. Mettez toutes les chances de votre côté.

Le nouveau visage de l'entretien de recrutement

Si vous ne parvenez pas à vous vendre à la dernière ligne droite, ne désespérez pas. Peut-être n'êtes-vous pas en phase avec les nouvelles tendances qui régissent l'entretien de recrutement. Voici ce que vous devez savoir.

Un nouveau type d'interviewers

Si la dernière fois que vous avez passé un entretien vous vous êtes trouvé en face d'un seul interviewer, homme ou femme, vous allez devoir vous adapter au changement.

- Êtes-vous prêt à expliquer à une équipe de six managers – pris individuellement ou collectivement – pourquoi vous êtes le meilleur candidat pour le poste ?

- Serez-vous à l'aise avec un interviewer ayant vingt ans de moins que vous (chose courante dans les domaines de la technologie de pointe et de la vente) ?
- Avez-vous pensé que vous pouvez vous trouver face à une personne ayant une culture complètement différente de la vôtre ?

Préparez-vous à être confronté à tout un panel de recruteurs et à des interviewers plus jeunes que vous ou de culture différente.

L'importance des compétences immédiates

À notre époque, les salariés ne restent que quelques années au même poste. Par conséquent, les employeurs s'intéressent avant tout à vos compétences immédiates. La questions est : Que pouvez-vous apporter à la société *dans l'immédiat ?*

Pour faire bonne impression, faites des recherches approfondies sur les objectifs de la société (augmentation du chiffre d'affaires, réduction des coûts, acquisition de nouvelles parts de marché, réalisation d'une percée technologique), expliquez ce que vous pouvez faire pour aider la société à atteindre ces objectifs et exprimez-vous dans le jargon du secteur.

Même si vous postulez pour un poste de secrétariat, renseignez-vous au moins sur la nature des activités de la société, partez du principe que l'objectif global est de gagner ou d'économiser de l'argent et apprenez quelques mots clés à replacer lors de l'entretien.

Un nouveau genre de questions

Les traditionnelles questions du genre *Où vous imaginez-vous dans cinq ans ?* et *Pourquoi souhaitez-vous travailler dans notre société ?* sont encore posées aujourd'hui mais elles sont anecdotiques par rapport à toutes celles qui ont fait leur apparition entre-temps. Les questions en vogue actuellement sont décrites dans les chapitres 14 à 21. Certaines sont logiques et liées uniquement au travail. Par exemple :

- Qu'avez-vous l'intention d'accomplir au cours de la première année ?
- Pouvez-vous me parler d'une période pendant laquelle vous avez travaillé sous pression et me dire ce que vous avez fait pour vous en sortir ?
- Comment vous comporteriez-vous avec un patron qui vous ment ?

D'autres sont conçues pour évaluer la qualité de votre raisonnement (voir chapitre 6) :

- Pourquoi les plaques d'égout sont-elles rondes ? (1)
- Combien de coiffeurs pour hommes y a-t-il à Paris ? (2)
- Si vous étiez un animal, quel genre d'animal seriez-vous ?

D'autres encore, appréciées dans les cercles techniques et financiers, mettent à l'épreuve votre esprit de logique ou d'analyse :

- Lorsque vous vous réveillez un matin, vous découvrez qu'il y a une panne d'électricité. Vous savez que vous avez 12 chaussettes noires et 8 bleues. Combien de chaussettes devez-vous prendre pour être sûr d'en avoir deux qui vont ensemble ? (3)
- Vous voulez aller à Véritéville. Vous arrivez à un embranchement : une des deux routes mène à Véritéville (où tout le monde dit la vérité) et l'autre à Mensongeville (où tout le monde ment). À l'embranchement, se trouve un homme originaire de l'une de ces villes. Vous ne savez pas laquelle. Vous pouvez lui poser une question pour trouver votre route. Quelle est cette question ? (4)
- Vous avez deux récipients. L'un a une capacité de cinq litres et l'autre de trois. On vous demande de mettre exactement quatre litres d'eau dans le récipient de cinq litres. Vous pouvez utiliser toute l'eau que vous voulez. Comment faites-vous ? (5)

(Vous trouverez les réponses à ces questions dans l'encadré « Réponses aux questions pièges ».)

Outre les questions directes, il existe des exercices d'évaluation sur le terrain. Par exemple, les recruteurs peuvent vérifier la capacité des candidats à travailler en équipe en leur demandant de résoudre un problème ensemble et en les observant derrière un miroir sans tain.

Dans les entreprises dirigées par de jeunes cadres, vous pouvez être amené à relever des défis étonnants. On vous donnera par exemple une boîte de Lego et vous aurez cinq minutes pour construire ce que vous voulez et l'expliquer. Le but est de trouver des personnes déterminées, pleines de ressources, qui n'abandonnent jamais et remettent tout en question.

De nouveaux arguments

Certaines questions appellent toujours la même réponse mais d'autres non. Par exemple, si on vous demande *Pourquoi souhaitez-vous travailler dans cette société ?* ne dites pas que vous cherchez une « nouvelle famille » sous prétexte de montrer votre loyauté et votre fidélité. Ces qualités ne sont plus d'actualité (la loyauté reste toutefois un atout pour les seniors, voir chapitre 14).

Les employeurs ne s'attendent plus à ce que vous restiez dans leur société jusqu'à la fin de votre carrière. Ils n'y tiennent d'ailleurs pas non plus – peut-être même que dans un an, ils n'auront plus besoin de vous.

Votre objectif est de prouver que vous serez *productif immédiatement*. Parlez de votre motivation pour le travail à effectuer. Par exemple, vous souhaitez utiliser vos compétences technologiques et vous voulez un emploi stimulant, qui respecte un certain équilibre avec votre vie privée mais vous donne envie de vous lever le matin. Quant à la fidélité, n'y pensez plus. Plus personne ne s'y intéresse.

La technologie réduit le temps de réflexion

Lors d'un entretien en tête-à-tête, regarder le plafond ou jeter un coup d'œil par la fenêtre pour prendre le temps de réfléchir peut donner de vous l'image d'une personne posée et circonspecte. Mais aujourd'hui un interviewer peut vous téléphoner ou utiliser un système de vidéoconférence. À distance, les temps morts peuvent donner l'impression que vous êtes lent et ennuyeux plutôt que réfléchi (voir Quatrième partie).

La polyvalence des compétences est un atout

L'autonomie est un argument de vente très important. Tous les bureaux sont équipés d'un ordinateur et les interviewers ne veulent surtout pas vous entendre dire que vous avez besoin d'un assistant pour gérer vos e-mails et autres tâches administratives. Si vous êtes dépassé par la technologie, ne le montrez pas. Partez du principe que, de toute façon, vous devrez impérativement vous mettre à la page.

La dactylographie n'est plus le privilège des secrétaires. Les cadres aussi doivent savoir taper et se servir d'un traitement de texte. Et si vous ne savez pas surfer sur l'Internet, prenez des cours. Admettez-le une fois pour toutes : l'avenir appartient aux Internautes. Les jours des technophobes sont comptés.

Les entretiens par téléphone se multiplient

Plus rapide et moins cher que l'entretien sur site, l'entretien par téléphone est de plus en plus courant. La vidéoconférence fait également son apparition dans le processus de recrutement. Préparez-vous grâce aux techniques éprouvées décrites aux chapitres 11, 12 et 13.

Les entretiens basés sur le comportement est encore en vogue

Les entretiens basés sur le comportement sont encore très pratiqués par les employeurs. Cette approche consiste à anticiper votre comportement futur en fonction de votre comportement passé. Plus vous avez connu de succès par le

Réponses aux questions pièges

(1) Les plaques d'égout sont rondes pour qu'elles ne tombent pas dans les bouches d'égout.

(2) Le chiffre varie. L'interviewer veut simplement voir comment votre esprit fonctionne. La réponse classique se base sur un raisonnement mathématique.

Les personnes qui ont l'esprit mathématique répondront qu'il faut connaître la population de Paris, le pourcentage d'hommes, le nombre de coupes de cheveux qu'un homme se fait faire en moyenne dans l'année, le nombre de jours ouvrables des salons de coiffure pour hommes, et le nombre de coupes qu'un coiffeur effectue en moyenne en une journée.

Les personnes qui ont le sens pratique répondront qu'il suffit de consulter l'annuaire de la Fédération nationale de la coiffure française.

(3) Il n'y a que deux couleurs. Pour avoir une paire de chaussettes assorties, prenez-en trois.

(4) Posez à l'homme la question suivante : « Quelle route faut-il prendre pour aller chez vous ? » Suivez la direction qu'il vous indique. S'il est de Mensongeville, il vous indiquera Véritéville et s'il est de Véritéville, il vous donnera la bonne direction.

(5) Remplissez le récipient de trois litres et versez-en le contenu dans le récipient de cinq litres. Recommencez l'opération. Il vous reste un litre dans le récipient de trois litres. Videz le récipient de cinq litres. Versez-y le litre qui se trouve dans l'autre récipient. Remplissez le récipient de trois litres et versez-en le contenu dans le récipient de cinq litres. Vous obtenez quatre litres d'eau.

passé, plus vous êtes susceptible d'en connaître à l'avenir. Pour de plus amples informations sur l'entretien basé sur le comportement, reportez-vous au chapitre 2.

Les PME n'attendent pas les mêmes réponses que les grandes entreprises

Comme je l'explique au chapitre 19, si vous avez longtemps travaillé dans une grande entreprise et postulez pour un poste dans une PME, vous devez préparer avec soin vos réponses. Celles-ci devront refléter un aspect de votre personnalité différent de celui que vous avez montré auparavant. Toutes les entreprises n'ont pas les mêmes objectifs et vous devez en tenir compte lors de l'entretien.

Les patrons de PME ont tendance à fuir les candidats issus de grandes sociétés. Ils pensent qu'ils ne connaissent pas les besoins d'une petite entreprise et qu'ils sont trop exigeants en matière de ressources et de rémunération, incapables de travailler deux fois plus qu'à leur ancien poste, réticents à assumer plusieurs responsabilités, et improductifs puisque leur société s'est probablement débarrassée d'eux.

C'est à vous de combattre ces préjugés. Renseignez-vous sur les entreprises de moins de 500 employés – c'est là que se trouvent la plupart des postes à pourvoir aujourd'hui.

Comment remporter le César de l'entretien

Vous êtes jeune diplômé ? Expérimenté ? Assistant ? Pdg ? Peu importe. Vous pouvez vous en sortir haut la main si vous appliquez certaines méthodes qui marchent toujours dans les entretiens. Les techniques suggérées ci-après vous paraîtront peut-être évidentes mais mieux vaut se rafraîchir la mémoire avant que se mordre les doigts après.

Accrochez un sourire à votre visage

Un sourire sincère et détendu ouvre bien des portes. Il donne l'impression que vous êtes une personne épanouie avec laquelle il est agréable de travailler. Soyez enthousiaste mais n'en faites pas trop. Parlez de vos aptitudes et non de vos besoins – les candidats sont recrutés pour ce qu'ils peuvent apporter à la société et non parce qu'ils ont besoin de travailler pour joindre les deux bouts.

Surveillez vos faits et gestes

Non seulement l'interviewer écoute vos réponses mais il observe votre tenue, le langage de votre corps, les expressions de votre visage, votre position, le port de votre tête et vos gestes. Si vous êtes débutant, soyez digne. Si vous êtes senior, soyez dynamique.

Restez positif

N'utilisez aucun terme négatif, comme *détester* ou *refuser*, et évitez les sujets qui fâchent. Par exemple, inutile de dire pourquoi vous avez quitté votre ancien poste ni de raconter vos disputes incessantes avec votre abruti de patron. Ne critiquez jamais votre ancien supérieur – votre employeur potentiel pourrait prendre son parti et vous mettre hors jeu.

Commencez votre entretien du bon pied

Certains experts considèrent que votre avenir se joue dans les cinq premières minutes de l'entretien ; d'autres affirment que vous ne disposez que de soixante secondes pour faire bonne impression. Voici quelques conseils pour vous aider à démarrer du bon pied :

- Choisissez ce que vous allez porter à l'avance et allez repérer les lieux de l'entretien. Rendez-vous sur place si nécessaire (voir chapitre 5).
- Soyez à l'heure, soyez agréable avec le réceptionniste, lisez un magazine économique pendant que vous attendez et, est-il besoin de le préciser, ne fumez pas et ne mâchez pas de chewing-gum.
- Pensez à ce que vous direz en entrant pour briser la glace. Vous pourrez, par exemple, admirer le mobilier de bureau, le choix des couleurs ou les tableaux accrochés au mur. Évitez malgré tout de vous appesantir dans ce domaine, le mieux étant l'ennemi du bien.
- Ne vous asseyez pas avant d'avoir été invité à le faire ou avant l'interviewer et ne tendez pas la main le premier.

Pendant l'entretien, mentionnez le nom de l'interviewer (surtout pas le prénom) aussi souvent que possible sans toutefois insister lourdement. Maintenez toujours un contact visuel mais évitez de regarder votre interlocuteur fixement.

Ne répondez pas en un ou deux mots

Les qualités de communication figurent parmi les plus recherchées par les employeurs. Donnez des réponses claires et complètes. Observez toutes les règles de courtoisie : n'interrompez pas votre interlocuteur et ne soyez pas grossier. Si vous ne devez pas vous contenter de répondre en un ou deux mots, n'essayez pas non plus de camoufler votre nervosité derrière un flot ininterrompu de paroles.

Acceptez de vous soumettre aux tests de pré-recrutement

Si on vous demande de faire un test, acceptez ou vous pouvez dire adieu au poste. Reportez-vous au chapitre 6 pour aborder sereinement les tests de pré-recrutement.

Ne comptez pas uniquement sur votre diplôme

La formation n'est que l'axe autour duquel vous orientez votre carrière. Il est irréaliste de croire que votre diplôme suffit à justifier votre recrutement. Expliquez ce que vous avez appris et ce que vous pouvez faire en donnant des exemples concrets.

Apportez de quoi prendre des notes

Il est conseillé de prendre quelques notes mais ne passez pas tout votre temps à griffonner sur un carnet. Vous aurez peut-être besoin, par exemple, de noter une question à laquelle vous ne pouvez pas répondre de mémoire pour y revenir ultérieurement. Songez également qu'écrire ce que votre interlocuteur dit est flatteur pour lui.

Rien ne fait plus mauvais effet que quelqu'un qui arrive à un entretien les mains dans les poches, sans même un bloc pour écrire, donnant ainsi une image d'amateur qui s'en moque.

Écoutez et observez

Ne vous concentrez pas uniquement sur vos arguments. Écoutez. Si vous réfléchissez sans arrêt à ce que vous allez dire ensuite, c'est que vos qualités d'écoute sont défaillantes. Si l'interviewer vous pose une question que vous ne comprenez pas, demandez-lui des éclaircissements.

Observez votre interlocuteur. Le langage de son corps peut exprimer l'intérêt (il est penché en avant), l'ennui (il regarde dans le vide) ou le désir de mettre un terme à l'entretien (il empile ses papiers ou se lève).

- L'intérêt prouve que vous êtes sur la bonne voie. Ne changez rien.
- Pour vaincre l'ennui, arrêtez-vous et posez la question suivante : « Préférez-vous que je vous parle plus en détail de (…) ou de mes compétences en matière de (…) ? »
- Si l'interviewer s'apprête à terminer l'entretien, passez directement à la conclusion que vous avez préparée (voir chapitre 22). Laissez la porte ouverte à une reprise de contact en posant trois questions : *Quelle est la prochaine étape du processus de recrutement ? Quand comptez-vous prendre une décision ? Puis-je me permettre de vous téléphoner si j'ai d'autres questions ?*

Huit conseils pour devenir une star

Votre objectif est d'impressionner par votre prestation. Voici huit conseils qui vous permettront d'éblouir votre interlocuteur.

Préparez-vous le mieux possible

La préparation est essentielle pour faire face aux questions éprouvantes et à la crainte des employeurs de faire une erreur de recrutement. Vous allez devoir prouver que vous êtes capable de satisfaire les besoins de la société, que vous avez les compétences nécessaires pour vous mettre dans le bain rapidement et que vous saurez vous intégrer dans la culture de l'entreprise. Heureusement, de plus en plus d'informations sur les sociétés et les différents secteurs sont disponibles à la fois dans la presse et en ligne. La recherche sur l'Internet fait souvent la différence.

Pour apprendre à effectuer des recherches ciblées, reportez-vous au chapitre 3.

Vérifiez quels sont les besoins de l'employeur

Dès que vous vous asseyez ou presque, demandez à l'interviewer de vous décrire le poste et les qualifications du candidat idéal.

Si vous vous êtes bien préparé, vous connaissez déjà la réponse mais cette question vous permettra d'en avoir confirmation. Si vous vous êtes trompé, il faut que vous le sachiez immédiatement pour pouvoir rectifier le tir.

Dans le cas où vous auriez affaire à plusieurs interviewers, adressez-vous au membre le plus âgé du panel. Ensuite, balayez le reste du groupe du regard et demandez si quelqu'un a quelque chose à ajouter.

Cette technique vous permettra de vous concentrer sur les éléments décisifs du processus de recrutement et de laisser de côté tout ce qui n'est pas pertinent.

Remarquez qu'il n'est pas du tout mal vu de demander à vos différents interlocuteurs leurs noms et fonctions dans l'entreprise, dès lors que vous le faites avec correction et professionnalisme.

Soyez prêt à vous présenter en une ou deux minutes

Vous serez probablement amené à répondre à une question du genre « Parlez-moi de vous » (voir chapitre 14). Préparez à l'avance une courte description de votre parcours professionnel (formation, expérience et compétences) montrant que vous êtes qualifié pour le poste.

Ajoutez une phrase ou deux sur votre curiosité, votre engagement et votre motivation. Exprimez-vous de façon vivante pour ne pas donner l'impression de réciter par cœur et n'hésitez pas à laisser transparaître votre personnalité.

Cet exercice est difficile, même pour les plus expérimentés. Ne négligez pas de vous y entraîner avec des proches ou des amis.

Sachez distinguer un entretien préliminaire d'un entretien de sélection

Au fur et à mesure que l'emploi se concentre sur les PME, la distinction entre l'entretien préliminaire et l'entretien de sélection s'estompe, et ces deux types d'entretien sont réalisés par la même personne. Rappelons néanmoins l'objectif de chacun.

L'entretien préliminaire

Dans les grandes entreprises, l'entretien s'effectue généralement en deux temps. Un spécialiste des ressources humaines isole d'abord les meilleurs candidats en procédant par élimination. Cet entretien préliminaire est souvent réalisé par téléphone. Les candidats retenus sont ensuite soumis à un responsable hiérarchique (ou à un jury) qui sélectionne celui à qui sera confié le poste.

Les interviewers chargés des entretiens préliminaires sont en général des personnes expérimentées qui cherchent des raisons de vous éliminer. Leur objectif est de rejeter et non de recruter. Par conséquent, ils ne transmettront votre dossier au responsable du service que si votre expérience et votre formation correspondent au profil du poste.

Lors d'un entretien préliminaire, montrez-vous agréable et neutre. Ne donnez aucune opinion personnelle si ce n'est pour renforcer vos qualifications. Ne révélez pas votre salaire ni vos prétentions salariales à ce stade (voir chapitre 10). Attendez de recevoir une offre concrète. Contentez-vous de répondre aux questions que l'on vous pose sans faire de vagues.

L'entretien de sélection

Dès lors que votre dossier arrive entre les mains du responsable hiérarchique chargé de la sélection, celui-ci considère que vous êtes qualifié. Sinon, vous ne seriez pas allé aussi loin dans le processus de recrutement. Vous faites donc partie des candidats présélectionnés susceptibles d'obtenir le poste.

Lors d'un entretien de sélection, oubliez toute neutralité. Soyez le plus convaincant possible et mettez votre personnalité en avant. C'est le moment de prouver que vous saurez vous intégrer dans la culture de l'entreprise et vous entendre avec votre supérieur et avec vos collègues.

Gagnez l'estime de l'employeur

Parmi une sélection de plusieurs candidats techniquement qualifiés, l'employeur choisira presque toujours celui qui lui plaît le plus. Malgré les méthodes objectives destinées à éliminer l'intervention de sentiments personnels, la plupart des experts affirment qu'au final les candidats sont rejetés en raison d'un manque d'affinités et non de compétences.

Le phénomène inconscient qui influence les interviewers d'un point de vue psychologique repose sur le principe suivant :

Nous aimons les personnes qui nous ressemblent.

Vous devez donc inciter votre interlocuteur à vous voir comme un allié et non comme un adversaire.

Au-delà des civilités, de l'intérêt mutuel, du contact visuel et autres techniques visant à créer des liens entre l'interviewer et vous, saisissez toutes les chances de faire naître une complicité.

- Supposez que l'interviewer soit sans arrêt interrompu par des appels téléphoniques ou par des personnes qui font irruption dans son bureau. Souriez et montrez-vous compatissant : « Il y a des jours comme ça… » Cette remarque sous-entend : « Je comprends ce qui vous arrive. C'est la même chose pour moi. Nous nous ressemblons. »

- Imaginez que vous deviez montrer un exemple de votre travail. Demandez à l'interviewer si vous pouvez passer de l'autre côté du bureau pour le lui commenter pendant qu'il en prend connaissance. Ainsi, vous étudierez la question *ensemble*.

Oubliez les différences d'âge, de couleur, de sexe ou de culture. Faites le maximum pour que l'employeur ait le sentiment que vous êtes fait du même bois que lui.

Ne prenez pas la place de l'interviewer

Certains conseils suggèrent aux candidats d'aiguiller eux-mêmes l'entretien dans une direction qui leur est favorable. Je ne pense pas que ce soit une bonne idée de s'arroger la prérogative de l'interviewer. Si celui-ci vous pose une question à laquelle vous avez des difficultés à répondre, vous pouvez essayer, ponctuellement, de réorienter la discussion mais n'en faites pas une règle générale.

Soyez arrangeant

Pour la plupart des employeurs, les entretiens constituent une tâche supplémentaire à caser dans un agenda déjà bien rempli. Pourtant, il faut bien en faire passer…

STAR

Si votre interlocuteur souhaite vous revoir, proposez-lui un week-end ou une soirée pour le libérer pendant les heures de bureau.

Ne parlez pas d'argent avant d'avoir reçu une offre concrète

STAR

Si la question du salaire est soulevée dès le début de l'entretien, répondez que l'argent n'est pas votre principale préoccupation. Lorsque vous serez sûr que la société souhaite vous recruter, vous serez en bien meilleure position pour négocier. Il n'est donc pas dans votre intérêt d'abattre votre jeu trop tôt (voir chapitre 10).

Les problèmes d'éthique et d'exploitation

L'entretien donne parfois lieu à des abus tels que la violation de la propriété intellectuelle. Depuis l'apparition de l'« entretien de mise en situation », vous pouvez être amené à réaliser des projets au cours desquels seront évaluées vos compétences, votre capacité à résoudre les problèmes et vos qualités de communication.

Afin de voir comment vous vous comporteriez dans une certaine situation, l'employeur vous demande de mettre au point un processus directement exploitable par la société et d'être prêt à défendre vos idées lors de l'entretien.

Le projet à réaliser peut prendre beaucoup de temps et coûter très cher en matériel et en recherches. Mais que se passe-t-il si vous n'obtenez pas le poste ? Aussi incroyable que cela puisse paraître, vos travaux peuvent être transmis au candidat victorieux, qui vole purement et simplement vos idées. Voici quelques témoignages de candidats qui ont été victimes de cette pratique.

Exploitation de portfolio

« Lorsque j'ai posé ma candidature dans une agence de publicité pour un poste de rédacteur, l'employeur m'a demandé de lui laisser mon portfolio pour qu'il puisse le revoir à tête reposée. En réalité, il a contacté tous les clients pour lesquels j'avais travaillé ! Depuis, lorsqu'on me demande d'envoyer mon portfolio, je réponds : - Je me ferai un plaisir de vous l'apporter à la date de votre choix. Je préfère être sur place pour commenter mon travail. »

Arnaque

« Après avoir posé ma candidature pour un poste important dans une grande société, j'ai appris que j'avais été sélectionné mais qu'il fallait que je passe un entretien – une simple formalité. Comme on me l'a demandé, j'ai apporté un dossier dans lequel se trouvait mon plan d'action pour atteindre les objectifs du poste. Après un long silence, j'ai reçu une lettre officielle m'informant que le poste avait été confié à une personne moins qualifiée que moi, dont j'avais été le mentor. Quelques jours plus tard, cette personne m'a montré le plan d'action adopté par la société : c'était le mien. »

Conseil à titre gracieux

« Mon mari, expert en ressources humaines, a passé un entretien de deux jours dans une petite ville avec le patron d'une entreprise familiale et son fils. Il leur a fourni une somme considérable d'informations pour améliorer leur programme de gestion des ressources humaines. Tout ce qu'il a obtenu, c'est le remboursement des frais de voyage et des notes d'hôtel et de restaurant. Il a vite compris que les petites entreprises savaient s'y prendre pour bénéficier des services d'un consultant presque gratuitement. »

Escroquerie dans l'enseignement

« Je suis allé à deux entretiens : le premier pour un poste de doyen dans une université ; l'autre pour un poste de responsable de formation. J'ai passé plusieurs heures à mettre au point des programmes que j'ai laissés sur disquette. Je savais qu'avec ma formation et mon expérience j'avais fait du bon travail. En ce qui concerne le premier poste, j'ai reçu dès le lendemain matin une lettre m'informant que l'université avait sélectionné un autre candidat (j'en conclus que celui-ci avait déjà été sélectionné lorsque j'ai passé mon entretien et que l'université m'a mené en bateau). Quant au deuxième poste, il a été confié à un ancien pompier sans aucune expérience en formation. Cela dit, celui-ci s'en est bien sorti puisqu'il a exploité toutes mes idées ! »

Dernière minute

« À la fin d'un entretien de deux heures dans une grande société, on m'a demandé de revenir trois jours plus tard pour expliquer en vingt minutes à la direction pourquoi j'étais le candidat idéal. J'ai été animateur et je n'ai pas le trac à l'idée de faire une présentation mais je n'ai pas apprécié d'en être informé à la dernière minute. Ayant déjà un emploi, je n'avais tout simplement pas le temps de me préparer et, si j'avais su, je n'en aurais pas perdu à passer cet entretien. J'ai donc répondu à mon interlocuteur que je ne pouvais pas faire cette présentation mais que, s'il était intéressé par ma candidature, il pourrait me re-contacter à l'avenir. Quelques jours plus tard, j'ai appris que j'avais obtenu le poste. »

Une protection contre les abus

Comment se protéger contre les abus sans compromettre ses chances ? Satisfaire aux exigences d'un employeur potentiel est une opération délicate. Vous ne devez ni paraître trop ignorant ou stupide pour obtenir le poste ni dévoiler tout votre savoir-faire de façon qu'on puisse se passer de vos services.

Je n'ai pas de solution miracle, mais voici ce que je vous conseille de faire :

- Vous pouvez déposer sur vos travaux écrits un copyright mentionnant votre nom et la date de publication pour en revendiquer la propriété.
- Vous pouvez aussi bluffer en indiquant un copyright factice et en ajoutant la mention « Confidentiel – Propriété de (votre nom) » sur la couverture de votre dossier.

Si vous êtes très intéressé par un poste mais n'avez pas assez de temps ou d'argent pour vous lancer dans un projet conséquent avant d'avoir reçu une offre concrète, répondez de la manière suivante :

Je suis heureux que mon profil vous intéresse. Je me réjouis également de constater que vous avez suffisamment confiance en moi pour me demander de mener à bien un projet de cette envergure. Je suis sûr que mon expérience me permettrait de vous donner amplement satisfaction. Mais vous savez sans aucun doute que ce projet demanderait 80 à 100 heures de travail intense. J'aimerais le réaliser mais, pour être tout à fait franc, j'ai obtenu plusieurs entretiens dans d'autres sociétés et je n'aurai pas le temps de m'y consacrer. Pensez-vous qu'un

Question de classe...

La reine Victoria d'Angleterre fit preuve d'une immense courtoisie envers l'un des plus grands écrivains de son pays, Charles Dickens. Appelé à la cour pour rencontrer sa souveraine, Dickens se souvint que le protocole lui interdisait de s'asseoir en présence de la reine et demeura debout pendant près de deux heures. La reine Victoria en fit autant.

exemple de mes précédents travaux suffirait à prouver mes compétences ?

Ce genre de réponse présente les avantages suivants :

- rappelle à l'interviewer que vous êtes un candidat intéressant,
- laisse présager d'excellents résultats,
- montre que vous avez conscience de ce que l'on attend de vous,
- indique à l'interviewer que d'autres sociétés s'intéressent à vous,
- propose à l'interviewer d'autres travaux en attendant qu'une offre concrète vous soit faite.

Vous pouvez bien sûr refuser purement et simplement en répondant avec humour que vous seriez ravi de travailler gratuitement mais que votre comptable vous l'a déconseillé. Si le marché est favorable aux demandeurs d'emploi, votre candidature sera sans doute prise en compte malgré tout. Dans le cas contraire, attendez-vous à être exclu sur-le-champ du processus de recrutement.

Les conflits de génération

Aujourd'hui, on peut être amené à passer un entretien à n'importe quel âge. Les seniors et les personnes expérimentées critiquent l'attitude des débutants et les débutants pensent que les seniors devraient avoir davantage d'assurance.

Ils n'ont aucune éthique professionnelle. Ils s'attendent à ce qu'on ait besoin d'eux et se comportent comme des enfants gâtés.

Ils nous traitent comme si nous avions quinze ans.

Les personnes du même âge partagent les mêmes souvenirs de leur passage à l'âge adulte et de leur entrée dans le monde du travail. Chaque génération a une idée précise de la façon dont on doit travailler et du bon déroulement d'un entretien de recrutement.

Qui est qui

Bien que les experts ne soient pas tous d'accord sur les dates, la répartition la plus courante des générations est la suivante :

- **Pré-baby boomers** : nés avant 1945
- **Baby boomers** : nés entre 1946 et 1964
- **Génération X** : nés entre 1965 et 1978
- **Génération Y** : nés à partir de 1979.

Quelle que soit la classe d'âge à laquelle vous appartenez, si l'interviewer n'est pas de la même génération que vous, vous devez en tenir compte. Chaque génération a sa propre culture et l'entretient jalousement.

Si vous voulez obtenir le job de vos rêves, ménagez les susceptibilités dans le conflit des générations. Faites preuve de courtoisie, de tact et de respect.

Quel est le profil de chaque catégorie ? Il est difficile de donner une image stéréotypée de chaque génération et vous devrez sans doute vous adapter en fonction de vos recherches. Toutefois, on peut tirer quelques conclusions d'ordre général sur l'influence de la culture sur le déroulement d'un entretien de recrutement.

Pré-baby boomers

Les pré-baby boomers sont des personnes stables et solides qui respectent l'autorité. Ils n'envisagent l'argent qu'en termes de sécurité. Il est difficile de négocier une augmentation avec eux mais ils ont un profond souci d'équité. Ils attachent de l'importance à la loyauté, à l'ancienneté, aux usages, à l'honneur, à l'ordre et à ce qui est juste. Les pré-baby boomers attendent de vous que vous fassiez correctement votre travail sans quoi vous serez tenu de quitter la société.

Baby boomers

Enfants choyés, les baby boomers sont devenus des personnes optimistes et dynamiques qui aiment travailler en équipe et font tout pour réussir. L'argent est pour eux un moyen de marquer des points. Si vous prouvez votre valeur, ils sauront se montrer généreux avec vous. Ils pensent qu'ils seront toujours jeunes et cool. Pourtant, les baby boomers de plus de cinquante ans restent attachés aux conventions sociales – ils n'aiment pas qu'on les appelle par leur prénom avant d'y avoir été invité.

Génération X

Doués pour la technologie, les personnes faisant partie de la génération X n'aiment pas le travail ennuyeux. Peu disposés à s'engager, ils ne se ferment aucune porte. Ils n'accordent pas une grande valeur au travail en équipe – leur vie privée a plus d'importance à leurs yeux que leur carrière. Ils jettent un regard cynique sur les baby boomers, surtout sur ceux qui placent le travail avant la famille et l'argent avant le bien de tous. Considérés comme des fainéants par les baby boomers, ils veulent changer les choses, ne se laissent pas impressionner facilement et ont fait du cyberespace leur terrain de prédilection.

Les décideurs de la génération X cherchent des candidats soucieux de produire des résultats. Ils se comportent de façon moins formelle et l'autorité pour l'autorité ne les intéresse pas. Tout ce qui compte pour eux, c'est de savoir si vous êtes en mesure de faire le travail qu'ils vous proposent vite et bien. Soyez authentique. Donnez des exemples concrets de vos réalisations.

Génération Y

À fond dans la technologie, la génération Y, également appelée génération du Net, est née avec l'ère du numérique. Ses membres vivent dans une réalité virtuelle et leur philosophie est plus proche de celle des pré-baby boomers (grands-parents et arrière-grands-parents) que de celle des baby boomers et de la génération X. Ils ne supportent pas les *technophobes* – les personnes qui ont peur de la technologie.

Les décideurs de la génération Y sont encore peu nombreux mais on considère déjà qu'ils sont travailleurs, autonomes, flexibles, coopératifs et qu'ils ont beaucoup d'amour-propre. Mais ne les traitez surtout pas comme des enfants arrogants et prétentieux. Les notions d'autorité et de respect mutuel sont redevenues essentielles à leurs yeux.

Patrons jeunes et salariés âgés

Au cours des deux précédents millénaires, l'autorité s'est transmise d'une génération à la suivante de façon linéaire. À l'aube du troisième millénaire, tous les repères sont bousculés car toutes les catégories d'âge ont leur mot à dire. Le monde du travail, notamment l'entretien de recrutement, ne se fonde donc plus sur les mêmes critères.

PRINCIPES DE BASE

Ce qui différencie le monde du travail actuel de celui que l'on a connu auparavant, c'est surtout la rapidité et la technologie.

Ironie du sort, de plus en plus de membres de la génération X dirigent aujourd'hui les baby boomers qui critiquaient autrefois leur éthique professionnelle.

PRINCIPES DE BASE

Le nombre de patrons âgés de 20 à 34 ans a augmenté de 10 % entre 1994 et 1998. Dans le même intervalle, le nombre de patrons dans les catégories plus âgées a diminué. De plus, 80 % des nouvelles entreprises créées au cours des trois dernières années appartiennent à des membres de la génération X. Enfin, on estime que la main-d'œuvre comptera presque 10 % de baby boomers en moins à la fin de cette décennie en raison des départs en retraite.

En ce qui concerne l'entretien de recrutement, les rôles ont tendance à s'inverser. Ce sont les trentenaires qui, de l'autre côté du bureau, distribuent les emplois aux seniors. Ce renversement de situation ne se fait pas sans heurts. Certains baby boomers détestent dépendre d'un supérieur qui pourrait être leur fils.

Avant d'aller à une série d'entretiens, prenez le temps d'assimiler la culture de chaque génération. À chaque fois que vous rencontrez quelqu'un, essayez de deviner à quelle génération il appartient. Demandez-vous ce qui est susceptible de lui plaire ou de le froisser. Soyez toujours attentif à votre interlocuteur.

Chaque génération ayant une sensibilité différente, il est plus que jamais indispensable de bien comprendre la véritable nature d'un entretien de recrutement.

Réussir un entretien face à un interviewer plus jeune

Voici le témoignage de Paul, quinquagénaire qui a récemment changé de carrière à l'issue d'un entretien réussi malgré la différence de génération :

« J'ai complètement changé de carrière à l'âge de 56 ans. J'étais dans la restauration depuis 15 ans lorsque j'ai découvert le monde merveilleux de l'informatique. J'ai passé quatre ans à me former, de CDD en CDD, à la PAO et à la rédaction technique.

La semaine dernière, j'ai obtenu un excellent poste de rédacteur technique dans une société récente dont je serai le quatrième employé. Le patron a 33 ans (comme mon fils) et les trois employés ont moins de 30 ans (comme mes filles).

Je pense que le poste m'a été confié grâce à mon attitude au cours de l'entretien. J'ai insisté sur le fait que je préférais travailler avec des personnes jeunes pour bénéficier de leur énergie et leurs nouvelles idées. J'ai montré que j'étais ouvert à tout ce qu'elles pouvaient m'apprendre.

Ensuite, j'ai décrit ce que j'avais moi-même à apporter : outre l'expérience de la maturité, une éthique professionnelle irréprochable et un comportement positif, enthousiaste et dynamique, j'avais des compétences en matière de contrôle qualité, service clients, communication et syntaxe. J'ai terminé en disant : “ Je pourrais donner une bonne image de votre société à vos clients. ” »

Paul a su trouver les arguments auxquels un jeune patron est sensible.

La dynamique de l'entretien de recrutement

Si les choses évoluent, il reste cependant une constante : la dynamique de base de l'entretien de recrutement.

Tant que vous n'avez pas reçu une offre concrète, votre objectif est de convaincre et non de poser des questions.

Certains candidats mal informés ont tendance à confondre les rôles. Ils perdent de vue la dynamique interactive de vente et d'achat. Au lieu de se mettre dans la peau du vendeur, ils jouent les cracks qui n'ont plus rien à prouver (leur talent est de notoriété publique) et n'ont nul besoin d'énumérer leurs compétences (ils savent mettre leur magnétoscope à l'heure, c'est dire si leurs compétences techniques sont grandes !).

Maintenez votre force de vente jusqu'au bout. Ne posez des questions que lorsqu'on vous aura fait une offre.

Pourquoi ne pas parler en même temps de ce que vous pouvez apporter et de la rétribution que vous êtes prêt à accepter en échange ? Parce que la clarté de votre message en pâtira. L'interviewer est concentré sur votre offre. Il est là pour vous écouter. C'est à lui de poser des questions, non à vous.

Une fois que l'offre est faite ou quasiment faite, la dynamique change. Le vendeur, vous, change temporairement de rôle et joue celui de l'acheteur. L'offre peut vous intéresser – ou pas. Vous devez en savoir plus sur la rémunération et vous renseigner sur certains détails avant d'accepter ou de refuser. Vous avez tout fait pour obtenir une offre. Désormais, vous êtes en position de négocier.

La négociation doit se situer entre le moment où l'offre est faite et celui où vous l'acceptez – c'est à cet instant que vous avez le plus de chances d'obtenir ce que vous voulez.

À l'étape de la négociation, vous pouvez poser des questions sur les primes, les stock-options, les avantages non salariaux, les vacances, les week-ends de trois jours, les frais de déménagement, la flexibilité des horaires, votre bureau, votre voiture de fonction et la crèche.

Pour résumer, lorsque des personnes qualifiées n'obtiennent aucune offre à l'issue d'un entretien, c'est souvent parce qu'elles ne savent pas vraiment ce qu'est un entretien de recrutement. Elles se conduisent comme s'il s'agissait d'une simple conversation au cours de laquelle chaque interlocuteur donne son point de vue à l'autre.

Un entretien de recrutement n'est pas une conversation de salon. Il faut être efficace !

Votre objectif est de vendre vos compétences dans l'espoir que l'employeur les achète.

Lorsque les chasseurs de têtes vous traquent

Si vous avez la chance d'être la cible des recruteurs, la relation vendeur/ acheteur décrite précédemment ne doit pas vous sembler pertinente.

C'est vrai, il existe des situations dans lesquelles c'est vous qui avez l'avantage. Vous pouvez plus ou moins vous faire désirer selon votre envergure, la place de votre poste dans la hiérarchie, la nature de votre travail, votre personnalité et la concurrence.

Si vous êtes du gros gibier, profitez-en. Mais cela ne change rien à la dynamique fondamentale du processus de recrutement : vous devez vous vendre avant d'avoir le privilège d'accepter ou de refuser une offre.

L'employeur utilise une partie de son capital pour acheter votre travail et vous vendez une partie de votre vie pour une compensation monétaire. La seule chose qui change, c'est le moment où vous vous trouvez en position de force. Ce moment existe avant qu'une offre vous soit faite et même avant le début de l'entretien.

Vous avez la possibilité non seulement d'obtenir le poste mais d'imposer vos propres conditions.

Cela dit, tant que l'offre n'est pas explicitement formulée, tant que l'étape de la négociation ne se concrétise pas, votre objectif reste de vendre vos qualifications. Jouez le jeu. Il est beaucoup plus confortable de rejeter une offre que d'être mis sur la touche.

De l'assurance pour toute une vie

Ce premier chapitre est un résumé de tout le livre. Les chapitres suivants sont très complets et entrent véritablement dans les détails. Vous y découvrirez tout ce que vous avez besoin de savoir pour réussir vos entretiens de recrutement et négocier les offres qui vous seront faites.

En gagnant de l'assurance, vous serez paré une fois pour toutes.

Chapitre 2

Les différents types d'entretiens de recrutement

Dans ce chapitre :

- Identifier les différents types d'entretiens
- Réussir chaque type d'entretien

L'entretien de recrutement peut prendre plusieurs formes. Ce chapitre décrit les plus courantes et fournit de précieux conseils pour s'en sortir haut la main.

Par souci de clarté, j'ai classé les différents types d'entretiens en plusieurs catégories en fonction de l'objet, de l'interviewer, de la technique et du lieu.

Les entretiens par objet

Tous les entretiens n'ont pas le même objet. On distingue dans cette catégorie l'*entretien préliminaire*, l'*entretien de sélection*, l'*entretien mixte*, l'*entretien de recrutement interne*, l'*entretien avec un recruteur* et l'*entretien de validation*.

L'entretien préliminaire

Dans les grandes sociétés, l'entretien se divise en deux étapes, dont chacune peut également contenir plusieurs phases. Ces deux étapes sont le *tri* et la *sélection*.

L'entretien en tête-à-tête destiné à effectuer un tri parmi les candidats peut avoir lieu dans les locaux de l'employeur, dans un cabinet de recrutement ou dans un salon de l'emploi.

Les interviewers trient aussi les candidats par téléphone ou par l'Internet (voir Quatrième partie), notamment pour s'assurer qu'ils ne sont pas sous-qualifiés ou trop chers.

L'objet de l'entretien préliminaire est de conserver uniquement les candidats les plus qualifiés en procédant par élimination.

L'interviewer, qu'il s'agisse d'un directeur des ressources humaines ou d'un recruteur, interroge tous les candidats et transmet les dossiers retenus à la personne chargée de faire la sélection finale. L'autorité qui a le pouvoir de décision est généralement le responsable du service ou le supérieur direct du futur employé.

Les interviewers qui interviennent au stade de l'entretien préliminaire sont souvent plus rompus à cet exercice que ceux qui effectuent la sélection – ils ont lu de nombreux livres sur la technique de l'entretien et en ont fait un art à part entière. Leur rôle est de rassembler des informations qui leur permettent d'évincer les candidats non qualifiés pour le poste ou qualifiés mais pas assez expérimentés.

En quelques secondes, ils sont capables de voir ce qui cloche chez vous. Leur objectif est de déterminer si vous avez les qualifications minimales pour le poste et non de découvrir si vous êtes le meilleur candidat. Voici les principaux thèmes qu'ils abordent :

- Expérience professionnelle
- Salaire actuel et prétentions salariales
- Compétences transférables – capacité à faire le travail demandé
- Éventuelles interruptions de l'activité professionnelle (trous chronologiques)
- Questions permettant de déceler d'éventuels mensonges sur votre CV
- Questions destinées à évaluer votre professionnalisme – fiabilité, loyauté, esprit d'équipe.

Ces interviewers ne s'intéressent pas à votre personnalité. Ils n'ont qu'une seule responsabilité : déterminer si vous êtes qualifié. Ils l'assument en évaluant votre expérience, votre formation, vos compétences et votre parcours professionnel.

Leur activité de filtrage est essentielle. Ils ne peuvent pas se permettre de laisser passer des candidats non qualifiés. Aussi s'intéressent-ils aux faits et uniquement aux faits.

Mon conseil : Répondez aux questions de façon directe et gardez votre talent d'acteur pour l'entretien de sélection, où vous pourrez interpréter le rôle du candidat idéal.

Si les faits confirment que vous êtes qualifié pour le poste, vous aurez toutes les chances d'être convoqué pour un entretien de sélection. À ce stade, le responsable à qui revient la décision de recruter considèrera votre qualification comme une certitude, faute de quoi votre dossier ne lui aurait pas été transmis.

Que se passera-t-il si le courant ne passe pas entre l'interviewer et vous ? À moins que vous ne postuliez pour un poste au service des ressources humaines, cela n'a aucune importance puisque vous ne travaillerez pas ensemble.

Les interviewers qui font passer les entretiens préliminaires n'ont pas le pouvoir de recruter, mais ils jouent un rôle décisif en ayant celui d'éliminer.

L'entretien de sélection

Supposez que vous soyez recruté mais n'êtes finalement pas à la hauteur. L'interviewer qui a mené l'entretien préliminaire est-il en faute ? Non, car c'est celui qui a effectué la sélection qui a pris la décision finale.

Lors de l'entretien de sélection, vous rencontrez le responsable du service, votre supérieur direct ou quiconque ayant un pouvoir de décision en matière de recrutement. En général, il s'agit de votre patron potentiel (vous pouvez également être confronté à plusieurs personnes, comme nous le verrons dans la section « L'entretien à plusieurs interviewers »).

Votre interlocuteur ne sera sans doute pas un professionnel de l'entretien de recrutement. Il se fiera beaucoup à son intuition en espérant clore le processus le plus rapidement possible pour pouvoir retourner à sa véritable tâche.

Mon conseil : L'entretien de sélection peut faire quelques détours. Préparez-vous à poser des questions pour recentrer la discussion et avoir la possibilité de décrire vos compétences.

Même si l'interviewer est le genre de personne avec qui vous pourriez prendre une bière, n'oubliez pas que son but est de savoir lequel des candidats représente le meilleur investissement. S'il fait le mauvais choix, sa décision coûtera très cher à la société en termes de formation, rectification d'erreurs, licenciement et nouveau recrutement. Sachez qu'il s'intéresse en particulier aux aspects suivants :

- **Votre personnalité** – Êtes-vous susceptible de vous entendre avec les autres salariés (qualités relationnelles) ? Êtes-vous motivé par le travail ?
- **Vos qualifications et vos compétences** – En quoi êtes-vous plus qualifié que les autres candidats ?
- **Votre expérience professionnelle et votre formation** – Qu'avez-vous appris à faire ? Qu'avez-vous fait ? Comment allez-vous appliquer ce savoir-faire à votre nouveau poste ?
- **Votre capacité à gérer un projet précis** – Comment travaillez-vous ?

Votre interlocuteur sera sans doute votre futur patron ou un collègue avec qui vous devrez travailler. Je vous conseille donc de quitter le ton neutre que vous avez adopté à l'entretien préliminaire. Révélez votre personnalité et voyez si vous vous entendez bien avec l'interviewer. Si vous avez l'impression que vous n'êtes pas sur la même longueur d'onde, réfléchissez bien avant d'accepter le poste.

Dans *Le Shérif est en prison*, parodie de western de Mel Brooks, **Harvey Korman** joue le rôle d'un chef de gang qui recrute des mauvais garçons pour mettre une ville à sac. Lorsqu'il demande à **Cleavon Little** de lui décrire ses qualifications en tant que bandit, celui-ci lui répond que sa spécialité est de faire fuir les brebis. Persuadé qu'ils ne sont pas « sur la même longueur d'onde », il s'apprête à lui rétorquer que ce n'est pas très reluisant pour un gangster. Mais Little sourit d'un air entendu et ajoute : « ...les brebis de Dieu. » C'est ce qui donne à Korman la certitude que Little est bien un méchant du même acabit que lui et le recrute sur-le-champ.

L'entretien mixte

Les PME ont tendance à combiner entretien préliminaire et entretien de sélection. Le processus est souvent long et épuisant car il consiste non seulement à évaluer vos qualifications mais aussi à tester votre résistance et votre motivation.

Mon conseil : Essayez de vendre vos principales qualités dès le départ.

L'entretien de recrutement interne

Bien que la société vous connaisse et dispose de nombreuses informations sur vous, ne croyez pas que tout est joué d'avance. Ne partez pas du principe que vous avez plus de chances que les autres candidats, qu'ils soient internes à l'entreprise ou qu'ils viennent de l'extérieur.

Si vous êtes le seul candidat interne, servez-vous de ce que vous savez sur la politique et la culture de la société pour montrer l'avantage que vous avez sur les autres. Décrivez ensuite plusieurs problèmes que la société rencontre actuellement et expliquez ce que vous feriez pour les résoudre.

Mon conseil : Ne comptez pas sur vos vingt années de bons et loyaux services, surtout si le contrôle de la société, autrefois détenu par des baby boomers, passe aux mains de la génération X.

Un manager relativement jeune ne s'intéresse pas le moins du monde au passé glorieux de ses salariés. Prouvez que vous êtes en mesure de faire le travail qu'il y aura à faire à l'*avenir*.

Tout en retraçant vos réalisations passées, orientez la discussion vers ce que vous pourrez apporter à la société en endossant de nouvelles responsabilités. Donnez des exemples de votre flexibilité. Décrivez les périodes auxquelles on vous a confié de nouvelles tâches au cours de votre carrière. Restez tourné vers l'avenir.

L'entretien avec un recruteur

L'entretien classique

Un recruteur peut vous contacter pour un poste précis. Il y a des chances pour que vous occupiez déjà le même genre de poste. C'est d'ailleurs pour cette raison que le recruteur a pensé à vous – parce que vous connaissez déjà les ficelles du métier.

Si vous avez été trop occupé par votre travail pour vous tenir au courant des nouvelles tendances qui régissent votre secteur, c'est le moment de rattraper votre retard. Les recruteurs professionnels ne font que des propositions à leurs clients mais, si vous passez par leur intermédiaire, faites le maximum pour les impressionner :

- Montrez que vous avez des objectifs précis et expliquez en quoi le poste vous permettra de les atteindre.
- Posez des questions pertinentes sur le poste et sur la société.

Mon conseil : Faites une recherche sur l'Internet pour trouver des cabinets de recrutement spécialisés dans votre secteur ou dans votre profession. Vous pouvez également trouver les adresses de tous les cabinets dans certains ouvrages spécialisés présents dans toutes les bonnes librairies ou bibliothèques (Cercomm éditions).

L'entretien réseau

Les recruteurs au forfait sont payés, que les candidats qu'ils proposent soient recrutés ou non. Ils n'aiment donc pas que les demandeurs d'emploi surgissent dans leur bureau sans y avoir été invités. Mais peut-être connaissez-vous quelqu'un qui peut vous présenter à un recruteur et vous obtenir un entretien réseau.

L'entretien réseau est accordé à un demandeur d'emploi par courtoisie, parce que celui-ci a des relations. À moins que le recruteur ait justement un poste correspondant tout à fait à votre profil (ce qui est très peu probable), fournissez-lui toutes les informations susceptibles de vous qualifier pour un prochain poste. Voici la règle à suivre :

- Donnez un CV au recruteur
- Allez droit au but ; ne prenez pas au recruteur plus de 20 minutes de son temps
- Décrivez votre expérience, vos réalisations et vos compétences
- Remerciez le recruteur pour le temps qu'il vous a consacré.

Mon conseil : Soyez professionnel. Le recruteur vous accorde une faveur. Votre concision et votre capacité à communiquer efficacement pèseront dans la balance. Revoyez votre CV et allez à l'essentiel.

L'entretien exploratoire (ou informel)

Les recruteurs au succès, contrairement aux recruteurs au forfait, ne sont payés que si les candidats qu'ils proposent sont recrutés. Plus ils rencontrent de demandeurs d'emploi, plus leur pool de candidats est important. Obtenir un entretien avec un recruteur au succès est donc plus facile qu'avec un recruteur au forfait.

Cela ne veut pas dire que vous puissiez vous permettre de lui faire perdre son temps. Donnez-lui un CV et décrivez-lui toutes vos compétences. Le recruteur au succès devra se souvenir de vous pour tous les postes susceptibles de vous convenir.

Mon conseil : Mettez votre profil en valeur, notamment les éléments suivants :

- Personnalité/Amabilité
- Qualités de communication
- Enthousiasme et intérêt pour le travail
- Leadership et initiative

- Savoir-faire et connaissances
- Expérience (ou parcours professionnel).

L'entretien de validation

Lorsqu'une même personne vous convoque à un deuxième entretien, son objectif est d'avoir confirmation de la bonne impression que vous lui avez faite la première fois. Vous pouvez dès lors considérer que vos talents sont appréciés et relâcher votre effort de persuasion.

Mon conseil : Au deuxième entretien, comportez-vous comme si le poste vous était offert. Soyez posé et confiant, donnez d'autres exemples de vos réalisations et posez des questions plus détaillées sur le poste. Auparavant, n'hésitez pas à compléter vos recherches à la bibliothèque ou sur l'Internet.

Lorsque vous êtes convoqué à un deuxième entretien par une autre personne, il s'agit en général du supérieur du premier interviewer ou d'un responsable avec lequel vous serez amené à travailler. Le but est essentiellement de voir si vous allez bien vous intégrer dans la société aujourd'hui et à l'avenir. Soyez aimable et posez des questions sur la vision de l'employeur. Insistez sur votre productivité et sur votre capacité à satisfaire les objectifs.

Ne soyez pas surpris si vous êtes convoqué une nouvelle fois. Il n'est pas rare de devoir passer plus de deux entretiens. On entend même parler de cinq à dix entretiens. Cette pratique est d'ailleurs suffisamment courante pour qu'on lui ait donné un nom : la mort par entretien. Comment expliquer ce genre d'excès ?

La simple indécision, des problèmes d'organisation, l'ingérence de futurs collègues qui veulent avoir leur mot à dire dans le recrutement, et la peur de faire le mauvais choix peuvent être à l'origine d'entretiens multiples. Outre les tests (voir chapitre 6), les seuls éléments dont disposent les managers pour prendre une décision sont le CV, les références et l'entretien. Par conséquent, en cas de doute, ils accumulent les entretiens.

Les entretiens par interviewer

Vous pouvez être confronté à plusieurs interviewers à la fois, être convoqué en même temps que d'autres candidats ou subir toute une série d'entretiens au sein de la même société. Ne vous laissez pas impressionner – préparez-vous pour chaque type d'entretien.

L'entretien en tête-à-tête

L'entretien le plus courant fait intervenir un seul interviewer et un seul candidat à la fois. Généralement, vous rencontrez l'interviewer dans les locaux de l'employeur et vous discutez avec lui du poste, de vos compétences et de vos qualifications. Vous trouverez des conseils pour bien gérer ce type d'entretien tout au long de ce livre.

L'entretien à plusieurs interviewers

L'entretien à plusieurs interviewers consiste à confronter un candidat à tout un panel d'interviewers (généralement entre 5 et 12). En général, il s'agit de personnes appartenant au service dans lequel vous souhaitez travailler ou de responsables de différents services.

Dites-vous que vous ne seriez pas convoqué à cet entretien qui revient très cher si votre dossier n'avait pas déjà survécu à un premier tri visant à vérifier vos qualifications. Le panel s'est réuni pour vous connaître et voir si vous avez le profil adéquat pour travailler dans la société. Saluez chaque personne en lui donnant un exemplaire de votre CV. Soyez confiant et faites un croquis rapide du panel pour vous souvenir des noms de ses membres.

Avant de répondre à la première question, qui sera probablement « Parlez-nous de vous », souriez et remerciez les interviewers de vous avoir invité à les rencontrer.

Devez-vous identifier le leader du groupe et lui adresser la plupart de vos réponses ? Pas nécessairement. Le patron joue peut-être un simple rôle d'observation dans un coin de la pièce. Ne prenez pas de risques : balayez du regard tous les membres du panel. Autrement dit, une fois le rideau levé, adressez-vous à toute la salle !

Les entretiens à plusieurs interviewers ont pour but d'évaluer vos qualités relationnelles, votre leadership et votre capacité à prendre des décisions dans l'urgence ou en situation de stress. Le panel ne s'intéresse pas uniquement à ce que vous dites mais aussi à votre comportement face à un groupe.

Lorsque l'entretien est terminé, remerciez le panel comme si vous veniez de faire une présentation : « Merci de votre attention, j'ai été ravi de discuter avec vous. Cet entretien a confirmé mes impressions et mes informations, à savoir que votre société est un endroit où il est agréable de travailler. Je suis impatient d'avoir de vos nouvelles et, je l'espère, de rejoindre votre équipe. »

Mon conseil : Posez des questions. Résumez régulièrement les points importants pour recentrer la discussion. Prenez des notes pour vous souvenir des questions qui vous sont posées en même temps en expliquant que vous ne voulez en omettre aucune.

L'entretien en série

L'entretien en série fait également intervenir plusieurs interviewers, mais pas tous à la fois. En général, vous rencontrez d'abord l'interviewer chargé de l'entretien préliminaire, le responsable du service puis le patron (une demi-douzaine de personnes peuvent s'intercaler entre ces trois principaux acteurs de l'entretien en série). Vos chances augmentent au fur à mesure que votre dossier est transmis.

Mon conseil : Adoptez un comportement neutre (comme à l'entretien préliminaire) avec tous les interviewers que vous rencontrez, excepté ceux avec lesquels vous serez amené à travailler. Ensuite, dévoilez votre personnalité (comme à l'entretien de sélection).

Il existe un autre type d'entretien en série : tous les rendez-vous sont fixés à l'avance et sont regroupés sur un ou deux jours. Chaque candidat doit se soumettre à toute la série d'entretiens.

Lorsque le premier interviewer vous annonce que vous serez convoqué à un deuxième entretien, essayez d'en savoir un peu plus sur le deuxième interviewer. Posez-lui une question du genre : « Votre collègue conçoit-il le service clients de la même façon que vous ? » La réponse vous aidera à trouver un terrain d'entente avec votre prochain interlocuteur. Appliquez cette technique avec chacun des interviewers de la série.

Veillez à être cohérent. Ne vous contredisez pas d'un entretien à l'autre, sinon les interviewers s'en rendront compte lorsqu'ils se réuniront pour confronter leurs notes.

Les entretiens par technique

Dans le feu de l'action, la technique de l'interviewer est la dernière chose à laquelle vous pensez. Pourtant, il en a une. Et vous aurez plus de chances de réussir si vous parvenez à l'anticiper. Commencez par identifier les différentes techniques à tête reposée.

L'entretien basé sur le comportement

Ce type d'entretien est axé autour de vos réalisations. L'interviewer vous demande de donner des exemples de ce que vous avez fait pour prouver ce que vous avancez dans votre CV. Le principe est le suivant : le comportement passé laisse présager le comportement futur.

Pour savoir comment vous gérez certaines situations, on vous interroge sur le comportement que vous avez adopté pour résoudre un problème précis. Si vous avez su régler un problème par le passé, vous saurez le régler à l'avenir. La question de base est : « Qu'avez-vous fait et quand ? » et non : « Que feriez-vous si ? »

L'interviewer pose quasiment les mêmes questions à tous les candidats. En général, celles-ci commencent par : « Parlez-moi d'un jour où… », « Donnez-moi un exemple de vos compétences en… », « Décrivez-moi un problème… », « Pourquoi avez-vous… ? » Répondez de façon concrète. Voici un échantillon de questions que l'on peut vous poser :

Souvenez-vous : vous avez été sur le point de réaliser une vente importante mais le client a changé d'avis à la dernière minute. Il vous a dit qu'il vous rappellerait mais ne l'a jamais fait. Quelles mesures avez-vous prises ?

Parlez-moi de l'époque où vous avez amélioré la rotation des stocks. Quelle a été l'ampleur de cette amélioration ?

Parlez-moi d'un jour où vous avez été confronté à un grave problème. Comment l'avez-vous résolu ?

Quel genre de risques avez-vous laissé votre équipe prendre ?

Pouvez-vous me donner un exemple de la façon dont vous avez procédé pour instaurer une vision commune parmi vos employés ?

Les sociétés qui optent pour l'entretien basé sur le comportement doivent d'abord identifier les qualités essentielles pour le poste. Si le leadership est une qualité importante, on vous posera plusieurs questions à ce sujet. Par exemple :

Parlez-moi d'un projet que l'on vous a confié sans vous donner de directives particulières. Comment l'avez-vous mené à bien ?

Ce type d'entretien a pour but d'anticiper votre comportement. Il ne se base donc pas uniquement sur l'expérience professionnelle rémunérée, ce qui est un avantage pour les débutants en concurrence avec les candidats expérimentés.

Pour décrire ce que vous avez fait par le passé, vous pouvez puiser dans tous les domaines : formation, stages, expérience professionnelle rémunérée, bénévolat, activités, hobbies et vie de famille.

Mon conseil : Fouillez dans votre mémoire et cherchez le fil conducteur qui a motivé tous vos choix en matière de formation, de carrière et d'activités. Votre profil doit se dessiner autour d'un thème, comme le leadership, la résolution de problèmes, la négociation, l'esprit d'initiative, la lutte contre l'adversité, le succès, la gestion du stress, le sacrifice pour atteindre un objectif important, le désaccord avec une autre personne, l'engagement, l'éthique ou la communication. Trouvez cinq ou six anecdotes qui illustrent ce thème et racontez-les au fur et à mesure que se déroule l'entretien.

Voici quelques suggestions pour répondre aux questions d'un entretien basé sur le comportement.

- Pour décrire un événement de façon structurée, articulez votre raisonnement autour du plan suivant : *problème, action, résultat.* Par exemple : *Problème* : Ma société était en déficit. *Action* : J'ai délocalisé le support technique et créé sept nouvelles lignes de produits. *Résultat* : Nous avons réduit nos dépenses de 8 %, augmenté notre chiffre d'affaires de 14 %, et réalisé un profit susceptible de s'accroître l'année suivante.
- Décrivez les projets que vous avez menés à bien pendant vos études, votre expérience professionnelle (stages, bénévolat) et vos activités extra-scolaires. Basez-vous toujours sur des faits réels.
- Essayez de ne pas donner l'impression de prononcer un discours appris par cœur. Ne répondez pas comme si vous étiez une machine. Admettez que le problème que vous exposez était complexe et que vous avez mis du temps avant de trouver la meilleure solution. Ne négligez pas l'aspect humain qui est en vous.

Soyez conscient que ce qui intéresse l'interviewer, c'est avant tout le processus qui a déclenché votre comportement. Quel a été votre raisonnement ? Pourquoi vous êtes-vous comporté de cette façon ? Quelles sont les compétences auxquelles vous avez fait appel ?

L'entretien basé sur le comportement, qui date d'il y a plus de trente ans, est très populaire aujourd'hui. Si les employeurs attachent autant d'importance au passé, c'est parce qu'ils ont tendance à croire que chacun de nous joue toujours le même rôle au cours de sa vie.

En effet, au cinéma, les acteurs jouent souvent le même type de personnage. C'est d'ailleurs pour cette raison que **Bruce Willis** s'est détourné des films d'action. « J'ai si souvent sauvé le monde qu'on m'a donné un numéro vert », dit-il avec humour.

L'entretien directif

Lors d'un entretien directif, l'interviewer a un contrôle total. C'est lui qui oriente la discussion pour obtenir les informations dont il a besoin. L'*entretien structuré* s'apparente à l'entretien directif à la différence que l'interviewer travaille toujours à partir de la même liste de questions et note les réponses.

Bien que l'entretien structuré soit relativement ancien, il trouve aujourd'hui de nouveaux adeptes. Il garantit une parfaite équité, permet d'identifier rapidement les meilleurs candidats et évite l'« effet de clonage » (la tendance de l'interviewer à recruter des candidats qui lui ressemblent – ou correspondent à son propre idéal).

La question de l'équité est importante. L'entretien structuré exclut toute partialité qui pourrait intervenir aux dépens des hommes petits, des femmes peu séduisantes et des personnes peu sportives, obèses ou différentes de l'interviewer d'une façon ou d'une autre.

Outre les questions classiques, vous pouvez également être confronté à une mise en situation. L'interviewer relate un *incident critique*, c'est-à-dire un problème qui a été géré avec succès par les salariés de la société. Il dispose d'une grille d'analyse des réponses basée sur le comportement qui a permis de résoudre le problème.

Mon conseil : Vous pouvez anticiper certains incidents critiques en vous tenant informé sur les problèmes que connaît le secteur et en déduire d'autres en lisant les bulletins diffusés par les sociétés (de plus en plus disponibles sur l'Internet). Voici un exemple d'incident critique :

Problème : Carence de techniciens informatiques.

Résolution du problème : contact d'associations d'anciens élèves et d'agences pour l'emploi pour faire connaître les besoins de la société, cours intensifs pour faire découvrir de nouveaux logiciels aux programmeurs, consultation de la presse et de l'Internet pour se mettre en relation avec des candidats.

Qu'il s'agisse d'un entretien directif ou d'un entretien structuré, attendez-vous à ce que l'interviewer vous pose à la fois des questions ouvertes et des questions fermées.

À une *question fermée*, vous pouvez répondre simplement par oui ou par non.

Avez-vous trouvé mon bureau facilement ?

Une question ouverte vous oblige à fournir une réponse plus développée.

En quoi est-ce que ce secteur vous attire ?

Le déroulement de l'entretien est soigneusement préparé à l'avance. Aussi, n'essayez pas d'orienter la discussion vous-même. Si vous souhaitez vraiment parler d'une de vos compétences que vous n'avez pas eu l'occasion de développer, posez une question de ce genre à la fin de l'entretien :

Souhaitez-vous en savoir plus sur mon expérience en matière de contrôle qualité ?

L'entretien non directif

L'entretien non directif vous laisse toute latitude pour orienter la discussion à votre convenance. Cette technique est souvent utilisée par les responsables de service, qui n'ont pas beaucoup d'expérience par rapport aux interviewers professionnels. Les questions sont généralement vastes si bien que vous pouvez mettre en valeur les informations de votre choix. Certaines vous permettront de cerner les besoins de l'employeur. Vous pourrez également être confronté à une mise en situation mais l'interviewer n'aura pas nécessairement une idée précise de la meilleure approche à adopter.

Nous avons eu un problème il y a trois mois avec un employé qui vendait des informations sur notre stratégie marketing à un concurrent – comment auriez-vous géré cette situation ?

Vous avez conscience des problèmes que rencontre notre service – que feriez-vous pour les résoudre au cours des quatre mois à venir ?

Parlez-moi de vos objectifs pour les dix prochaines années et expliquez-moi en quoi ce poste vous permettra de les atteindre.

D'après votre CV, vous avez une licence d'espagnol et un BTS d'informatique – comment allez-vous utiliser ces deux compétences au sein de ce poste ?

Mon conseil : Apportez des fiches sur lesquelles vous aurez préalablement noté la liste de vos qualifications et une série de questions sur la société. Étant donné que c'est vous qui allez tenir la barre, mieux vaut ne pas compter uniquement sur votre mémoire.

L'entretien provocateur

L'entretien provocateur a pour but de vous mettre sous pression. Sachez-le et acceptez de jouez le jeu. Ce n'est qu'une façon comme une autre de mettre vos qualifications à l'épreuve.

Mon conseil : Ne prenez pas les agressions personnellement. Gardez votre sang-froid et ne haussez pas le ton. La meilleure stratégie consiste à parler avec un calme et une assurance inébranlables.

Racontez ce que vous avez vécu

Préparez-vous à tous les types d'entretien – pas uniquement les entretiens basés sur le comportement – en vous remémorant les problèmes que vous avez surmontés et qui prouvent vos compétences. Travaillez sur ces anecdotes comme si vous deviez les raconter lors d'un discours devant des centaines de personnes. Rendez-les amusantes, intéressantes, même captivantes ! Nous n'avons pas tous des facilités pour raconter des histoires mais faites de votre mieux.

Les experts affirment que pour réussir un entretien basé sur le comportement, vous devez vous préparer, répéter et raconter des anecdotes d'une à deux minutes qui illustrent vos compétences, votre expérience et vos réalisations. Cette technique montre que vous avez compris l'objectif de l'interviewer.

Si vous êtes dans la vente, l'interviewer vous demandera probablement de lui vendre un objet anodin qui se trouve dans son bureau : sa chaise, par exemple.

Voici un éventail de ce que l'on peut vous faire subir.

- Une heure d'attente avant l'entretien : ce n'est pas forcément volontaire et il peut ne s'agir que d'incorrection. Sachez marquer votre territoire et rappelez courtoisement mais fermement votre présence à l'accueil.
- De longs silences inconfortables : il faut pouvoir les accepter de temps en temps sans forcément parler pour ne rien dire.
- La remise en question de vos convictions : il faut savoir écouter les arguments de votre interlocuteur, et débattre sans dogmatisme mais sans renoncer trop facilement à votre point de vue.
- Un ton cassant ou la réunion de plusieurs interviewers pressants : votre calme et votre pondération impressionneront vos « adversaires ». Ne cédez pas à la provocation.
- Une mauvaise interprétation délibérée de vos propos, voire des injures – ces dernières sont en revanche inacceptables (et heureusement très rares). On peut être candidat à un poste et conserver sa dignité : dans ce dernier cas, rassemblez vos affaires, exprimer calmement votre stupéfaction et... partez.

Un célèbre amiral, aujourd'hui disparu, avait l'habitude de clouer les meubles au plancher et d'inviter les candidats à prendre une chaise. Si vous estimez que l'interviewer va trop loin, peut-être n'aurez-vous pas envie de travailler dans la société. Dans ce cas, n'hésitez pas à quitter les lieux.

Les entretiens par lieu

Tous les entretiens n'ont pas lieu dans un bureau. L'interviewer peut vous donner rendez-vous dans un restaurant, sur un campus, dans un salon de l'emploi.

L'entretien au restaurant

Un entretien qui se déroule devant un bon déjeuner peut sembler plus décontracté, mais vous devez rester tout aussi vigilant, si ce n'est plus, que si vous étiez dans un bureau. L'objectif de l'interviewer est d'observer vos habitudes sociales et d'en tirer des conclusions sur votre performance professionnelle.

Si vous ne voulez pas compromettre vos chances, surveillez vos manières.

- Ne commandez pas un plat si difficile à manger que vous risquez de passer tout l'entretien le nez dans votre assiette à essayer d'enrouler vos spaghettis ou de désosser votre viande.
- Ne commandez pas d'alcool au déjeuner. Au dîner, contentez-vous d'un seul verre – le vin blanc est un bon choix.
- Ne commandez pas le plat le plus cher ni le moins cher de la carte.
- Ne fumez pas (surtout dans une zone non fumeurs !)
- Ne vous plaignez pas du service, de la cuisine ou du restaurant en général.
- N'ayez pas les yeux plus gros que le ventre et ne laissez pas trop de nourriture dans votre assiette.
- Mâchez la bouche fermée et ne parlez pas la bouche pleine.
- Commandez le même genre de plat que l'interviewer ou demandez-lui de vous faire une suggestion.
- Montrez que vous appréciez l'invitation – une fois recruté, vous serez peut-être obligé de manger dans votre bureau.
- Reflétez le comportement de l'interviewer : posez vos bras et tenez votre fourchette de la même façon que lui. Mangez à son rythme. Cette attitude crée une certaine affinité entre lui et vous.

Quoi qu'il arrive, ce n'est pas à vous de régler le repas. Ne prenez pas la note, même si le serveur la dépose à côté de vous. L'interviewer profitera peut-être de cette occasion pour tester votre assurance et votre connaissance du protocole.

L'entretien au restaurant est bien souvent l'occasion pour l'interviewer de se permettre des questions déplacées. Au cours de la conversation, vous pouvez vous surprendre à parler de votre conjoint, de vos enfants, de vos opinions politiques ou autres sujets personnels. Essayez de ne pas sortir du domaine des affaires ou de ne vous en éloigner que pour parler du temps.

L'entretien à une réception

Il arrive qu'un employeur organise une réception pour trier les candidats en les réunissant tous en même temps loin du cadre du travail. Divers interviewers se mêlent à quelques dizaines de candidats, généralement des étudiants de troisième cycle sur le point d'obtenir leur diplôme. L'ambiance est décontractée et donne une idée assez précise de la culture de la société.

Comportez-vous avec autant de sérieux que si vous étiez dans un bureau. N'arrivez pas en retard et buvez avec modération. Ne faites pas de confidences à une personne avec laquelle vous vous sentez en confiance – tous les interviewers se réuniront le lendemain et vos propos seront révélés.

L'entretien sur un terrain de golf

Bien que cette pratique soit assez rare, certains employeurs invitent les cadres à jouer au golf. Ce sport, qui comporte de nombreuses conventions, permet à l'interviewer d'anticiper votre comportement dans le cadre professionnel. Voici trois conseils de pros du golf d'affaires : « Portez un polo ; ne laissez pas votre adversaire gagner et ne jetez jamais vos clubs. »

Si vous ne jouez pas très bien au golf ou si vous n'en connaissez pas tous les usages, demandez à l'interviewer si vous pouvez vous rencontrer ailleurs. En cas de refus, achetez-vous un livre sur le golf ou prenez un cours intensif.

Vous pouvez aussi être invité pour d'ultimes entretiens dans un séminaire résidentiel où votre future entreprise tient un meeting annuel. Attention car le cadre agréable de l'échange ne doit pas faire oublier la rigueur et le professionnalisme.

L'entretien à l'aéroport

Les conseils en recherche de cadres rencontrent de plus en plus de candidats dans les salles de réunion des aéroports. C'est surtout vrai dans certains pays comme l'Allemagne où il existe de nombreuses métropoles de poids économique important et comparable alors qu'en France les entreprises et cabinets sont beaucoup plus concentrés sur quelques places où elles ont souvent des bureaux. Ils prennent l'avion, font passer l'entretien et repartent, le tout en parcourant une grande distance en un minimum de temps.

L'un des problèmes que pose ce site réside dans son ouverture au public. Les demandeurs d'emploi prennent le risque de se retrouver nez à nez avec leur patron ou avec un collègue. De leur côté, les recruteurs peuvent croiser des concurrents. Si vous acceptez un entretien dans un aéroport, demandez si vous pouvez le passer dans une salle privée. Vous serez plus détendu et donc plus efficace si vous ne redoutez pas d'être vu en la compagnie d'un recruteur.

L'entretien sur le campus

Certains recruteurs professionnels se rendent sur les campus pour faire passer des entretiens aux futurs diplômés dans leur centre d'orientation professionnelle.

Si vous êtes sur le point de terminer vos études, commencez à vous familiariser avec cette approche. Participez aux ateliers sur la rédaction du CV et les entretiens de recrutement. Informez-vous auprès des conseillers d'orientation. Votre avenir est entre vos mains, alors faites le maximum pour démarrer du bon pied. Faites les exercices que vous suggèrent les conseillers – à moins que vous ne deveniez un crack, ce sera sans doute le seul moment où un recruteur s'intéressera à vous.

Votre premier poste est décisif pour l'orientation de votre carrière. Vous devez savoir précisément ce que vous voulez faire. Ne faites pas comme **Steve Zahn** dans *Génération 90*, un film sur de jeunes adultes qui essaient de construire leur vie. Lorsque **Winona Ryder** lui demande quel est son objectif, il répond : « Mon objectif, c'est… d'avoir une carrière de quelque chose. »

Mon conseil : Si vous ne parvenez pas à obtenir un entretien à une tranche horaire qui vous convient, soyez attentif aux éventuels désistements ou aux modifications du calendrier.

L'entretien dans un salon de l'emploi

Dans les salons de l'emploi, vous avez la possibilité de fournir votre CV ou un résumé de vos qualifications (emportez les deux documents) aux employeurs qui vous intéressent. À ce stade, votre objectif est d'obtenir un entretien et non un poste.

Préparez-vous à l'avance : demandez la liste des participants et identifiez ceux à qui vous allez rendre visite. Une bonne préparation vous donnera un avantage certain sur vos concurrents.

Étant donné que vous risquez de devoir faire la queue, prévoyez de passer beaucoup de temps à attendre. Mettez ce temps libre à profit en prenant des notes sur ce que vous a dit l'employeur que vous avez rencontré précédemment.

Tout le monde essaie d'arriver tôt. Je vous conseille donc de vous rendre au salon après le premier flot de candidats, au milieu de la matinée. Optez pour une tenue professionnelle.

Présentez un argumentaire d'environ 30 secondes, que vous aurez élaboré chez vous, mettant en valeur votre principal point fort – par exemple : *Je fais partie des dix meilleurs élèves de ma promotion*. Si on ne vous propose pas d'entretien, fournissez votre CV et posez la question suivante : *Avez-vous des postes correspondant à mon profil ?* Si la réponse est positive, ajoutez : *Pouvez-vous m'accorder un entretien ?* Si la réponse est évasive, insistez : *Puis-je vous téléphoner la semaine prochaine ?*

Que vous obteniez un entretien sur place ou non, laissez toujours un CV avant de partir (pour rédiger un bon CV, reportez-vous à mon livre *Le CV pour les Nuls*).

À un salon de l'emploi, comportez-vous avec chaque employeur comme une star qui fait une apparition dans un film. Entrez en scène, faites sensation grâce à votre tenue et à votre préparation, puis repartez vers d'autres horizons.

Le hasard fait-il bien les choses ?

À quel type d'entretien serez-vous confronté ? Vous ne le saurez peut-être pas à l'avance. Mais ne vous laissez pas prendre au dépourvu. Préparez-vous à tous les cas de figure et lisez attentivement les recommandations du chapitre suivant.

STAR

Combinaison gagnante pour tous les types d'entretiens

Certaines règles de base s'appliquent à tous les types d'entretien. Respectez-les.

Soyez sympathique à l'interviewer. Quel que soit le degré de directivité de l'entretien, la décision de l'interviewer sera influencée positivement si le courant passe bien entre lui et vous. C'est la nature humaine qui veut ça : nous aimons les personnes qui nous aiment ou partagent nos centres d'intérêts et nos points de vue.

Montrez que vous avez des points communs avec l'interviewer. Vous aimez peut-être les mêmes films, les mêmes méthodes de travail ou les mêmes produits. En suggérant que vous partagez certaines valeurs ou opinions, vous créez une affinité qui peut entraîner une décision en votre faveur, comme le montre cette anecdote véridique :

Après de multiples tentatives, Julie M. a fini par obtenir un entretien dans une grande société suisse. Ne voulant surtout pas gâcher ses chances, elle a décidé de se préparer le mieux possible en se rendant sur place la veille de son rendez-vous.

Combinaison gagnante pour tous les types d'entretiens (suite)

Alors qu'elle essayait de jeter un coup d'œil à l'intérieur du bâtiment, le gardien est venu lui demander si elle avait besoin d'aide. En toute honnêteté, elle a répondu : « Je voulais avoir un aperçu des lieux car je suis convoquée à un entretien demain. » Enfreignant probablement les consignes de sécurité, le gardien a invité Julie à entrer dans le bureau de l'interviewer et attiré son attention sur des maquettes de bateaux anciens disposés sur une étagère.

L'interviewer était apparemment un collectionneur passionné. Julie s'est alors rendue à la bibliothèque pour lire des ouvrages sur les bateaux. Et vous devinez la suite de l'histoire…

Lorsque Julie est arrivée à l'entretien, elle s'est exclamée en montrant du doigt l'une des maquettes : « Oh, n'est-ce pas un sloop Hudson ? » L'affinité s'est créée instantanément et Julie a obtenu le poste.

Voici d'autres moyens d'être sympathique à l'interviewer :

Écoutez attentivement l'interviewer. D'une manière générale, nous préférons être écoutés qu'écouter. Montrez votre intérêt en résumant, en reformulant ou en reprenant les propos de l'interviewer. Ne restez pas concentré uniquement sur ce que vous avez à dire.

Ne soyez pas mielleux. Tenez des propos agréables le temps de briser la glace puis allez droit au but. Les interviewers n'apprécient guère les candidats qui tournent autour du pot en cherchant à les amadouer.

Faites des pauses. Montrez que vous réfléchissez avant de parler. Vous pouvez tout à fait prendre le temps de répondre au cours d'un entretien en tête-à-tête car l'interviewer voit que vous vous concentrez. En revanche, évitez les pauses lors des entretiens par téléphone ou vidéoconférence. Les temps morts ne sont pas les bienvenus.

Prenez des notes. Ayez toujours un carnet sous la main et prenez des notes lorsque l'interviewer insiste sur un certain point ou lorsqu'il répond à vos questions. Cette technique témoigne non seulement de votre attention mais aussi de l'intérêt que vous portez à ses propos.

Deuxième partie

La clé de la réussite : Faire des recherches et répéter

« J'ai un entretien dans un cabinet juridique. J'espère faire sensation. »

Dans cette partie...

Découvrez des astuces qui vous permettront d'être aussi zen qu'un bouddha à vos entretiens de recrutement.

Cette deuxième partie débute sur la nécessité absolue de faire des recherches. Vous trouverez une liste des différentes sources d'informations disponibles en ligne ou dans la presse.

Nous verrons ensuite l'importance de la répétition. Vous n'aurez pas l'air naturel si vous ne répétez pas vos réponses jusqu'à ce que vous ayez suffisamment d'aisance. Cette technique vous sera très utile, surtout si vous êtes timide.

Enfin, cette partie s'achève sur des considérations concernant la tenue à porter à un entretien de recrutement, les tests de pré-recrutement et la gestion des références.

Chapitre 3

Faites des recherches avant votre entretien

Dans ce chapitre :

- Faire des recherches pour avoir une longueur d'avance
- Cibler vos recherches
- Trouver rapidement ce que vous cherchez

Qu'ont en commun trois stars américaines comme **Robert De Niro**, **Al Pacino** et **Nicholas Cage** ? Chacun d'eux a compris l'importance de l'information.

Robert De Niro s'est récemment rendu à Jérusalem, où il a rencontré des anciens agents secrets pour rentrer dans la peau du personnage qu'il jouera prochainement dans un film sur le conflit au Moyen-Orient.

Al Pacino a joué plus de gangsters que n'importe quel acteur. Pourtant, pour mieux appréhender son rôle de vieux tueur de la Mafia dans *Donnie Brasco*, il n'a pas hésité à se frotter à de véritables parrains new-yorkais.

Dans *À tombeau ouvert*, Nicholas Cage joue le rôle d'un ambulancier. Entouré de morts et de blessés, l'ambulancier ressent un profond malaise dans l'ambulance qui sillonne les rues en faisant retentir la sirène. Pour comprendre ce que peuvent ressentir les ambulanciers, Cage a demandé à en accompagner quelques-uns sur le terrain. Ceux-ci lui ont dit de mettre un gilet pare-balles et de rester calme parce qu'ils allaient sur les lieux d'une fusillade. Ce jour-là, Cage a pu voir de ses propres yeux un enfant blessé par balle à la jambe.

L'importance de l'information

L'information est essentielle – et omniprésente. Inutile d'aller au bout du monde fréquenter les barbouzes, de se retrouver nez à nez avec des truands ou de retenir ses larmes en consolant un enfant blessé par balle. Mais ne tombez pas dans l'excès inverse.

Avec la reprise, trop de candidats relâchent leurs efforts de recherche. Ils se disent que les sociétés ont tellement besoin de nouvelles recrues qu'ils peuvent se permettre d'arriver les mains dans les poches.

Le manque de recherche n'aura sans doute aucune conséquence dans le cadre d'un entretien préliminaire (surtout si celui-ci est mené à bien par un cabinet de recrutement), mais risque de compromettre vos chances lors de l'entretien de sélection qui suivra.

Si vous préférez vous faire arracher une dent plutôt que de vous lancer dans d'interminables recherches sur les sociétés, dites-vous que cet investissement vous donnera une bonne longueur d'avance sur vos concurrents dans les domaines suivants :

- Vous aurez toutes les informations nécessaires pour prouver que vous êtes qualifié pour le poste.
- Vous pourrez fournir une réponse documentée lorsqu'on vous demandera : « Que savez-vous de notre société ? »
- Vous donnerez une impression de sérieux et de professionnalisme.
- Vous pourrez mieux interpréter les propos de l'intervieweur au cours de l'entretien.

L'avènement providentiel de l'Internet

L'Internet a révolutionné la recherche d'informations. Aujourd'hui, inutile de courir dans toutes les bibliothèques de la ville et de faire semblant d'être un investisseur pour accéder au rapport annuel d'une société. Une foule d'informations sur la plupart des sociétés sont disponibles gratuitement sur l'Internet.

En une heure ou deux, vous pouvez avoir accès aux rapports annuels, aux informations sur les produits, les services, le secteur et les concurrents, et même à l'opinion des employés sur leur société. Vous avez également la possibilité de connaître les fusions, les acquisitions, les licenciements et les changements de personnel au sein de la direction. Enfin, vous pouvez avoir un aperçu de la culture de l'entreprise.

Tous les renseignements que vous obtiendrez d'un simple clic vous seront utiles d'une façon ou d'une autre. Si la société donne des signes de faiblesse ou si le patron a mauvaise réputation, vous serez bien content de le savoir avant d'engager votre processus de recherche d'emploi. Si en revanche le poste à pourvoir vous semble vraiment intéressant, vos connaissances feront la différence par rapport aux autres candidats (pour savoir comment effectuer des recherches en ligne, reportez-vous à la section du même nom, plus loin dans ce chapitre).

Les informations à connaître

Avant de recruter, de nombreuses sociétés définissent ce qu'on appelle le *profil du candidat*. Ce profil est l'ensemble des qualifications (compétences, expérience, connaissances, formation) jugées nécessaires pour le poste. Lors de vos recherches, vous devez vous-même définir le *profil du poste* – qui correspond à celui du candidat.

Vous pouvez déterminer le profil du poste en consultant les annonces publiées dans la presse, les offres d'emploi en ligne, les revues professionnelles et la presse économique. Renseignez-vous sur les principales responsabilités, les problèmes techniques à résoudre et les objectifs du poste.

Il vous restera sans doute quelques incertitudes, mais notez tout ce qui vous permet de mieux comprendre ce que l'on attend du candidat idéal.

Une fois que vous connaissez le profil du poste, analysez vos points forts et confrontez-les aux besoins de la société (pour cerner votre propre profil, reportez-vous à mes livres *Le CV pour les Nuls* et *Les Lettres d'accompagnement pour les Nuls*). Lorsque vous aurez fait cet exercice plusieurs fois, vous pourrez l'effectuer régulièrement en moins de 30 minutes.

Complétez ensuite vos recherches en vous rendant à la bibliothèque ou en naviguant sur le Web.

Grâce à votre analyse du poste et à vos recherches complémentaires, vous arriverez à l'entretien avec une idée précise de ce que la société attend de vous.

Les questions que vous devez vous poser

Voici une liste de questions qui vous aidera à orienter vos recherches. Tous les points abordés ne nécessiteront pas une réponse dans chaque cas et d'autres vous viendront sans doute à l'esprit – cette liste n'est qu'un fil conducteur.

La seule règle générale en matière de recherches est la suivante :

> ***Plus les responsabilités du poste sont importantes – ou plus la concurrence est rude – plus vous aurez de recherches à faire pour sortir du lot.***

Taille et croissance de l'entreprise

La taille d'une société et la place qu'elle occupe sur le marché permettent de tirer des conclusions sur sa culture et les possibilités d'avancement. Essayez de répondre aux questions suivantes :

- Que fait la société ?
- S'agit-il d'un conglomérat ?
- La société a-t-elle une réputation internationale ?
- S'agrandit-elle ou réduit-elle son personnel ?
- Quels sont ses différents départements et ses filiales ?
- Combien de salariés compte-t-elle ?

- Combien de clients a-t-elle ?
- Combien de succursales a-t-elle ?
- A-t-elle des succursales à l'étranger ?

Orientation de l'entreprise

Pour trouver les réponses aux questions suivantes, consultez le rapport annuel de la société, les pages économiques des journaux, la presse économique et les revues professionnelles. Les informations concernant l'orientation de l'entreprise ne sont pas accessibles facilement, mais elles vous donneront un aperçu des points à ne pas manquer ou à éviter absolument à l'entretien.

- Quelles sont les priorités actuelles de la société ?
- Quelle est sa mission ?
- Quels contrats à long terme a-t-elle conclus ?
- Quelles sont ses perspectives ?
- Quels sont ses problèmes ?
- Est-elle sur le point de lancer de nouveaux produits ou de nouveaux projets ?

Produits ou services

Ne vous présentez pas à un entretien sans savoir quels produits ou quels services constituent la base de l'activité de l'entreprise.

- Quels sont les produits ou les services fournis par la société ?
- Quels sont ses domaines d'expertise ?
- Comment se distingue-t-elle des autres sociétés de son secteur – en proposant des produits haut de gamme, en réduisant les coûts, etc. ?
- Quelles sont ses normes de production ?

Profil concurrentiel

Les informations concernant le positionnement de la société par rapport à ses concurrents vous renseigneront sur sa santé à long terme et sur la stabilité de votre emploi potentiel.

- Quels sont les concurrents de la société ?
- Quels sont ses projets actuels ?
- Quels échecs a-t-elle subis ?
- Quelles sont ses principales réalisations ?
- Le secteur dont elle fait partie est-il en période de croissance ?
- La technologie va-t-elle compromettre son avenir ?
- Utilise-t-elle une technologie avancée ?
- Propose-t-elle des postes à l'étranger ?

Culture et réputation

Les réponses aux questions suivantes seront sans doute subjectives mais elles vous permettront de savoir si vous êtes susceptible de vous intégrer dans la culture de la société. Cherchez des indices : l'ambiance est-elle frénétique ? Décontractée ? Formelle ? Informelle ? Agressive ? Sophistiquée ? Adaptez votre comportement à l'atmosphère générale lors de l'entretien.

- Le personnel est-il peu nombreux et débordé ?
- Quelle image la société a-t-elle des fusions et des acquisitions ?
- Quelle est sa philosophie ?
- Quelle est sa réputation ?
- Quelle est sa structure hiérarchique ?
- Quel genre de personnes recrute-t-elle ?
- Respecte-t-elle les obligations familiales de ses salariés ?
- Respecte-t-elle l'égalité hommes/femmes ?
- Quels sont les bruits qui courent sur les managers ?
- Comment ceux-ci traitent-ils les salariés ?
- Se débarrassent-ils des salariés âgés ?

Histoire de l'entreprise

Essayez de savoir en quoi le passé de la société peut influencer son avenir. La société a-t-elle fait l'objet d'une OPA hostile ? Fait-elle les mêmes choses depuis des années parce que son fondateur ne veut rien changer ?

- Quand et où la société a-t-elle été créée ?
- S'agit-il d'une SA ou d'une SARL, voire d'une société familiale ?
- Quelle est la structure du capital ?
- Est-ce une filiale ou un département ?
- A-t-elle beaucoup changé au fil du temps ?
- À quelle vitesse s'est-elle développée ?

Valeur nette

Les informations concernant la valeur nette ne sont pas non plus faciles à trouver mais mieux vaut connaître la santé financière de l'entreprise avant d'être recruté qu'après avoir été licencié. De nombreuses sociétés en difficulté appliquent encore la politique du « dernier entré, premier sorti ».

- Quel est le chiffre d'affaires de la société ?
- Quels sont ses bénéfices ?
- Quels sont ses actifs ?
- Sa base financière est-elle solide ?
- Ses bénéfices sont-ils en hausse ou en baisse ?
- Quel est le pourcentage de bénéfices distribué aux salariés ?
- La société est-elle endettée ?

Recommandations de base

En règle générale, il est plus facile d'obtenir des renseignements sur les grandes sociétés que sur les PME. De même, davantage d'informations sont disponibles sur les sociétés dans leur ensemble que sur leurs filiales ou leurs différents départements.

Une fois que vous avez trouvé les informations qui vous intéressent, prenez des notes mais soyez attentif aux dates de vos sources. Les annuaires disponibles dans les bibliothèques sont généralement anciens et peu fiables. Vous trouverez sans doute une mise à jour sur l'Internet.

Voici quelques conseils pour effectuer des recherches en ligne.

Les recherches en ligne

L'Internet est un réseau mondial d'ordinateurs qui permet, grâce à un langage de transfert commun, d'envoyer et de recevoir des données à partir de n'importe quel système informatique. Le Web est un ensemble de sites Internet comportant des liens qui facilitent l'accès à l'information.

Il n'a jamais été aussi simple de se renseigner sur les entreprises que depuis l'apparition de l'Internet. Des informations sur des centaines de milliers de sociétés privées, publiques, internationales, commerciales ou à but non lucratif sont disponibles sur le réseau.

Si vous souhaitez vous informer sur une société précise, consultez son site Web. Vous y trouverez sa mission commerciale, la description de ses produits, ses rapports annuels, des offres d'emploi, des communiqués de presse et des messagers d'employés.

La démarche la plus efficace pour faire des recherches en ligne sur un employeur potentiel est la suivante :

- **Contactez la société directement**. Commencez par constituer un dossier sur la société en consultant son site Web. Si vous ne connaissez pas l'adresse de son site, visitez un site Emploi qui comporte des profils ou des liens vers des sites Web d'entreprises. Vous trouverez une liste d'adresses de sites Emploi dans la section suivante (« Les bonnes adresses du Web »).

- **Renseignez-vous sur la société indirectement**. Continuez à surfer sur le Web en visitant les centaines de sites consacrés aux sociétés. Peut-être souhaitez-vous savoir ce que les autres pensent de la société que vous visez. Consultez par exemple les sites de la presse pour avoir accès aux archives. Des adresses sont également fournies à la section suivante.
- **Faites une recherche sur la société**. Saisissez le nom de la société en tant que mot clé dans un *moteur de recherche* pour savoir s'il existe un site la concernant. Un mot clé est un terme pertinent sur lequel le logiciel base sa recherche (pour en savoir plus sur les mots clés, reportez-vous à mon livre *Le CV pour les Nuls*). Le moteur de recherche trouvera non seulement la page Web de la société mais peut-être aussi des articles sur cette dernière. Plusieurs moteurs de recherche sont indiqués ci-après.
- **Consultez les sites spécialisés dans le secteur**. Certains sites sont consacrés à un secteur en particulier. Par exemple, il existe des sites sur la banque qui comportent de multiples liens vers des sites d'organismes bancaires. Ce sont de véritables mines d'information.
- **Faites-vous des relations en ligne**. Abonnez-vous à un groupe de discussion fréquenté par des personnes issues de votre secteur. Faites-vous connaître et respecter l'intérieur du groupe avant de demander des renseignements sur une société en particulier.

Les bonnes adresses du Web

Les sites indiqués ci-après constituent un bon point de départ pour ceux qui souhaitent explorer les ressources de l'Internet. Les adresses (appelées URL) sont susceptibles de changer mais, dans ce cas, soit le site recherché fournit sa nouvelle adresse, soit vous pouvez le localiser grâce à un moteur de recherche ou à un répertoire.

Sites Web de sociétés

Sur le site Web d'une société, vous trouverez toutes les informations que les demandeurs d'emploi de la génération précédente allaient chercher dans son rapport annuel. Voici quelques sites comportant des liens vers les pages Web de différentes sociétés :

Bottin	`bottin.fr`
Entreprises	`entreprises.fr`
Infogreffe	`infogreffe.fr`
Kompass	`kompass.com`

Sites sur les sociétés

Sur les sites suivants, vous trouverez à la fois des offres d'emploi et de nombreuses informations utiles pour préparer votre entretien de recrutement.

Apr Job	`apr-job.com`
Cadremploi	`cadremploi.fr`
Cadres Online	`cadresonline.com`
Career Mosaic	`careermosaic.fr`
Cyber search	`cybersearch.fr`
Email Job	`emailjob.com`
Job Line	`jobline.fr`
Job Pilot	`jobpilot.fr`
Monster	`monster.fr`
StepStone	`stepstone.fr`
Wydeyes	`wydeeyes.fr`

Messagers – Nouveau !

Le Web inaugure une ère sans précédent puisqu'il est désormais possible de faire des recherches à la base en communiquant directement avec les employés.

Les messagers d'employés se généralisent mais, comme dans les talk show, les participants les utilisent plus souvent pour se plaindre que pour faire des éloges. À vous de juger de la fiabilité des tuyaux que l'on vous donnera sur les possibilités d'avancement, les collègues, les augmentations et les patrons intraitables. Les petites sociétés n'ont pas encore développé ce système mais voici quelques sites comportant un messager où vous rencontrerez peut-être l'ami d'un ami qui a travaillé ou travaille encore dans une société qui vous intéresse :

Yahoo!/Business-Finance/Co.'s/ Intraco.Groups `clubs.yahoo.com`

Sites Emploi

Les sites nationaux suivants proposent à la fois des informations sur les sociétés et des offres d'emploi en ligne :

Monster `monster.fr`

Career Mosaic `careermosaic.fr`

Sites spécialisés dans un secteur

Les sites spécialisés dans votre secteur sont mis à jour par des personnes qui ont le même parcours et les mêmes centres d'intérêts que vous. Ces personnes sont issues soit d'associations professionnelles à but non lucratif soit de sociétés commerciales. Quelques exemples :

Pour les cadres :

Apec `apec.fr`

Pour le secteur des nouvelles technologies :

Job World `jobworld.com`

Web Cible `webcible.com`

Nt Jobs nt-jobs.com

Pour la finance :

Qualistream qualistream.fr

Job Finance jobfinance.com

Pour le juridique :

Recrulex recrulex.com

Pour les arts et spectacles :

Artotal artotal.com

Pour le multimédia ou la grande consommation :

INA ina.fr

Pour la santé :

SNIP snip.fr

Global Santé globalsante.com

Pharmaceutiques pharmaceutiques.com

Pour le BTP :

Jobtech jobtech.fr

Cyclone Ops cycloneops.fr

Pour l'intérim ou le travail temporaire :

Job Free Lance jobfreelance.com

Hays Alpha haysalpha-tt.com

Pour la fonction publique :

Travail Gouv travail.gouv.fr

PRFGOV (pour travailler en Belgique) vwpr.fgov.be

Sites professionnels

Les sites suivants vous aiguilleront vers des organismes et des personnes évoluant dans votre secteur :

Cyber Job Cyber-job.com

Cap Campus	capcampus.com
GO	go.fr
Skilia	skilia.com
Talent Campus	talentcampus.com

Moteurs de recherche

Les moteurs de recherche ne servent plus uniquement à sélectionner pour vous les sites comportant les informations dont vous avez besoin. Ils sont devenus de véritables outils de recherche d'emploi :

Alta Vista	altavista.fr
Lycos	lycos.fr
Yahoo	yahoo.fr

Sites de la presse

Les sites de journaux et de magazines sont très utiles aux demandeurs d'emploi qui souhaitent consulter les archives de la presse ou se renseigner sur une région dans laquelle ils ont l'intention de s'installer.

L'Express	lexpress.fr
Le Figaro	lefigaro.fr
Le Monde	lemonde.fr
Les Échos	lesechos.fr
L'Usine Nouvelle	usinenouvelle.fr
Libération	liberation.fr

Les principales publications

Après avoir exploité les ressources du Web, poursuivez vos recherches en consultant les publications traditionnelles – annuaires, journaux, magazines et revues professionnelles. Enfin, n'oubliez pas les brochures et les rapports annuels des sociétés. Certains des annuaires indiqués ci-après sont également disponibles en ligne ou sur CR-ROM (d'une manière générale, les CD-ROM sont chers et vendus uniquement aux bibliothèques et autres institutions de ce genre).

La préparation fait la différence

Les employeurs considèrent vos recherches sur leur société comme le reflet de votre intérêt, de votre enthousiasme, de votre intelligence et de votre engagement. En vous informant, vous montrez que vous êtes consciencieux, compétent et motivé.

Soit vos recherches vous permettront de vous démarquer de vos concurrents, qui auront par ailleurs un profil semblable au vôtre, soit ce que vous apprendrez sur la société vous encouragera à aller voir ailleurs avant qu'il ne soit trop tard. Dans les deux cas, vous serez en mesure de prendre une décision en connaissance de cause.

STAR

Faites des recherches pour devenir une star. Sinon, vous devrez vous contenter de faire de la figuration.

Chapitre 4

Répétez votre entretien

Dans ce chapitre :

- Surmonter votre angoisse
- Prendre une contenance pour vaincre le trac
- Anticiper les pièges de l'entretien

Vous êtes nerveux, vous avez l'estomac noué, la gorge serrée et le cœur qui bat la chamade. Bref, vous avez le trac.

Bienvenue au club. Rassurez-vous, vous n'êtes pas le seul. **William Hurt**, excellent acteur de renommée internationale, a confié l'anecdote suivante à ses fans : « J'étais tellement paralysé par le trac au théâtre que ma bouche est restée bloquée lors d'une représentation. J'ai dû tourner le dos au public et l'ouvrir avec mes doigts pour la débloquer. »

Nombreux sont ceux qui se mettent à trembler lorsqu'ils doivent passer un entretien ou faire un discours – moi la première. Lorsque j'ai commencé à donner des conférences, je sentais ma gorge se dessécher au fur et à mesure que je parlais. Il fallait bien que je surmonte mon angoisse mais ce n'était pas un plaisir de m'adresser à tout un auditoire.

Un jour, une femme avec qui je donnais une conférence m'a vu trembler tout au long de mon intervention. Elle était quant à elle une oratrice accomplie et, à la fin de la conférence, elle m'a prise à part et m'a expliqué que ma nervosité venait de ma peur d'être ridicule. Elle m'a alors donné un conseil que je n'oublierai jamais :

Lorsque vous êtes nerveuse, c'est parce que vous êtes tournée vers vous-même. Dites-vous que vous aidez les autres en leur faisant part de connaissances peu répandues que vous avez eu le privilège d'acquérir. Pensez au service que vous leur rendez et non à vous lorsque vous êtes derrière votre micro.

Depuis, mon angoisse s'est envolée et parler en public n'a plus jamais été une épreuve pour moi.

Sachez que tous les exercices de maîtrise de la respiration, de relaxation, de sophrologie sont des aides importantes pour la gestion du stress.

En quoi ce conseil s'applique-t-il à l'entretien de recrutement ?

Passer un entretien, c'est un peu comme faire un discours. Pour être à l'aise, il faut avant tout bien se préparer, c'est-à-dire répéter. Ce chapitre a pour but de vous aider à répéter vos entretiens et à donner une bonne image de vous même.

Commencez par élaborer un argumentaire de base, que vous adapterez en fonction de chacun de vos entretiens en faisant des recherches sur la société (voir chapitre 3).

Une fois que vous aurez suffisamment répété et que vous aurez pris conscience de ce que vous pouvez apporter à votre employeur potentiel, vous parviendrez à prendre du recul. Soyez attentif aux besoins de l'interviewer et, d'une manière générale, suivez le conseil que l'on m'a donné :

> ***Concentrez-vous sur votre auditoire et non sur vous-même.***

Vous verrez, c'est un excellent moyen de chasser toute forme de nervosité. Récapitulons les trois étapes qui mènent à la maîtrise de soi et à la tranquillité d'esprit :

1. **Préparez un argumentaire de base.**

   Identifiez vos compétences et répétez jusqu'à ce que vous soyez à l'aise avec toutes les questions que l'on pourra vous poser. Travaillez votre technique de présentation.

2. **Adaptez votre argumentaire.**

   Faites des recherches sur chaque employeur potentiel pour faire une présentation personnalisée.

3. Concentrez-vous sur votre auditoire.

Concentrez-vous sur ce que vous pouvez apporter à votre auditoire et non sur vous-même ou sur l'image que vous donnez de vous.

Comme un comédien, travaillez votre présence sur scène

Lorsqu'un bon comédien fait son entrée, il s'approprie la scène. Il va du côté jardin au côté cour, de la rampe à la toile de fond. Grâce à son assurance et à son charisme, il capte l'attention des spectateurs. Autrement dit, il a de la présence sur scène.

Comment travailler votre « présence sur scène » ? Il n'existe qu'un moyen efficace : répéter jusqu'à ce que vous soyez parfaitement naturel. Quand vous aurez répété plusieurs fois, vous aurez l'impression que l'entretien n'est qu'une répétition de plus.

Composez votre répertoire

Vous devez connaître votre argumentaire sur le bout des doigts. Sélectionnez cinq compétences dont vous souhaitez parler à l'interviewer et préparez une brève description de chacune d'elles. Quelles sont vos cinq principales compétences ?

1. ______________________________

2. ______________________________

3. ______________________________

4. ______________________________

5. ______________________________

Répétez à voix haute

Lisez à voix haute la description de vos compétences. Faites cet exercice au moins cinq fois. Pourquoi ne pas lire en silence ? Les experts affirment qu'on retient mieux ce qu'on entend que ce qu'on lit. La répétition à voix haute vous aidera à mémoriser votre texte.

Démosthène, orateur de la Grèce antique, savait comment retenir l'attention de son auditoire. Pour apprendre l'art oratoire, il s'est retiré dans une grotte. N'ayant ni montre ni calendrier, ni même un cadran solaire puisqu'il était dans l'obscurité, il s'est rasé la moitié de la tête et n'est sorti de sa grotte que lorsque ses cheveux avaient repoussé, c'est-à-dire trois mois plus tard. C'est dire s'il a pris le temps de répéter !

Travaillez avec un caméscope

COULISSES

Observez-vous comme si vous étiez à la place de l'interviewer. Demandez à un ami de vous poser des questions et filmez votre prestation. Si vous n'avez pas de caméscope, vous pouvez enregistrer votre voix sur un magnétophone mais il vaut mieux que vous puissiez vous voir.

Regardez si vous avez l'air dynamique, compétent et confiant. Développez ce qui peut jouer en votre faveur et éliminez tout ce qui donne une mauvaise image de vous. Soyez aussi attentif au langage de votre corps qu'à vos paroles.

C'est ce qu'ont bien compris les spécialistes de la PNL (Programmation neuro-linguistique). Ce mot compliqué correspond à une technique selon laquelle les mots à eux seuls ne représentent que 40 % de la communication entre deux personnes. Le reste dépend des attitudes, du regard, de la position, des gestes, bref de tout ce qui est non verbal. Sans devenir un expert en PNL, vous pouvez utilement consulter des ouvrages sur le sujet, très nombreux dans les rayons RH (Ressources humaines) des librairies importantes.

- Évitez de secouer les jambes, de tapoter sur votre cuisse ou de vous balancer d'avant en arrière.
- Abstenez-vous de tortiller une mèche de vos cheveux.
- Ne faites pas craquer vos doigts.
- Ne vous penchez pas en arrière, ne croisez pas les bras et ne hochez pas la tête sans arrêt.
- N'oubliez pas de sourire.

Témoignez votre intérêt en vous penchant légèrement en avant tout en gardant le bas du dos contre le dossier de la chaise. Regardez l'interviewer dans les yeux. Pour montrer votre ouverture d'esprit et votre honnêteté, tenez les paumes de vos mains ouvertes.

Un regard fuyant donne l'impression que vous mentez. Si vous clignez des yeux trop lentement, votre interlocuteur peut soupçonner un certain désintérêt de votre part, voire un raisonnement lent. Sachez aussi que les lunettes demi-lunes suggèrent une certaine arrogance. Enfin, évitez de mettre la main devant la bouche lorsque vous parlez.

Pouvez-vous faire des pauses et prendre le temps de réfléchir avant de répondre ? Pourquoi pas ? Cette attitude vous donnera un air posé et flegmatique.

Pouvez-vous vous reporter à vos notes ? Oui. L'interviewer y verra sans doute une volonté d'être précis. Cela dit, ne vous y cramponnez pas comme à une bouée de sauvetage.

Bien entendu, vous pouvez avoir votre CV devant vous mais il ne s'agit pas de le lire de manière trop rigide ; ce n'est qu'un support à la discussion.

Si vous avez la voix cassée ou chevrotante, chauffez-la en chantant dans votre voiture tandis que vous vous rendez à l'entretien.

Éliminez toute tension physique

Pour vous détendre, reposez-vous, étirez-vous et faites de l'exercice avant de vous rendre à votre entretien. Évitez de faire un repas trop lourd à digérer. Réduisez votre stress en respirant profondément : inspirez jusqu'à ce que vos poumons soient bien remplis puis expirez lentement. Répétez cet exercice deux fois.

Juste avant l'entretien, si vous ne vous sentez pas encore tout à fait détendu, allez aux toilettes et mettez les mains contre un mur comme si vous étiez fouillé par un policier. Poussez le mur de toutes vos forces en râlant jusqu'à votre dernier souffle. Cet exercice peut vous paraître stupide mais, vous verrez, ça marche. Il a été prouvé que la poussée et le râle contractent certains muscles qui réduisent l'anxiété. Veillez à ce que personne ne vous voit faire cet exercice – allez savoir ce qu'on pourrait penser de vous !

Éliminez toute tension mentale

Si vous avez des soucis dans votre vie privée, essayez de les oublier. Videz-vous la tête et concentrez-vous sur votre entretien. Si vous avez des choses à faire, faites-les avant de partir pour ne plus avoir à y penser. Si vous n'en avez pas le temps, notez-les quelque part pour éviter qu'elles ne monopolisent une part de votre attention et de votre mémoire.

Développez une attitude correcte

Lorsque vous répétez votre entretien pour vous vendre le mieux possible, gardez à l'esprit les recommandations suivantes.

Conseils pour tous

Ces conseils s'appliquent à toute personne convoquée à un entretien de recrutement.

- Essayez de voir l'entretien comme une opportunité de faire avancer votre carrière et non comme un test visant à évaluer vos compétences.
- Entraînez-vous à axer la discussion autour des besoins de l'employeur : montrez que vous connaissez ses besoins, que vous avez les compétences nécessaires pour les satisfaire et que vous êtes en harmonie avec la culture de la société.
- Ne parlez pas de vos précédents entretiens qui n'ont pas marché – vous donneriez l'impression d'être en échec permanent.
- Si vous n'êtes pas de race blanche, ne vous comportez pas comme si l'interviewer allait se servir de la couleur de votre peau pour exercer une discrimination à vos dépens (voir aussi « Conseils pour les femmes »).

- Regardez l'interviewer dans les yeux mais sans le fixer. Ne vous comportez pas comme un chat prêt à bondir sur sa proie. Pour éviter de créer une tension, détournez le regard de temps à autre.

Conseils pour les débutants

Si vous êtes débutant, concentrez-vous sur vos compétences. Voici quelques conseils qui vous aideront à avoir une certaine présence :

- Entraînez-vous à décrire vos compétences et vos connaissances.
- Apprenez à développer vos arguments – préparez des exemples détaillés des compétences que vous avez acquises aussi bien lors de votre formation qu'à l'occasion d'activités extrascolaires (voir chapitre 2).
- Montrez votre capacité d'adaptation, votre volonté d'apprendre, votre dynamisme et votre force de travail.
- N'insistez pas sur le fait que vous êtes débutant en vous excusant de votre manque d'expérience – l'employeur sait très bien que vous n'avez pas d'expérience. Trop s'excuser constitue ce qu'on appelle une restriction mentale qui peut faire craindre un manque de confiance en soi.
- Ne réduisez pas votre compétitivité en parlant uniquement de votre formation universitaire – élargissez votre champ d'action.

Conseils pour les as

Lorsque leur carrière est bien avancée, les bons acteurs n'ont plus à prouver leur talent mais ils doivent montrer qu'ils sont toujours capables de jouer un rôle exigeant. Pour être une star jusqu'au bout, voici ce que vous devez faire :

- Élaborez un discours qui illustre votre volonté d'atteindre les objectifs de l'employeur.

- Apprenez à développer vos arguments – préparez des exemples de votre dynamisme, de votre enthousiasme et de votre désir de rester compétitif (voir chapitre 2).
- Combattez bien avant l'entretien les préjugés que vous risquez d'avoir contre votre supérieur potentiel ou votre interviewer – si celui-ci est très jeune, ne le prenez pas de haut.
- Donnez l'image d'une personne encore jeune. Tenez-vous droit sur votre chaise et soyez alerte.

Conseils pour les femmes

Lorsqu'elles passent une audition pour un rôle, les actrices n'utilisent pas les mêmes compétences que les acteurs. Que vous soyez une starlette ou un monstre sacré, suivez mes conseils pour être sûre d'obtenir le rôle que vous convoitez.

- N'abordez pas la question de la discrimination exercée à l'encontre des femmes et n'accusez pas votre ancien patron de sexisme.
- Préparez une présentation de vos réalisations et montrez que vous êtes fière de ce que vous avez accompli.
- Entraînez-vous à décrire vos qualités en matière de leadership et votre esprit d'initiative.
- Si vous avez des enfants, préparez-vous à neutraliser les inquiétudes de l'employeur concernant l'absentéisme maternel.
- La féminité est appréciée – parlez d'une voix relativement basse et émouvante qui respire l'intelligence.

Conseils pour les hommes

Les grands acteurs comme **Robert Redford, Tom Cruise, Clint Eastwood** et **Alain Delon** ont tous dû prouver à un moment de leur carrière qu'ils pouvaient jouer aussi bien les durs que les âmes sensibles. Vous aussi, essayez de trouver un équilibre entre ces deux extrêmes avant de vous rendre à un entretien.

- Si on vous y oblige, n'hésitez pas à admettre que vous avez fait une erreur au cours de votre carrière mais préparez-vous à expliquer les leçons que vous en avez tirées.
- Entraînez-vous à montrer les aspects positifs de votre vie privée (sports d'équipe, activités de groupe, enfants). Les employeurs apprécient les candidats qui ont une vie harmonieuse.
- Ne faites pas de longs monologues. Partagez le temps de parole de façon équitable avec l'interviewer (oui, ce conseil s'applique aussi aux femmes).

Anticipez les pièges de l'entretien

Même si vous vous en sortez plutôt bien à un entretien, certains facteurs peuvent vous déstabiliser si vous êtes pris au dépourvu.

Les interférences

Lorsque vous répétez, n'oubliez pas que vous ne pouvez pas maîtriser tout ce qui se passe lors d'un entretien. Vous serez peut-être interrompu par le téléphone, par les collègues de l'interviewer ou par l'interviewer lui-même pour une raison qui n'a aucun rapport avec vous. Demandez aux personnes qui vous aident à répéter de vous interrompre pour vous entraîner à reprendre le fil de la conversation. Essayez de ne pas tenir compte de ces interruptions et de rester concentré. Souvenez-vous de ce que vous étiez en train de dire au cas où l'interviewer l'oublierait.

Le silence

Soyez vigilant :

Ne laissez jamais échapper des informations qui ne regardent pas l'interviewer lorsque celui-ci fait pression sur vous.

Les interviewers utilisent le silence de façon stratégique. Ils se taisent parfois pendant de longues minutes pour encourager

Soignez votre image

Lorsque vous visionnez l'enregistrement vidéo que vous avez effectué, soyez attentif aux travers suivants :

Ce qu'il ne faut pas dire

- Boîte
- Boulot
- Euh
- Ouais (au lieu de oui)
- Genre
- OK
- Pas mal
- C'est clair.

Ce qu'il ne faut pas faire

- Jouer avec la monnaie qui est dans vos poches
- Tapoter sur votre cuisse
- Secouer les jambes
- Vous tortiller ou vous toucher les cheveux
- Croiser les bras
- Vous tenir jambes ou bras écartés
- Donner une poignée de main molle
- Gigoter sur votre chaise
- Fumer ou avoir envie de le faire
- Fixer l'interviewer
- Baisser les yeux
- Mâcher un chewing-gum
- Marmonner
- Interrompre votre interlocuteur
- Parler trop vite
- Être voûté
- Tripoter un stylo ou quoi que ce soit d'autre.

les candidats à développer davantage leurs réponses – et même à communiquer des informations qui peuvent leur nuire.

Ne vous laissez pas déstabiliser par le silence. Dites-vous que c'est une simple technique. Attendez que l'interviewer reprenne la parole ou brisez ce silence en posant des questions pertinentes (voir chapitre 9). Ne mordez pas à l'hameçon en dévoilant vos secrets les plus intimes.

Vous pouvez vous aussi garder le silence pour inciter l'interviewer à compléter son propos ou lui montrer que vous êtes très attentif à ce qu'il dit.

Répétez autant que nécessaire

Répétez vos entretiens jusqu'à ce que vous vous sentiez à l'aise et véritablement spontané. C'est la seule façon d'acquérir de l'assurance et de la présence tout en réduisant l'anxiété.

Même si vous pensez que vous n'avez pas le talent nécessaire pour vous vendre à un entretien, vous ne pourrez que constater l'efficacité des techniques décrites dans ce chapitre.

Qu'est-ce qui impressionne les recruteurs ?

Voici les résultats d'une enquête réalisée auprès d'un groupe de recruteurs concernant l'importance de certains comportements lors d'un entretien.

Très important : 5 ; important : 4 ; assez important : 3 ; peu important : 2 ; pas important : 1.

Comportement	Valeur moyenne
Enthousiasme	4,8
Qualités de communication	4,8
Confiance en soi	4,7
Tenue soignée	4,6
Tenue professionnelle	4,3
Politesse	4,3
Savoir-faire technique	4,3
Contact visuel régulier	4,1
Assurance	4,1
Esprit de décision	4,1
Connaissances sur la société	4,1
Poignée de main ferme	4,0
Objectifs de carrière bien définis	4,0
Position correcte	3,9
Sens de l'humour	3,8
Autres	0,4

Chapitre 5

Habillez-vous en fonction de votre rôle

Dans ce chapitre :

- Choisir la tenue adéquate
- S'habiller en fonction de la culture de la société
- Être à son avantage
- S'habiller décontracté
- Améliorer son image (débutants et seniors)

Dans le film *À la poursuite du diamant vert*, Joan Wilder (**Kathleen Turner**) part à la recherche de sa sœur en Colombie. Accompagnée par un aventurier (**Michael Douglas**), elle se retrouve en pleine jungle en talons aiguilles.

Si « On ne court pas dans la jungle en talons hauts », on ne va pas non plus à un entretien de recrutement en tenue de safari.

La règle numéro 1 en matière de tenue vestimentaire est simple :

Habillez-vous en fonction du poste et de la culture de la société.

Les entreprises se composent de salariés qui travaillent ensemble pour atteindre des objectifs communs. Si votre tenue donne l'impression que vous êtes différent, l'intervie-wer pensera, consciemment ou non, que vous ne pourrez pas vous intégrer dans l'équipe. Vous devez vous fondre dans l'en-vironnement qui vous entoure. C'est pourquoi votre tenue ne doit pas refléter vos opinions personnelles mais être adaptée au milieu professionnel que vous visez.

Au théâtre, on rappelle souvent aux comédiens un vieil adage qui s'applique aussi à l'entretien de recrutement :

Mettez-vous dans le rôle et le rôle se jouera tout seul.

Un chasseur de têtes m'a confié une anecdote à ce sujet. Il recherchait des candidats pour un poste de VRP dans une grande société. Après avoir réuni plusieurs candidats de qualité, il leur a recommandé de s'habiller de façon classique pour leur entretien : costume, chemise blanche et cravate en soie.

Les six premiers candidats ont reçu une réponse négative. Le client a indiqué qu'ils étaient tous qualifiés mais qu'ils ne correspondaient pas à ce qu'il recherchait.

Le recruteur a donc réévalué les besoins du client et s'est rendu sur place pour comprendre d'où venait le problème.

Lorsqu'il est entré dans la société, il n'a croisé que des personnes habillées de façon décontractée. Il s'est dit qu'il ne s'agissait que des fantassins et que le capitaine portait probablement une tenue plus stricte. Mais lorsque le directeur des ventes est venu le saluer, il a vu arriver une paire de chaussettes de tennis dans des mocassins noirs !

À partir de ce jour-là, il a conseillé aux candidats de s'habiller décontracté – sans pour autant leur suggérer de porter des chaussettes de tennis – et l'un d'eux a fini par être recruté. Souvenez-vous de cette histoire et dites-vous que pour être accepté à Rome, à l'époque antique, il fallait porter une toge.

Choisissez la tenue adéquate

Pendant des années, quasiment tous les experts ont conseillé aux candidats de s'habiller de façon classique. Aujourd'hui, ce conseil n'est pas toujours valable. Les artistes, les écrivains et les techniciens, par exemple, donneront peut-être une meilleure image dans une tenue décontractée qu'en costume-cravate.

Un brin d'élégance en plus

Pour un entretien, certains conseils en carrière vous recommanderont de vous habiller un cran au-dessus de ce que vous porteriez pour travailler au poste que vous visez.

D'autres vous suggéreront d'être simplement un peu plus élégant qu'à l'ordinaire.

D'autres encore vous conseilleront de choisir votre tenue en fonction du poste que vous convoitez et non de celui que vous occupez actuellement.

En ce qui me concerne, je pense que vous devez opter pour la plus belle tenue que vous êtes susceptible de porter au bureau.

L'évolution des codes vestimentaires, qui a commencé chez les personnes qui travaillent seules ou dans un environnement créatif, s'élargit de plus en plus à l'ensemble des professions. Le personnel des ventes et autres professionnels en contact avec le public s'habillent de façon moins stricte qu'il y a quinze ans.

Souvenez-vous des démêlés d'un salarié d'une entreprise française qui a eu les pires déboires pour être allé travailler en bermuda. Sans prendre parti, sachez qu'on a parfois trop tendance à « considérer comme insolent ce qui n'est qu'insolite ».

Alors, que faut-il porter ? Faut-il s'abonner à tous les magazines de mode pour le savoir ? Évidemment, non. Renseignez-vous sur ce qui se porte dans votre secteur et dans la société que vous visez. Si vous voulez faire partie de l'équipe, vous devez porter l'uniforme de l'équipe – quel qu'il soit.

Faites bonne impression

Si vous faites bonne impression dès le départ, l'interviewer sera séduit une fois pour toutes. Il pensera que, si vous excellez dans un domaine (votre image), vous excellez dans tous les autres. La première impression est véritablement décisive.

N'imposez pas votre style personnel

Certains demandeurs d'emploi qui ont une forte personnalité, notamment les jeunes diplômés, aiment se distinguer par leurs vêtements. Ils ne comprennent pas à quel point il est important de donner une image professionnelle.

Arborant des jupes façon Ally McBeal ou des tee-shirts de sport, ils n'en font qu'à leur tête et tiennent à ce que leur tenue reflète leur style personnel. Cet état d'esprit rebelle est véritablement contre-productif.

Si je me permets de le dire en ces termes, c'est parce que moi aussi je suis passée par là quand j'étais jeune. Je me suis disputée avec mes supérieurs pour revendiquer mon droit de porter des chaussures violettes à talons hauts. J'adorais ces chaussures qui montraient à quel point j'étais cool. Quand j'y repense… Bref, je ne les ai plus jamais portées à partir du jour où l'un de mes supérieurs m'a dit : « Si vous ne les vendez pas, pourquoi en faire de la pub ? »

Oubliez votre style personnel jusqu'à ce que vous décrochiez un emploi. Si vous faites tout pour vous démarquer, vous passerez pour une personne immature et on ne vous confiera jamais aucun poste. Faites en sorte que les personnes avec lesquelles vous souhaitez travailler vous reconnaissent comme étant l'un des leurs.

Lorsque vous ferez partie de la société depuis plusieurs mois, vous aurez une idée de ce que vous pouvez vous permettre pour personnaliser votre image. Vous serez alors libre de vous distinguer des autres, à condition bien sûr que vous ne soyez pas avide de gravir les échelons. Car aussi injuste que cela puisse paraître, les postes de direction sont rarement confiés aux personnes qui ne véhiculent pas une image de leader.

Certains employeurs font inconsciemment leur choix dès les premières secondes de leur rencontre avec le candidat et ne se servent de l'entretien que pour avoir confirmation de leur première impression. Soignez votre image au maximum.

En tout état de cause, on peut au moins affirmer qu'on peut être définitivement éliminé au cours des premiers instants. Il est donc plus qu'important de soigner l'impression initiale.

Pour éblouir l'interviewer dès votre entrée en scène, évitez les fautes de goûts.

Pour les femmes

- Pas de maquillage outrancier
- Pas de maquillage sur le col
- Pas de vêtements mal assortis
- Pas trop de couleurs pastel (rose, bleu layette) qui rappellent les chambres d'enfants
- Pas de vêtements provocateurs (courts, transparents, moulants ou fendus)
- Pas de bijoux tape-à-l'œil, de grandes boucles d'oreilles ni de chaîne à la cheville
- Pas de chaussures à lanière ni de sandales
- Pas de coiffure volumineuse ou très élaborée
- Pas de vernis à ongles écaillé ou de couleur fantaisiste (bleu ou noir)
- Pas de bas filés ou avec des impressions.

Pour les hommes

- Pas de doublure déchirée
- Pas de poches déformées
- Pas de porte-documents abîmé
- Pas de bretelles en plus de la ceinture
- Pas de barbe mal rasée
- Pas de chaussettes courtes ou blanches
- Pas de chaussures en croco, de sandales ni de talons usés ou poussiéreux
- Pas de ceinture et de chaussures dépareillées (cuir de même couleur)
- Pas de cravate trop courte ou trop longue ni de nœud papillon
- Pas de vêtements froissés ou tachés
- Pas d'épingle à cravate ni de boutons de manchettes.

Pour tous

- Pas de lunettes teintées
- Pas de montre fantaisiste

- Pas de crayon jetable
- Pas de piercing visible ni de boucles d'oreilles multiples
- Pas de tatouage visible dans la mesure du possible
- Pas de vêtements incompatibles – pas de baskets avec un costume.

Si vous choisissez une tenue classique

Bien que les costumes et les cravates ne soient plus de rigueur, ou du moins plus des impératifs absolus, la plupart des recruteurs conseillent aux candidats d'opter pour une tenue classique lorsqu'ils ne connaissent pas bien la culture de la société. Voici quelques recommandations :

Pour les femmes

- Tailleur : les femmes ont plus de difficultés à être prises au sérieux que les hommes. Si vous portez une jupe, enfilez une veste assez stricte. Vous pouvez aussi porter un tailleur pantalon sombre (égayez-le d'un foulard en soie), notamment si vous visez un secteur high-tech ou une entreprise jeune et dynamique. Toutefois, si vous devez passer un entretien avec une personne attachée aux traditions, tenez-vous-en à la jupe.
- Chemisier : blanc, blanc cassé ou autre couleur neutre.
- Chaussures : escarpins à talons moyens.
- Cheveux : coiffez-les en arrière s'ils sont longs.

Pour les hommes

- Costume deux pièces : si vous suivez la mode, osez une veste à trois boutonnières avec revers étroits.
- Chemise : À manches longues, blanche de préférence ou bleue.
- Cravate : les couleurs sombres conviennent bien aux cadres. Les motifs doivent être minuscules.
- Pas de polo dans les secteurs conformistes, comme la banque.

Pour tous

- Les costumes sont de préférence de couleur sombre – bleu marine, par exemple. Le noir n'est toutefois pas conseillé. Préférez l'anthracite. D'une manière générale, les couleurs sombres donnent une impression de formalisme, de conservatisme et d'autorité.
- Pour une allure moins stricte, choisissez un costume fauve ou beige. Une simple veste sur un pantalon et même un pull à col roulé peuvent faire l'affaire en certaines circonstances.

Si vous choisissez une tenue décontractée

On remarque de plus en plus de salariés en tenue décontractée sur leur lieu de travail. Aux États-Unis d'abord, mais aussi maintenant de plus en plus souvent en Europe et en France, les entreprises acceptent des tenues décontractées(mais propres !) une fois par semaine, généralement le vendredi (« casual Friday »). Seules certaines sociétés travaillant dans des secteurs particuliers (Internet, start-up, communication…) ont érigé cette décontraction vestimentaire en règle habituelle. Renseignez-vous avec précision sur l'environnement où vous mettez les pieds....

Pour les hommes et les femmes, les tenues décontractées jugées correctes pour un entretien se composent des vêtements suivants : pantalon de toile, chemise ou chemisier de couleur, blazer ou pull, et mocassins de qualité.

À VOUS DE JUGER

Les candidats se trouvent parfois confrontés à un cruel dilemme : faut-il porter un costume à l'entretien même si l'on sait que tous les salariés de la société sont habillés de façon décontractée ? Dans certains cas, il est vrai qu'un costume bleu sombre peut réduire vos chances tout simplement parce que vous ne semblez pas en harmonie avec la culture et les codes vestimentaires de la société.

Quoi qu'il en soit, renseignez-vous avant votre entretien. Ne partez pas du principe que vous savez jusqu'où vous pouvez aller. Faites les recherches nécessaires et ne prenez pas de risques.

Soyez prêt à jouer votre rôle

Pour résumer, habillez-vous en fonction de ce qu'on attend de vous. Si vous avez des doutes, avant de vous rendre à votre entretien, observez les salariés entrer et sortir de la société pour voir quel genre de tenue ils portent. Si vous travaillez avec un recruteur professionnel, demandez-lui conseil.

Si vous passez avec succès un premier entretien et êtes convoqué une nouvelle fois, ne laissez paraître aucun relâchement vestimentaire. Ne vous comportez pas comme si l'interviewer était un de vos vieux amis. Habillez-vous dans le même style, quitte à porter le même costume avec une chemise ou une cravate différente, voire les mêmes vêtements, lavés et fraîchement repassés.

Votre tenue peut jouer en votre faveur avant même que vous n'apportiez vos arguments. Mettez toutes les chances de votre côté, même si vous devez changer de look.

Pour paraphraser une expression des ados, « soyez bien dans votre habit ». Ceci ne vous fera pas gagner un poste mais peut, a contrario, vous en faire perdre...

Chapitre 6

Préparez-vous aux tests de pré-recrutement

Dans ce chapitre :

- Se soumettre aux tests de pré-recrutement
- Comprendre le débat sur l'intérêt des tests
- Identifier et réussir les différents types de tests
- Se préparer en anticipant les questions

Après un entretien d'une demi-heure, David dut se soumettre à un test de pré-recrutement de trois heures. Au bout de deux heures, il bondit sur sa chaise et sortit de la pièce comme un ouragan. Certaines questions étaient vraiment choquantes. Par exemple, il fallait répondre vrai ou faux aux phrases suivantes :

Je n'ai aucune difficulté à uriner ou à retenir mon urine.

Je suis très attiré par les personnes du même sexe que moi.

Et pourtant, il ne s'agissait pas d'un casting pour une célèbre émission télévisée !

David était sur le point d'abandonner mais il se dit que, s'il ne répondait pas à ces questions, il ne serait probablement pas recruté. Il s'efforça donc de garder son sang-froid et retourna finir le test. Une fois rentré chez lui, toujours choqué par ces questions pour le moins déplacées, il décida d'appeler son avocat.

Celui-ci l'étonna par sa réponse : il est inutile de poursuivre un employeur pour un test si l'on ne peut pas prouver qu'il y a eu violation des droits civiques ou discrimination en raison d'un handicap. Le jeune homme dut admettre qu'il n'avait aucun recours.

Depuis, plusieurs concepteurs de tests et employeurs ont été poursuivis – et condamnés – pour discrimination. Ces procès ont fait beaucoup de bruit et, aujourd'hui, une commission révise tous les tests afin de vérifier qu'ils concernent uniquement la performance professionnelle. Par conséquent, bien qu'il puisse encore y avoir certains litiges, il est bien plus difficile d'intenter une action en justice.

Si vous refusez de vous soumettre à un test, vous risquez fortement d'être exclu du processus de recrutement.

Fuir les tests de pré-recrutement peut mettre votre carrière en péril.

Des dizaines de milliers d'employeurs font encore passer des tests lors d'entretiens de recrutement. Ce n'est pas qu'ils en soient particulièrement friands mais personne n'a trouvé de méthode plus efficace pour sélectionner les candidats.

Refuser un test, c'est refuser une partie de l'offre qui vous est faite.

Le débat sur l'intérêt des tests

Personne n'aime passer des tests. Ceux qui s'élèvent contre cette pratique affirment que des facteurs tels que la personnalité, la capacité d'apprentissage et les objectifs de carrière ne peuvent être évalués que sur le terrain.

Les concepteurs de tests et les employeurs soutiennent pourtant que les questions posées sont uniquement liées à la performance professionnelle.

Essayez de vous mettre à la place des employeurs :

- Si vous tenez compte des dépenses engagées à partir du recrutement jusqu'au moment où le salarié devient productif, vous comprendrez que l'intégration d'une nouvelle recrue est une opération onéreuse. Par conséquent, les erreurs de recrutement coûtent cher.

- Les tests de pré-recrutement coûtent moins cher que la vérification des informations fournies par les candidats.

Mais qu'est-ce qui compte le plus : la fiabilité des tests ou le porte-monnaie des employeurs ? Le débat restera ouvert jusqu'à ce qu'on invente une meilleure technique de sélection.

Les différents types de tests

Voici les différents types de tests auxquels vous pouvez être confronté. Les trois premiers sont largement utilisés pour l'évaluation des candidats. Les deux derniers, en revanche, sont peu courants au stade du pré-recrutement.

- **Les tests de personnalité** ont pour but d'identifier vos principaux traits de caractère et de les comparer avec ceux d'autres personnes.
- **Les tests d'intégrité** (parfois considérés comme un sous-groupe des tests de personnalité) déterminent votre honnêteté, votre responsabilité et votre fiabilité.
- **Les tests de compétences** (également appelés *tests de performance*) évaluent vos performances avec précision (par exemple, le nombre exact de mots que vous tapez à la minute).
- **Les tests d'aptitude** (parfois baptisés test d'intelligence, de manière trop prétentieuse) permettent d'anticiper votre potentiel pour une tâche précise. Les tests d'aptitude scolaire évaluent l'intelligence et la capacité d'apprentissage des élèves.
- **L'évaluation des centres d'intérêt professionnels** confronte vos activités professionnelles avec vos goûts personnels (ce que vous aimez faire) pour identifier les professions qui correspondent le plus à vos centres d'intérêt.

Vous trouverez des exemples de tests de personnalité et d'intégrité plus loin dans ce chapitre. Les tests de compétences varient selon les professions. Les tests d'aptitude et l'évaluation des centres d'intérêt professionnels se pratiquent essentiellement en milieu scolaire et universitaire.

Conseils généraux pour réussir les tests

Les tests sont davantage utilisés dans la distribution, la banque, le service public, l'assurance et la communication que dans l'industrie. Ils sont fréquents notamment pour les postes qui concernent la sécurité publique ou impliquent la manipulation d'argent ou de marchandises. Les recommandations suivantes vous seront utiles à chaque fois que vous devrez passer un test.

Posez des questions avant le test

Vous pouvez tout à fait vous permettre de poser des questions avant de commencer le test. Voici ce que vous pouvez demander :

- Il m'arrive de perdre mes moyens pendant un test. Aurai-je une seconde chance si je ne m'en sors pas très bien aujourd'hui ?
- Puis-je savoir de quel genre de test il s'agit ? Est-ce un test de personnalité, d'intégrité, de performance... ?
- Pourrai-je connaître les résultats de mon test ? J'aimerais savoir quels points je devrais améliorer.
- Doit-on traiter les questions dans l'ordre séquentiel ou peut-on y revenir après ?

Vous recevrez sans doute beaucoup de réponses négatives à ces questions mais celles-ci valent la peine d'être posées. L'attitude de l'interviewer et sa manière de vous répondre sont de sérieux indices sur la société. Si on ne vous ménage pas maintenant, cela sera encore pire une fois que vous serez recruté. Alors, n'hésitez pas à vous renseigner.

Soyez décontracté

Plus facile à dire qu'à faire, me direz-vous, et vous aurez raison. Mais il faut savoir que tous vos concurrents à un poste donné passent par la même étape... et les mêmes inquiétudes.

Sachez également que les tests dits en temps limité ne sont terminés par personne, même pas par les prix Nobel ! Ne vous inquiétez pas si vous ne venez pas à bout de toutes les questions.

Pour les tests de personnalité, soyez globalement homogène avec vos valeurs propres, tout en sachant que les entreprises apprécient généralement le dynamisme, les esprits positifs et les gens qui s'investissent dans leur activité.

Sachez repérer les tests mixtes

De nombreux tests se composent de différents types de questions. Même si les dix premières questions concernent votre personnalité, vous pouvez ensuite être interrogé sur vos aptitudes (potentiel de leadership ou de créativité, par exemple) ou sur votre intégrité (mensonge, par exemple).

Soyez nuancé

Méfiez-vous des termes tels que « jamais » et « toujours ». Par exemple, ne dites pas que vous n'avez *jamais* voulu plus que ce qui vous est dû dans la vie. Personne ne vous croirait.

N'hésitez pas à sauter des questions

Étant donné que la plupart des tests s'effectuent en temps limité, je vous suggère de commencer par les questions dont vous connaissez la réponse. Passez ensuite à celles qui vous posent problème en vous fixant un temps de réponse limité pour chacune d'elles. Évitez de réfléchir trop longuement aux questions difficiles – gardez-les pour la fin. Si vous en avez le temps, relisez-vous. Sachez toutefois que, d'après les experts, la première réponse est souvent la meilleure.

Familiarisez-vous avec les tests sur ordinateur

De plus en plus de tests s'effectuent sur ordinateur. Attention, en général, les logiciels ne permettent pas au candidat de sauter des questions et de revenir en arrière. Renseignez-vous bien sur les règles à suivre. Demandez également si vous serez davantage pénalisé par une mauvaise réponse que par une absence de réponse (cas où les mauvaises réponses retirent des points). Les détracteurs des tests sur ordinateur considèrent ceux-ci comme une forme de discrimination à l'encontre des candidats ne maîtrisant pas bien l'outil informatique. La solution : se familiariser avec les ordinateurs.

Anticipez les réponses idéales

Imaginez le candidat idéal en fonction des recherches que vous avez faites et demandez-vous ce qu'il penserait. Lorsque vous butez sur une question, donnez la réponse qu'il aurait donnée à votre place.

Donnez de vous l'image d'une personne modérée, en phase avec son époque. Les interviewers redoutent les convictions hors normes, qu'ils considèrent comme des sources d'ennuis.

Mettez-vous dans la peau du salarié parfait

Vous ne connaissez pas encore l'entreprise et il est difficile pour vous de savoir comment votre employeur potentiel imagine le salarié parfait. Celui-ci a probablement un profil précis fait d'aptitudes physiques et intellectuelles, de connaissances, de traits de caractère et d'expérience.

Même si vous faites beaucoup de recherches sur le poste pour lequel on vous teste, vous n'aurez qu'une idée assez vague de ce qu'on attend de vous. Par exemple, vous ne saurez pas dire avec exactitude à quel point l'assurance est importante. Sur ce sujet, mieux vaut rester modeste sous peine d'être soupçonné d'arrogance. En cas de doute, faites appel à votre bon sens.

Choisissez des réponses qui donnent une image positive

- Amabilité
- Ambition
- Confiance
- Conscience
- Curiosité
- Éloquence

Essayez de choisir des réponses qui témoignent d'un esprit positif et optimiste. Les traits de caractère suivants sont généralement appréciés :

- Fiabilité
- Imagination
- Optimisme
- Ouverture à de nouvelles expériences
- Persuasion
- Responsabilité
- Sociabilité
- Stabilité émotionnelle
- Tolérance

Évitez les réponses qui donnent une image négative

Abstenez-vous de toute réponse susceptible de nuire à votre image. Les employeurs fuient les candidats présentant les traits de caractère suivants :

- Inclination à la violence
- Inclination aux relations conflictuelles
- Fragilité émotionnelle
- Impulsivité
- Malhonnêteté
- Sensibilité au stress

- Susceptible de frauder
- Susceptible de provoquer des querelles juridiques
- Susceptible de tricher sur les heures de travail (congés maladie abusifs, retards)
- Susceptible de voler
- Toxicomanie ou dépendance à des substances altérant les fonctions mentales

Prouvez votre résistance au stress

Les tests psychologiques évaluent votre capacité à travailler dans l'urgence, dans des délais fixes, avec des clients mécontents et sous haute responsabilité. Ils sont censés identifier les mécanismes qui risquent de limiter vos performances. Par exemple :

- Non respect du règlement
- Tendance à la tension ou la méfiance
- Hypersensibilité aux menaces
- Perfectionnisme
- Rigidité
- Partialité
- Relations interpersonnelles négatives

Montrez que vous avez confiance en vous

Le manque de confiance en soi est un trait de caractère particulièrement nuisible. Si vous n'avez pas d'amour-propre, les employeurs penseront que vous avez de bonnes raisons de vous dévaloriser ou que vous manquez de motivation. À la question *Êtes-vous à l'aise avec les autres ?*, répondez *Oui*. Le meilleur salarié est un salarié heureux.

PAROLES D'EXPERTS

Conseils pour les personnes se destinant à la vente

Quasiment tous les tests conçus pour la vente évaluent les caractéristiques suivantes :

- Empathie – capacité à identifier et à ressentir les sentiments de quelqu'un d'autre
- Énergie – volonté de ne jamais abandonner un objectif avant de l'avoir atteint
- Ambition – désir d'acquérir de nouvelles compétences et de relever des défis
- Intelligence – qualités englobant la culture et l'imagination
- Maîtrise de soi – sentiment de contrôler son destin
- Efficacité personnelle – conviction d'avoir le pouvoir de réaliser ses rêves
- Évolution personnelle – tendance à ne pas se baser uniquement sur ses propres repères
- Ressort – aptitude à ne pas prendre les échecs personnellement et à réagir rapidement.

Soyez attentif aux questions identiques

Certains tests, notamment les tests d'intégrité, comportent plusieurs questions identiques formulées différemment. Le but est de déceler d'éventuelles incohérences dans les réponses – si vous avez menti la première fois, vous risquez de vous couper à la question suivante. Si vous en avez le temps, lisez le test avant de commencer. La cohérence est essentielle.

Les tests de personnalité

Certains tests de personnalité visent des traits de caractère précis. En voici quelques exemples avec une brève description des facteurs qu'ils évaluent. Cette liste n'est pas exhaustive et ne fait qu'illustrer les types de tests que vous pouvez rencontrer.

Il existe plusieurs tests de personnalité. Vous rencontrerez principalement le GZ, le PAPI, le SOSIE, ou THOMAS qui sont les plus utilisés par les entreprises françaises. Ne vous arrêtez pas à ces noms qui peuvent sembler barbares : il s'agit d'outils fiables et éprouvés qui donneront à peu près tous le même résultat.

Il arrive parfois que les tests utilisés par les recruteurs servent ensuite de support à un dialogue et qu'ils vous demandent de commenter tel ou tel trait de personnalité. Profitez de cette opportunité, à l'aide d'exemples tirés de votre vécu personnel ou professionnel, pour confirmer, infirmer, atténuer ou pondérer ce qui aura été dit. Votre aptitude à l'argumentation est au moins aussi importante que le trait de caractère en lui-même.

La plupart du temps, les tests de personnalité proposent des listes de questions avec trois réponses possibles à chacune d'entre elles. « Vous êtes dans telle situation... Que faites-vous ? ». Et on vous propose un choix de possibilités avec notamment une option de type « Je ne sais pas » ou « Entre les deux ». Sachez qu'il ne « faut » en moyenne choisir cette option intermédiaire que dans un cas sur dix. Sinon, vous donnerez l'impression d'être irrésolu ou de ne pas savoir prendre de décisions.

Les tests d'intégrité

Ces tests psychologiques, beaucoup plus pratiqués aux États-Unis qu'en Europe, sont basés sur la personnalité et se divisent généralement en deux parties :

- La première partie est conçue pour évaluer votre position par rapport à la malhonnêteté et au vol (Pensez-vous qu'il soit facile de voler sur votre lieu de travail ? À votre avis, quel est le montant des vols commis dans votre entreprise ? Quelles sont les excuses que l'on peut avoir pour voler ?).
- La seconde partie est conçue pour détecter d'éventuelles activités illégales (vol ou consommation de drogue).

Pour vous en sortir, vous devez être attentif aux questions pièges. Par exemple, si l'on vous demande de donner une estimation du pourcentage de salariés qui volent leur employeur, indiquez un chiffre peu élevé. Si vous cochiez un chiffre élevé, on pourrait croire que, pour vous, le vol est courant et donc acceptable.

Autres conseils pour réussir les tests d'intégrité :

- **Réfléchissez avant de répondre**

  Il suffit d'un peu de bon sens pour éviter de tomber dans les pièges qui risquent de vous discréditer – par exemple :

  Entourez votre réponse :

  J'ai déjà eu l'intention de voler (1) 0 € (2) 5 € (3) 80 € à mon employeur en fournitures de bureau.

- **Donnez une bonne image de vous**

  Indiquez un chiffre au-dessus de la moyenne si l'on vous demande d'évaluer votre honnêteté. N'admettez en aucun cas que vous avez envisagé la possibilité de duper votre employeur.

- **Montrez que vous respectez l'ordre public**

  Prenez fermement position contre le vol et l'escroquerie pour prouver votre probité. Une certaine indulgence pourrait laisser penser que vous vous sentez coupable de malhonnêteté.

- **Dites la vérité**

  Si vous tombez sur une question concernant des informations que l'employeur peut facilement vérifier, comme votre date de naissance, soyez franc. Une réponse en contradiction avec les faits mettrait votre honnêteté en doute.

- **Anticipez les objections de l'employeur**

  Par exemple, imaginez que vous deviez conduire un camion-citerne de pétrole. Si l'on vous demande *Avez-vous déjà consommé de l'alcool sur votre lieu de travail ?*, répondez *Non*. L'employeur ne prendra pas le risque d'un déversement de pétrole pour cause d'ivresse.

Exemples de questions posées dans les tests

Quel que soit le type de test, les questions ne sont pas posées directement. C'est à vous de déduire leur véritable sens. Voici quelques exemples de questions suivis de l'interprétation qu'on peut en faire.

- *Si vous étiez sûr de ne pas vous faire prendre, est-ce que vous resquilleriez dans un cinéma ?*
- *Un de vos collègues prend régulièrement de l'argent dans la caisse sans autorisation. Il promet qu'il le rendra à la fin du mois mais ne le fait jamais. Selon vous, cette personne est-elle honnête ?*
- *Êtes-vous choqué lorsque des criminels échappent à la police en raison d'ennuis techniques ?*

  (Ces questions ont pour but de déterminer si vous trouvez des excuses à la malhonnêteté et au vol.)
- *Accordez-vous beaucoup plus d'importance à votre conjoint(e) et à vos enfants qu'à tout le reste ?*

  (Votre vie privée va-t-elle empiéter sur votre travail ?)
- *Faites-vous de l'exercice régulièrement ?*

  (Allez-vous souvent être absent pour maladie ?)
- *Avez-vous le sentiment qu'il n'y a qu'une véritable religion ?*

  (Êtes-vous trop rigide pour vous adapter à la culture de la société ?)
- *Êtes-vous fasciné par le feu ?*

  (Êtes-vous pyromane – risquez-vous de mettre le feu à la société ?)
- *Aimeriez-vous être fleuriste ?*

  (Vos centres d'intérêt correspondent-ils au secteur ?)
- *Êtes-vous toujours en contact avec vos camarades de faculté ?*

  (Avez-vous des relations durables avec les autres ?)

- *Avez-vous déjà envisagé de vous venger de quelqu'un qui vous avait blessé ?*

  (Êtes-vous vindicatif ou êtes-vous capable de tourner la page ?)

Certaines questions appellent une réponse plus développée qu'un simple oui ou non :

- *Combien de fois par semaine faites-vous votre lit ?*

  (Avez-vous l'habitude de mettre de l'ordre ? Est-ce une obsession ?)
- *Combien de fois par semaine, en moyenne, sortez-vous le soir ?*

  (Arriverez-vous souvent au bureau avec la gueule de bois ?)
- *Comment voyez-vous le travail en général ?*

  (Le travail est-il pour vous une obligation ou un moyen de vous réaliser ?)

Pour les tests d'aptitude, vous serez souvent confronté à des séries à compléter (pour évaluer une certaine forme de logique numérique) ou de phrases à interpréter (logique verbale). Parfois, il s'agira de dominos ou de formes géométriques à compléter. Évitez d'acheter tous les livres qui ont été écrits sur ce sujet. Vous seriez noyé et découragé. Contentez-vous, si vous voulez vraiment vous rassurer sur ce sujet, d'en avoir un au maximum. Voici quelques exemples parmi des milliers.

Complétez les suites ci-dessous :

- 1 3 6 10 15 ?
- A 2 C 5 E 8 G 11 ??
- CORDE 12345 DECOR ?????
- 1 10 8 17 15 24 22 ?? ??
- 1 2 3 5 7 11 13 17 23 ??
- immeuble(8) pièce(5) pays(4) quartier(8) rue (?)
- lun mar mer ???

Dans un autre genre :

- Trouvez la phrase qui, selon vous, explique le mieux l'expression suivante : « Point n'est besoin d'espérer pour entreprendre... »

  1) La plupart de nos actions sont sans espoir

  2) Les gens sont le plus souvent pessimistes

  3) Il faut toujours privilégier l'action

- ou bien « Rien ne sert de courir, il faut partir à point »

  1) Nous avons tout notre temps pour faire ce que nous avons à faire

  2) Il est difficile de rattraper le temps perdu

  3) Pourquoi remettre au lendemain ce qu'on peut faire le surlendemain ?

Les différentes réponses à apporter étaient :

- 21 La différence entre 2 chiffres consécutifs augmente chaque fois d'une unité.
- I 14 Alternance des lettres (on en saute une à chaque fois) et des chiffres (on ajoute 3).
- 45123 La place des lettres dans le mot.
- 31 29 À chaque fois, on ajoute 9 puis on soustrait 2.
- 29 La suite des nombres premiers.
- 3 Le nombre de lettres dans le mot.
- jeu. En rajoutant « di » on a les jours de la semaine.

Et, pour les phrases :

3)

2)

Les résultats de votre test

David, notre candidat mécontent, a téléphoné une semaine après son entretien pour savoir s'il avait réussi le test. Mais l'interviewer lui a répondu que les résultats étaient confidentiels. Cette réponse classique ne lui a pas apporté un grand réconfort.

En France, vous avez théoriquement le droit d'obtenir les résultats de tous les tests que vous avez passés. C'est intéressant mais il est souvent plus judicieux d'en demander le retour de manière souple et agréable plutôt qu'en insistant sur le caractère légal de la requête. Vous pourriez apparaître comme trop pointilleux.

À moins que vous n'ayez la possibilité d'effectuer un autre test, vous ne pourrez pas faire grand-chose si vous avez échoué. L'objectif des employeurs est de trouver le bon candidat et non d'aider les demandeurs d'emploi qui sont restés sur la touche.

Même si vous n'êtes pas sûr d'avoir réussi votre test, assurez le suivi de votre entretien grâce aux techniques décrites au chapitre 22.

Chapitre 7

Travaillez avec vos références

Dans ce chapitre :

- Réunir de bonnes références
- Briefer vos références
- Identifier les contraintes juridiques
- Savoir ce que l'on dit sur vous

Ne prenez pas les références à la légère.

Les références confirment ou démentent ce que vous avez dit à l'entretien.

S'il y a contradiction entre deux versions, vous êtes immédiatement exclu du processus de recrutement.

Essayez de réunir de bonnes références. Ne gâchez pas vos chances à cause de personnes mal informées, peu enthousiastes voire franchement hostiles.

Ce ne sera pas un problème pour vous si tout le monde vous apprécie. Vous aurez largement de quoi impressionner vos employeurs potentiels. Mais, à moins que vous ne viviez dans un univers parallèle, vous avez probablement eu des ratés à un moment ou à un autre de votre carrière. Si c'est le cas, faites le maximum pour que les projecteurs ne soient pas braqués sur vos erreurs passées.

Quelle que soit la situation dans laquelle vous vous trouvez, entourez-vous des meilleures références possibles et assurez-vous qu'elles confirmeront vos propos. Il s'agira bien sûr de votre patron, de vos supérieurs directs et de vos collègues mais peut-être pourrez-vous également compter sur vos clients ou vos fournisseurs. Pensez aussi aux personnes avec lesquelles vous travaillez de façon bénévole – les membres d'une association dont vous faites partie, par exemple. En contactant vos références à l'avance, vous leur faites savoir que vous cherchez un emploi, ce qui peut être un avantage si quelqu'un prend connaissance d'une offre intéressante.

Dressez une longue liste de références – nom, fonction, société, adresse e-mail et numéro de téléphone – pour éviter que les employeurs ne s'adressent toujours à la même personne. Des appels téléphoniques incessants pourraient non seulement être gênants mais devenir louches. Par exemple, si votre ancien patron se rendait compte que vous n'avez toujours pas trouvé de travail, il pourrait finir par donner de vous une image plus terne qu'au départ.

En outre, plus votre liste de références sera longue, moins vous serez soupçonné de dissimuler des éléments de votre parcours professionnel. De toute façon, les employeurs ne contacteront probablement pas toutes les personnes qui y figurent. Ne fournissez cette liste que lorsqu'on vous la demandera.

Réunissez vos meilleures références

Outre les personnes avec lesquelles vous avez travaillé, vous pouvez demander l'appui de relations influentes. Si vous êtes en contact avec un gros bonnet de votre secteur, qui connaît votre travail et votre réputation, n'hésitez pas à faire appel à

Jeunes diplômés, faites preuve d'ingéniosité

Même les débutants peuvent fournir des références solides. Faites appel à vos responsables de stages, à vos professeurs et à vos conseillers d'orientation. Si vous avez fait du bénévolat, citez les personnes qui ont supervisé votre travail. Pensez aussi aux chefs d'entreprise de votre entourage, aux médecins ou aux banquiers qui peuvent apporter un témoignage non négligeable sur votre personnalité. Avec un peu d'ingéniosité, vous pouvez réunir de bonnes références.

lui. Son nom attirera sans doute l'attention de votre employeur potentiel – s'il vous offre son appui, c'est que vous êtes vraiment bon.

La plupart de vos références doivent connaître vos performances professionnelles. Elles doivent compter au moins un supérieur, un collègue et un subalterne avec lequel vous avez travaillé au cours des trois (cinq maximum) dernières années.

Essayez de choisir des individus susceptibles de communiquer des informations fiables et objectives sur vous. Les employeurs repèrent très vite ceux qui en rajoutent pour vous mettre en valeur.

Préservez la confidentialité de votre recherche d'emploi

Vous travaillez et ne souhaitez pas que votre patron sache que vous recherchez un autre emploi. Comment fournir des références dans ces conditions ? Constituez une liste à partir de vos précédents emplois ou de personnes qui ont quitté votre société actuelle.

Si vous êtes absolument sûr que vos collègues, vos subordonnés et les responsables des autres services ne diront pas à votre patron que vous êtes sur le point de quitter la société, vous pouvez les citer comme références. Personnellement, je trouve cette méthode assez risquée mais certains la pratiquent.

Refuser de fournir des références issues de la société pour laquelle vous travaillez actuellement est tout à fait compréhensible. Vous pouvez toutefois proposer le compromis suivant : une fois embauché, vous autoriserez votre nouvel employeur à vérifier vos références actuelles.

Rencontrez vos références

Ne laissez rien au hasard en ce qui concerne vos références. Je vous suggère de procéder de la manière suivante :

- **Demandez l'autorisation**

  Demandez à vos références l'autorisation de fournir leurs coordonnées à vos employeurs potentiels. N'indiquez aucune référence avant d'être sûr d'avoir son soutien. Vous pourriez le regretter amèrement.

- **Rappelez-leur vos principales réalisations**

  Prenez contact avec chaque référence, en personne de préférence ou par téléphone. Rappelez-lui les grands moments de votre carrière.

- **Soufflez quelques idées**

  Énumérez de façon synthétique les principaux points que vos références pourront aborder. Bien que chaque personne apporte un point de vue personnel, tout ce qui va être dit sur vous devra être cohérent. Les commentaires de vos références ne doivent pas avoir l'air préparés à l'avance mais vous pouvez leur donner une certaine orientation.

- **Donnez un CV**

  Fournissez à chaque référence plusieurs exemplaires de votre CV : un dont elle s'inspirera si un employeur l'interroge, d'autres qu'elle donnera à d'éventuelles relations intéressées par vos qualifications (si votre recherche d'emploi est confidentielle, ne donnez pas d'exemplaires supplémentaires).

- **Reprenez contact régulièrement**

  En vous rappelant au bon souvenir de vos références, vous leur indiquez que vous êtes toujours en recherche. C'est aussi l'occasion pour vous de leur témoigner votre reconnaissance pour leur aide. Vous saurez en outre quelles sociétés s'intéressent à vous – les employeurs ne contactent les références que si le candidat a été sélectionné.

Neutralisez les références défavorables

Il est difficile de ne pas citer votre patron actuel ou précédent parmi vos références. Or, il se peut que vous soyez en mauvais termes avec lui.

Vous êtes peut-être parti en lui disant ses quatre vérités et en claquant la porte. Si vous avez succombé à cette tentation, vous êtes en mauvaise posture. Mais il n'est jamais trop tard pour bien faire. Reprenez immédiatement contact avec votre patron et avec toute personne susceptible de vous faire du tort pour essayer d'arrondir les angles.

Avouez franchement que vous avez besoin de bonnes références. Remerciez votre patron pour l'expérience qu'il vous a permis d'acquérir dans sa société. Dites-lui que vous lui seriez reconnaissant de passer l'éponge sur le passé car il faut bien que vous gagniez votre vie. Une fois qu'il aura repris son sang-froid, il se rendra compte qu'il serait mesquin de sa part – et juridiquement risqué, comme je l'explique plus loin – de vous maintenir délibérément au chômage.

Si vous n'avez qu'une référence défavorable parmi de nombreuses personnes ne tarissant pas d'éloges sur vous, vous n'aurez probablement pas de problème. Si vous êtes sûr de l'appui dont vous bénéficiez, dites simplement *Excepté Thomas Duroc, je me suis toujours bien entendu avec mes supérieurs*. Si l'interviewer vous demande plus de détails, répondez aussi brièvement que possible et réorientez la discussion sur un de vos points forts.

Si, après avoir fait une erreur importante, vous êtes sur le point d'être licencié pour faute professionnelle, contactez un conseiller juridique et renseignez-vous sur la possibilité d'élaborer une réponse commune en cas de prise de références. Si vous optez pour cette solution, toutes les personnes interrogées sur les raisons de votre licenciement devront se baser sur cette réponse commune.

Identifiez les contraintes juridiques

Les références peuvent poser des problèmes aux sociétés. Pour éviter les accusations de diffamation, certains employeurs préfèrent donner les informations au compte-gouttes. Ils confirment que « Paul X a travaillé ici du (date) au (date) ». Ils confirment aussi l'intitulé de poste si l'employeur potentiel le mentionne correctement mais ils ne le rectifient pas s'il est incorrect. À part ces informations de base, ils ne donnent pas beaucoup d'indices.

Les moins méfiants laissent échapper des impressions négatives sans se rendre compte des risques juridiques qu'ils encourent. Si, de surcroît, ils le font avec une intention de nuire à la réputation de l'employé, ils s'exposent à des poursuites pouvant aller jusqu'au procès.

Si ces contraintes vous permettent de réduire une référence défavorable au silence, elles peuvent aussi vous faire du tort. Les sociétés prudentes ne fourniront aucune information. Par conséquent, même si vos performances ont été remarquables, personne n'en saura rien.

PAROLES D'EXPERTS

Quelques conseils sur la rédaction d'une réponse commune à une prise de références

Si vous êtes licencié et si tout le monde se réjouit de votre départ, prenez des mesures pour réduire les commentaires négatifs. Rédigez un document d'une page maximum décrivant vos performances de la façon la plus positive possible.

Faites-le lire à votre ancien patron. Si celui-ci ne l'accepte pas, modifiez-le jusqu'à ce que vous obteniez une version qui vous convienne à tous les deux.

Une fois que votre patron et vous êtes d'accord sur la réponse à donner en cas de prise de références, réunissez deux ou trois autres personnes dans la société – parmi celles qui ne veulent pas mettre fin à votre carrière.

Pour elles, rédigez un document plus positif si vous le pouvez tout en maintenant une certaine cohérence avec le premier.

PAROLES D'EXPERTS

Contournez la loi du silence

Si vous savez que votre employeur actuel impose la loi du silence en matière de références, demandez-lui une lettre de recommandation avant de partir. Une lettre n'a pas autant de poids qu'une référence, mais c'est toujours mieux que rien. Vous pouvez aussi dresser une liste de courts témoignages sur vous et sur vos performances. Inspirez-vous de vos évaluations de performances, de lettres et d'éloges que vous avez reçus verbalement.

Quoi qu'il en soit, ne comptez pas trop sur la politique du silence pour neutraliser vos références défavorables car les contraintes juridiques sont valables dans les deux sens. En effet, un employeur peut poursuivre le précédent employeur d'un salarié pour rétention d'informations essentielles. Imaginez, par exemple, que vous ayez été licencié pour vol. Si votre précédent employeur n'a pas fourni cette information, il peut être poursuivi pour les dommages qu'il a causé à la société en refusant de la révéler. Cela dit, les informations de ce genre doivent avoir été prouvées. Si vous avez été simplement soupçonné de vol, sans qu'aucune preuve n'ait été apportée, cette accusation ne peut être dévoilée.

Découvrez ce que l'on dit sur vous

Si vous soupçonnez qu'un ancien patron vindicatif essaie de vous mettre des bâtons dans les roues, assurez-vous que c'est bien la raison pour laquelle vous ne trouvez pas de travail. Pour savoir ce qu'il dit sur vous, demandez à un ami qui connaît le jargon de votre secteur de lui téléphoner et de se renseigner à votre sujet.

Le cas échéant, demandez à un conseiller juridique de lui envoyer une lettre le menaçant de poursuites pour diffamation.

Ne négligez pas vos références car ce sont elles qui valident votre argumentaire.

Troisième partie

Le déroulement de l'entretien

« Je ne dis pas que mes performances dépendront de mon salaire mais vous voulez la réponse à 25 000 €, à 30 000 € ou à 35 000 € ? »

Dans cette partie…

Vous avez fait des recherches et répété votre entretien – le grand jour est arrivé. Le premier chapitre de cette partie décrit les principaux scénarios auxquels vous pouvez vous attendre et vous aide à franchir tous les obstacles : briser la glace, orienter les questions d'un interviewer nerveux, bien gérer le silence et surmonter les objections.

Le deuxième chapitre vous initie à l'art d'utiliser les questions comme un outil de marketing. Oubliez tout ce qui concerne le salaire ou les avantages non salariaux. Concentrez-vous sur les questions qui montrent votre engagement envers la société.

Enfin, le troisième chapitre aborde le thème de la rémunération. Les jeunes diplômés disent souvent que c'est la satisfaction donnée par le travail qui compte et non l'argent. Mais les personnes expérimentées savent bien que ces deux facteurs sont aussi importants l'un que l'autre. Levez le voile sur les secrets de la négociation verbale.

Chapitre 8

Les scénarios possibles

Dans ce chapitre :

- Une journée dans la vie d'un interviewer
- Les ratés d'un candidat (Mathieu)
- Les succès d'un autre (Simon)

Vous êtes sur le point de passer votre entretien. Détendez-vous ! Ce chapitre récapitule toutes les informations que vous avez lues jusqu'ici et donne un aperçu de ce qui va se passer ensuite. Ensemble, nous allons franchir l'une après l'autre chaque étape de l'entretien pour que vous puissiez en connaître tous les rouages.

Pour illustrer mon propos, j'ai créé deux personnages : Mathieu et Simon. Ces deux candidats incarnent les choix auxquels vous serez confronté.

L'approche de Mathieu est inappropriée tandis que celle de Simon lui assure un succès sans faille. Ces deux attitudes sont bien sûr caricaturales, mais elles vous donneront une idée de ce qu'il faut faire et ne pas faire.

La veille de l'entretien

La veille de votre entretien, vous devez vous préparer. Vous avez le choix entre laisser le trac vous faire perdre vos moyens ou transformer votre nervosité en énergie positive.

Comment faire un flop

L'entretien de Mathieu a lieu demain matin à 10 h. La mine défaite par une nuit agitée, notre candidat décide d'aller prendre quelques verres au bar du coin pour se détendre. Il aura bien le temps de rassembler ses idées demain matin.

Comment faire un carton

La veille de son entretien, qui est prévu pour le lendemain à 11 h, Simon commence à se préparer. Après avoir vérifié l'itinéraire et les possibilités de parking, il se rend sur les lieux et observe de loin les employés entrer et sortir pour voir comment ils sont habillés. Cet aperçu des codes vestimentaires de la société l'incite à opter pour un costume anthracite qu'il emmène immédiatement au pressing. Il cire ensuite ses chaussures noires et rassemble cinq exemplaires de l'excellent CV qui lui a permis de décrocher l'entretien (voir mon livre *Le CV pour les Nuls*).

Enfin, il revoit attentivement les questions qu'il souhaite poser et celles que l'interviewer est susceptible de lui poser. Il se remémore les compétences et les réalisations qui le qualifient pour le poste et se couche tôt pour bénéficier d'une bonne nuit de sommeil.

Bilan

Pour réussir votre entretien de recrutement, prenez les précautions suivantes :

- Préparez tout la veille, au plus tard.
- Vérifiez l'itinéraire à prendre pour vous rendre à l'entretien.
- En route pour l'entretien, imaginez-vous dans le rôle d'une personne sur le point d'être recrutée. Comme si vous étiez la star d'un film, repassez-vous les images de l'entretien dans la tête. Visualisez-vous en train de parler et essayez de vous représenter le visage impressionné de l'interviewer lorsque vous lui posez vos questions et lui présentez vos qualifications.

- Imaginez-vous à l'aise, rayonnant de sincérité, de crédibilité, d'énergie, d'enthousiasme et de compétence. Nos actes illustrent nos pensées.

Au début de l'entretien

Lorsque les acteurs prennent place devant les projecteurs, tout ce qui a été préparé se déroule comme prévu. Lumière... ça tourne... action !

Comment faire un flop

Après s'être perdu sur la route, Mathieu arrive en retard, crispé. Il se précipite à l'accueil et, sans prendre la peine de saluer le réceptionniste, il demande l'interviewer. Le réceptionniste le conduit en hâte dans le bureau de celui-ci.

Dans son costume super tendance, les cheveux plaqués avec du gel, Mathieu arrive en trombe dans le bureau. L'interviewer, plutôt conservateur, se dit qu'il n'est pas des leurs. Il lève les yeux sur le retardataire et lui demande calmement : *Savez-vous que vous avez vingt-cinq minutes de retard ?*

Très nerveux, Mathieu s'assoit sans y avoir été invité et marmonne : *Ouais, désolé. Je me suis retrouvé bloqué dans les éternels embouteillages du périph' et en plus je me suis complètement perdu. J'aurais dû partir plus tôt, c'est clair.*

L'interviewer lui répond : *Hmm. Bien, avant que nous commencions, il semble que je n'aie pas classé votre CV dans la bonne pile. En avez-vous apporté un autre exemplaire ? Irrité, Mathieu lui rétorque : Non, désolé. Je vous en ai déjà envoyé un ; je ne pensais pas qu'il vous en faudrait un autre.*

Comment faire un carton

Simon arrive dix minutes avant son entretien et s'adresse poliment au réceptionniste. Celui-ci prévient l'interviewer, qui vient l'accueillir dans le hall.

Alors que l'interviewer le conduit à son bureau, Simon brise la glace en faisant des compliments sur les tableaux accrochés au mur.

Une fois dans le bureau, il sourit et serre fermement la main que l'interviewer lui tend. Il balaie la pièce du regard à la recherche d'un centre d'intérêt commun (sports, université, souvenirs de voyage) et repère un poster de Tunisie. Il ne s'assied pas avant d'y avoir été invité.

Pendant un instant, Simon se sent nerveux, mais il respire profondément et reprend son sang-froid.

L'interviewer est occupé à relire le CV de Simon mais, pour ne pas perdre de temps, il commence à poser quelques questions. Simon donne des réponses franches et directes qui montrent l'adéquation de son profil avec les exigences du poste tout en se disant qu'il faudra qu'il répète ces informations dès que l'interviewer sera attentif à 100 %.

Bilan

Lorsque vous faites votre entrée, gardez à l'esprit les conseils suivants :

- Habillez-vous comme les autres personnes de la société.
- Soyez aimable avec le réceptionniste et ne le prenez pas de haut – il fera souvent part de ses impressions une fois que vous serez parti (parfois même, on les lui demandera).
- Attendez que l'interviewer vous tende la main le premier et donnez-lui une poignée de main ferme.
- Apportez plusieurs exemplaires de votre CV au cas où on vous en demanderait. Vous serez peut-être présenté à d'autres responsables intervenant dans le processus de recrutement – donnez un CV à chacun d'eux.
- Restez debout jusqu'à ce que l'interviewer vous invite à vous asseoir.
- Si vous vous sentez soudainement nerveux, respirez profondément jusqu'à ce que vous retrouviez votre sérénité et votre assurance.

Pendant l'entretien

Grâce aux recherches et à la répétition, les demandeurs d'emploi, comme les acteurs, savent ce qu'ils doivent dire et ce qu'ils doivent faire. Ils ont suffisamment d'assurance pour prévoir ce qui va se passer.

Comment faire un flop

Après avoir retrouvé et étudié le CV de Mathieu, l'interviewer pose la question suivante : *Que pouvez-vous me dire à propos de vous ?*

Mathieu se met à parler pour ne rien dire : *Euh, ben, comme je l'ai écrit dans mon CV, je viens d'avoir mon diplôme de commerce international. Et… comme vous le savez, je cherche du travail. Je suis né à Nîmes mais mon père était légionnaire et, en fait, nous avons beaucoup voyagé… J'aime le tennis… Je sais que je peux faire ce travail… Qu'est-ce que vous voulez savoir d'autre ?*

Mathieu prend un coupe-papier sur le bureau de l'interviewer et commence à le tripoter.

Comment faire un carton

Pendant que l'interviewer parcourt le CV de Simon, celui-ci fait des commentaires sur le poster de Tunisie. Leur attirance commune pour ce pays crée un lien entre eux.

Dès lors, l'interviewer se dit, consciemment ou non : *Cette personne me plaît. Voyons ce qu'elle a à offrir.*

Une fois que Simon a toute l'attention de l'interviewer, il lui dit : *J'aimerais que vous me confirmiez l'idée que je me suis faite de ce poste. Quelles en sont les principales responsabilités et quel genre de personne serait, selon vous, en mesure de les endosser ?*

Après avoir répondu à cette question, l'interviewer en pose toute une série en commençant par : *Pouvez-vous me parler de vous ?* Après avoir marqué une pause, Simon reflète adroitement l'image du candidat idéal en se basant sur ses recherches. En une minute, il explique pourquoi il est qualifié pour le poste en décrivant ses compétences et ses réalisations.

L'interviewer garde le silence – le genre de silence qui rend la plupart des candidats mal à l'aise et les incite à laisser échapper des informations négatives. Mais, satisfait de son argumentaire, Simon reste lui aussi silencieux et attend que l'interviewer reprenne la parole.

Finalement, il demande : *Souhaiteriez-vous en savoir davantage sur mes capacités à travailler en équipe ?*

Secrètement impressionné, l'interviewer demande à Simon ce qu'il sait sur les produits et l'organisation de la société. Simon développe sa réponse de façon éclairée et une véritable conversation sur la société s'amorce.

Bilan

Si vous voulez être vraiment performant, suivez ces conseils :

- Anticipez et préparez les questions importantes.
- Observez les objets qui se trouvent dans le bureau de l'interviewer pour essayer de créer des liens avec lui mais ne touchez à rien.
- Posez la question qui va orienter tout votre argumentaire : *Pouvez-vous me décrire le poste et les qualifications du candidat idéal ?*
- N'oubliez pas que le silence de l'interviewer peut vous inciter à parler sans réfléchir. Si l'atmosphère devient trop pesante, posez une question visant à mettre vos compétences en valeur.

Évaluation de la réaction de l'interviewer

Lorsqu'un acteur joue une comédie, si personne ne rit, il doit modifier soit son texte soit son jeu. De même, si vous voyez que l'interviewer se désintéresse de vos propos, changez de sujet pour essayer de sauver le spectacle.

Comment savoir si vous êtes sur la mauvaise pente ? Soyez attentif aux signes évidents d'inattention : l'interviewer regarde dans le vide ou joue avec son stylo, par exemple.

Comment faire un flop

L'interviewer passe beaucoup de temps à discuter de la société et du poste avec Mathieu et lui pose très peu de questions – en réalité, il tue le temps comme il peut avant de pouvoir se débarrasser de lui. Il a déjà perdu tout intérêt envers lui. Mathieu a encore une chance infime de redresser la situation mais il ne remarque pas ces signes de désintérêt.

Il ne fait pas davantage attention aux indices non verbaux. Lorsque l'interviewer commence à tapoter sur son bureau, il ne lui dit pas : *Préféreriez-vous que je vous parle plus en détail de mes études de marketing international ?* Il ne s'inquiète pas non plus de voir l'interviewer se laisser aller contre le dossier de sa chaise en croisant les bras.

Pour couronner le tout, l'interviewer porte des jugements sur certains points, ce qui signifie que Mathieu est hors course. Par exemple, il avoue : *De nombreuses personnes ne peuvent pas effectuer tous les déplacements nécessaires. Il faut reconnaître qu'il y en a vraiment trop.*

Mathieu ruine définitivement ses chances de sauver son entretien en confirmant le problème des déplacements : *Ouais, je ne suis pas très voyage. J'aime bien rester dans le coin avec mes amis et ma famille.* Sans doute n'a-t-il pas compris qu'une fois qu'on est dans un trou, ce n'est plus la peine de creuser.

Comment faire un carton

Après avoir posé toutes ses questions, l'interviewer se lance dans un éloge sans fin de la société et du poste à pourvoir. Mais, contrairement à celui de Mathieu, l'entretien de Simon s'est très bien passé et celui-ci se rend compte que l'offre est imminente. L'interviewer ne lui parle pas de la société pour tuer le temps mais pour le convaincre d'y travailler !

Notre heureux candidat écoute attentivement en souriant.

L'interviewer a toutefois quelques inquiétudes : *Pourrez-vous effectuer tous les déplacements qu'implique le poste ? Vous devrez vous absenter deux jours par semaine mais selon un calendrier flexible. Est-ce un problème pour vous ?*

Simon montre un intérêt sincère pour le voyage et en profite pour mettre en avant d'autres points forts prouvant qu'il a tout à fait le profil du poste. L'interviewer semble soulagé : *Les déplacements ne vous posent donc pas de problème ?*

Absolument pas ! confirme Simon.

Bilan

Pour maintenir l'attention de l'interviewer, procédez de la manière suivante :

- Regardez bien l'interviewer ; observez le langage de son corps. Soyez attentif à la façon dont il formule ses commentaires.
- Si vous avez l'impression que vous n'avez pas convaincu l'interviewer, tentez une dernière fois votre chance : *Je suis très intéressé par ce poste et je voudrais être sûr que vous disposez de toutes les informations nécessaires pour prendre une décision positive quant à ma candidature. Souhaitez-vous en savoir davantage sur... ?*
- Faites attention à la façon dont l'interviewer traite les questions délicates. Il parle des déplacements de façon négative à l'entretien de Mathieu et de façon positive à l'entretien de Simon. L'approche négative sous-entend que Mathieu ne convient pas pour le poste. Essayez de remarquer les objections et de les réfuter.
- Ne parlez pas d'argent avant d'avoir reçu une offre concrète. La question du salaire n'a pas été soulevée dans les entretiens de Mathieu et Simon car l'interviewer ne l'a pas évoquée (voir chapitre 10).

À la fin de l'entretien

Mettez la touche finale à votre argumentaire dès que le rideau commence à se baisser. Renseignez-vous sur votre prochain contact avec l'interviewer et préparez votre retour sur scène.

Comment faire un flop

Mathieu essaie de prolonger l'entretien en discutant de choses personnelles qui n'ont rien à voir avec le poste, tandis que l'interviewer l'invite clairement à quitter la pièce en rassemblant ses papiers, en se levant et en marchant vers la porte. Mathieu finit par comprendre et demande anxieusement : *Alors, est-ce que je suis embauché ?*

L'interviewer se dit qu'il est désespéré, ce qui est mauvais signe, et décide d'abréger sa souffrance : *Désolé, vous ne correspondez pas vraiment au profil du poste.*

Vexé et furieux, Mathieu exige de connaître les raisons du rejet de sa candidature : *Eh ! J'ai le diplôme que vous demandez... Pourquoi je ne conviendrais pas ?*

Comment faire un carton

Simon voit l'interviewer jeter un coup d'œil à sa montre avant de lui dire : *Merci d'être venu, je vous préviendrai lorsque nous aurons pris une décision.*

Il ne veut pas attendre les bras croisés et assure lui-même le suivi de son entretien : *Je sais que vous êtes très occupé et je vous remercie du temps que vous avez bien voulu me consacrer mais, avant de terminer, j'aimerais être sûr d'avoir bien compris ce que vous recherchez.*

En une minute, il récapitule point par point le profil du poste en mettant ses qualifications en parallèle. Il structure son raisonnement autour de deux axes : « Vous voulez – J'ai ». Après cette brève conclusion, il redonne la parole à l'interviewer : *Voyez-vous un décalage entre ce dont vous avez besoin et ce que j'ai à offrir ?*

L'interviewer mentionne une faille dans le profil de Simon : un manque d'expérience en matière de supervision des tâches. Simon contre-attaque immédiatement en décrivant la façon dont il a géré deux manifestations importantes dans un club de sport et sur le campus – deux événements majeurs qui ont demandé un grand travail de supervision. Il n'a pas, c'est vrai, d'expérience rémunérée mais sa réponse est convaincante.

En lui tendant la main pour le saluer, l'interviewer laisse entendre à Simon qu'il est qualifié pour le poste mais qu'il lui reste d'autres entretiens à faire passer. Simon lui demande alors : *Quand comptez-vous prendre une décision ?*

L'interviewer lui donne un ordre d'idée et Simon lui pose une dernière question : *Puis-je me permettre de vous recontacter dans quelques jours pour en avoir une idée plus précise ?*

N'hésitez pas à me téléphoner, lui répond l'interviewer en se disant que ce candidat est décidément plein de ressources.

Bilan

Voici quelques conseils pour terminer votre entretien en beauté :

- Ne prenez pas un air désespéré. Les interviewers ne recrutent pas par pitié.
- Apprenez les techniques de clôture de vente. Si vous ne savez pas clore une vente – n'oubliez pas que vous vous vendez à un entretien – vous n'obtiendrez aucune offre.
- Soyez attentif aux signes qui montrent que l'entretien tire à sa fin. Acceptez de conclure et ne faites pas perdre de temps à l'interviewer.
- Ne comptez pas uniquement sur votre diplôme ou sur votre expérience pour obtenir le poste.
- Résumez vos principaux points forts une dernière fois avant de vous retirer.
- Préparez le terrain pour une reprise de contact.

Après l'entretien

Vous avez encore une chance de rendre votre entretien inoubliable. Rédigez une lettre pour mettre fin à votre recherche d'emploi de façon courtoise.

Comment faire un flop

Mathieu taxe l'interviewer d'injustice et efface immédiatement de sa mémoire tout ce qui s'est passé pendant l'entretien.

Étant donné qu'il n'a rien appris de ses erreurs, ses prochains entretiens ne se dérouleront sans doute pas mieux.

Comment faire un carton

Tout de suite après l'entretien, Simon note tout ce qui s'est passé, notamment les principaux points évoqués, le nom de l'interviewer, ses questions, ses centres d'intérêts et le calendrier du processus de recrutement.

Ensuite, il rédige à l'attention de l'interviewer une lettre de remerciements (voir mon livre *Les Lettres d'accompagnement pour les Nuls*).

Bilan

Pour mettre toutes les chances de votre côté après l'entretien, voici ce que je vous suggère :

- Tirez les leçons de votre expérience.
- Notez ce que vous avez appris au cours de l'entretien (noms de personnes et aspects jusque-là inconnus de la société) pour vous en souvenir lors de votre prochain contact avec l'interviewer.
- Notez les points abordés. Si vous avez omis des arguments importants, mentionnez-les dans votre lettre de remerciements.

Check-list de préparation à l'entretien

Si vous êtes prêt à faire le maximum pour réussir votre entretien, vérifiez que vous n'avez rien oublié. Cette check-list vous aidera à préparer au mieux votre performance.

- ❑ Savez-vous comment les salariés de la société s'habillent ? (voir chapitre 5).
- ❑ Votre tenue est-elle propre et repassée ?
- ❑ Savez-vous où se trouve la société et combien de temps il faut pour s'y rendre ?
- ❑ Avez-vous fait des recherches sur le poste, la société et le secteur ? (voir chapitre 3).
- ❑ Avez-vous contacté et briefé toutes vos références ? Avez-vous neutralisé vos éventuelles références défavorables ? (voir chapitre 7).
- ❑ Avez-vous mémorisé un bref argumentaire mettant en valeur vos principaux atouts ? (voir chapitres 1 et 14).
- ❑ Avez-vous répété ce que vous allez dire pour briser la glace et vos réponses aux questions délicates ? (voir chapitre 4).
- ❑ Avez-vous anticipé les questions que l'interviewer peut vous poser ? (voir Cinquième partie).
- ❑ Avez-vous préparé et mémorisé une série de questions à poser ? (voir chapitre 9).
- ❑ Vous êtes-vous renseigné sur le prix du marché pour le poste que vous visez ? (voir chapitre 10).
- ❑ Avez-vous rassemblé tout ce dont vous avez besoin (cinq exemplaires de votre CV, liste de références et exemples de travaux si nécessaire) ?

Si vous avez coché toutes ces cases, arrêtez de réfléchir et détendez-vous. Sinon, vous allez avoir le trac. Vous vous êtes bien préparé, votre entretien ne peut que bien se passer.

Chapitre 9

Les questions à poser et le bon moment pour les poser

Dans ce chapitre :

- Poser des questions liées au poste avant l'offre
- Poser des questions personnelles après l'offre
- Déceler les objections non formulées

Vous venez de finir de répondre à une interminable série de questions sur votre parcours professionnel et sur votre formation, et vous pensez que vous vous en êtes bien sorti. L'interviewer vous demande si, à votre tour, vous avez des questions à lui poser. Vous vous dites que c'est le moment de l'interroger sur le montant de la rémunération. Faux !

Faites très attention aux questions que vous posez et au moment auquel vous les posez. Comme si vous étiez sur scène, vos questions vous vaudront soit un rappel soit un lancer de tomates. Elles se divisent en deux catégories :

- **Les questions qui vous vendent** – Ces questions vous aident à obtenir une offre. Elles constituent, sans en avoir l'air, des arguments de vente.
- **Les questions qui font référence à vos besoins personnels** – Ces questions, qui concernent le salaire, les avantages non salariaux et autres préoccupations personnelles, ne doivent être posées qu'après l'offre – ou pour le moins l'allusion à une offre.

Questions à poser avant l'offre

Pour tous les types de postes, poser une question qui ne soit pas directement liée au travail avant d'avoir reçu une offre concrète est une erreur stratégique. L'interviewer, notamment s'il s'agit d'un manager qui « perd » du temps à faire passer des entretiens, ne s'intéresse absolument pas à vos besoins à ce stade.

Ce qui compte à ses yeux, c'est de résoudre son problème de recrutement. Son raisonnement est le suivant : *On prend d'abord une décision et ensuite on négocie.*

Si vous parlez de vos besoins avant l'offre, l'interviewer se fera une mauvaise opinion de vous : *Tout ce que vous voulez, c'est de l'argent et des congés payés par la société. Vous ne vous intéressez pas au poste.*

Ne faites pas cette gaffe. Restez concentré sur les besoins de l'employeur et sur la façon dont vous pouvez les satisfaire. Continuez à vous vendre en posant des questions pertinentes, c'est-à-dire liées au travail, à la tâche et au poste.

Renseignez-vous sur les responsabilités du poste, sur les résultats que l'on attend de vous, sur la position du poste dans le service et sur celle du service dans la société. Demandez également quelles seront vos principales missions.

Ne posez pas de questions sur des informations que vous pouvez glaner en faisant des recherches. Évitez aussi de donner l'impression de sortir d'un glacier dans lequel vous avez été emprisonné pendant plusieurs années. Par exemple, ne demandez pas à un interviewer de chez Xerox si la société fait autre chose que des photocopieurs.

Voici quinze exemples de questions liées au travail :

- **Quelles seront mes principales responsabilités ?**
- **Qui et combien de personnes vais-je superviser ? Qui sera mon supérieur direct ?**
- **Le personnel a-t-il l'esprit d'équipe ?**
- **Une formation sera-t-elle nécessaire pour le lancement du nouveau produit ?**

- **Pouvez-vous me décrire une journée type ?**
- **La personne qui occupait ce poste a-t-elle été promue ? Quelles sont les possibilités de promotion ?**
- **Comment décririez-vous l'atmosphère qui règne dans la société ? Formelle et traditionnelle ou résolument décontractée ?**
- **Quel est l'avenir de la société ? Fusion ? Croissance ?**
- **Quel sera mon premier projet ?**
- **Quel genre de formation vais-je recevoir ?**
- **Quelles sont les ressources dont je vais disposer pour remplir mes fonctions ?**
- **Devrai-je effectuer des déplacements ?**
- **(Travail sur contrat) Avez-vous prévu une marge pour être sûr de terminer le projet à temps ?**
- **Quelle est la position de ce poste dans l'organigramme de la société ?**
- **Quels résultats attendez-vous de moi ? En combien de temps ? Quelles améliorations doivent être faites par rapport à la façon dont le travail a été effectué jusqu'à aujourd'hui ?**

Combien de temps pouvez-vous passer à poser des questions liées au poste ? Cinq à dix minutes. Je n'ai jamais entendu un employeur se plaindre d'un candidat trop intéressé par son travail.

En revanche, il faut malgré tout rester dans certaines limites. On rencontre des candidats qui sortent à ce moment des check-list comparables à celles dont disposent les consultants quand ils viennent auditer une entreprise. Ne mélangez pas les situations. Vos interlocuteurs vont généralement apprécier des questions pertinentes qui vont traduire vos intérêt pour le poste, esprit de synthèse, capacité d'analyse et niveau d'information préalable. En revanche, ils supporteraient mal d'être mis sur le gril de manière inquisitoriale et prétentieuse.

En outre, faites la différence dans la nature des questions. On ne pose pas les mêmes selon qu'on s'adresse à un consultant extérieur (qui ne connaît pas l'entreprise de l'intérieur et qui serait mis en difficulté par des questions trop « pointues »), à un employé du service des ressources humaines ou à votre futur patron hiérarchique (qui pourra, mieux que les autres, répondre à vos questions techniques).

Questions à poser après l'offre

Une fois l'offre faite, vous pouvez arrêter de fournir des informations pour en recevoir à votre tour. J'ai consacré tout le chapitre suivant à la négociation du salaire et des avantages non salariaux. Mais vous avez sans doute aussi des questions à poser concernant les horaires, les heures supplémentaires, la politique de la société par rapport aux 35 heures et à la fameuse RTT, la fréquence de l'évaluation des performances et (s'il s'agit d'un CDD) la durée du contrat. Aborder ces questions avant d'avoir reçu une offre est risqué mais rien ne vous empêche de le faire par la suite. Voici quelques exemples :

- **La culture de cette société ne me semble pas rigide. Est-ce que je me trompe ?**
- **Quels sont les problèmes que je risque de rencontrer à ce poste ?**
- **Aurai-je la possibilité de changer de région dans quelques années ?**
- **Le parking de la société est-il gratuit pour les employés ?**
- **La direction délègue-t-elle une partie de son pouvoir de décision ou faut-il lui demander son accord même pour des points de détail ?**
- **Où se trouvera mon bureau ? Puis-je aller y jeter un coup d'œil ?**
- **Les horaires sont-ils fixes (9 h – 18 h) ou flexibles (à ma convenance) ?**

Posez environ deux fois moins de questions personnelles que de questions liées au travail.

Exprimez-vous avec assurance

Faites attention à la façon dont vous formulez vos questions. Faites comme si le poste vous avait déjà été offert. Par exemple, dites : « Quelles seront mes principales responsabilités ? » et non : « Quelles sont les principales responsabilités du poste ? » Cette formulation incite l'interviewer à vous visualiser à ce poste, ce qui est une étape importante dans le processus de décision.

Questions visant à déceler les objections non formulées

Les questions que vous posez ont un autre objectif : inciter l'interviewer à faire part de préoccupations ou d'objections qu'il ne souhaite pas exprimer directement.

Pourquoi l'interviewer est-il réticent à aborder certains sujets ?

Les hésitations des employeurs à manifester leur inquiétude sont souvent liées aux contraintes juridiques (voir le chapitre 21 sur les questions déplacées) ou à un certain inconfort par rapport au sujet en question.

Quelle qu'en soit la raison, vous devez trouver le moyen de soulever les problèmes épineux et de les surmonter. Ne laissez aucun obstacle vous barrer la route.

Une fois que vous avez identifié ces problèmes, essayez de rassurer l'interviewer pour qu'il vous fasse pleinement confiance

Posez-lui des questions qui le conduisent à vous interroger à son tour pour obtenir des informations dont il a besoin mais qu'il ne sait pas comment vous soutirer sans être accusé de discrimination.

Pour l'aider à exprimer ses inquiétudes sur des sujets à risque, prenez les devants. Par exemple :

N'étalez pas votre science

J'ai lu dans l'article 3.a. du programme 1.2.A. de la Défense concernant les projets en cours que vous avez résolu la quadrature du cercle grâce à votre supercalculateur révolutionnaire et que votre nouvelle technologie distance l'état de l'art de milliers d'années lumières. Cela veut-il dire que vous êtes prêt à faire le tour d'une galaxie lointaine et à être de retour sur Terre une minute plus tard en temps standard ?

Vous dites ? Les recherches sont essentielles mais n'affichez pas vos connaissances en posant des questions auxquelles même Einstein aurait eu du mal à répondre. Ce genre de questions illustre une volonté démesurée de briller, souvent mal perçue par les interviewers.

Pourtant, n'êtes-vous pas là pour briller, justement ? Si, bien sûr, mais n'en faites pas trop. Vous pouvez montrer que vous avez fait des recherches sans donner l'impression que vous savez tout mieux que tout le monde.

La prétention peut discréditer un candidat par ailleurs charmant, intelligent, sociable et intéressant. Les employeurs n'aiment pas les m'as-tu-vu. Aussi, si vous ne savez pas jusqu'où vous pouvez aller, demandez conseil à un ami.

> *Si j'étais à votre place, je me demanderais sûrement qui garderait mes enfants en semaine, notamment en cas de maladie. Puis-je vous expliquer les dispositions que j'ai prises à ce sujet ?*

Vous avez le choix : soit vous prenez le risque que l'interviewer ait des préjugés sur vous, soit vous éclaircissez la situation vous-même en fonction de ce que vous êtes prêt à dire sur votre vie privée.

À vous de mettre toutes les chances de votre côté en trouvant l'équilibre qui vous convient.

Questions à poser avec précaution

Si vous avez des questions sur les performances de l'employeur, posez-les avec tact – surtout si vous vous adressez à un patron de la génération du baby boom.

- **Comment décririez-vous votre style de management ?**
- **Vos salariés vous admirent-ils en tant que patron ?**

Ces questions, aussi judicieuses soient-elles, peuvent sembler un peu trop audacieuses si vous n'y mettez pas le ton adéquat. Les questions directes sur la personnalité et les valeurs de l'employeur sont particulièrement risquées.

Essayez plutôt d'obtenir des réponses anecdotiques concernant la société en général.

- **Comment la société a-t-elle géré sa récente réduction de personnel ?**
- **Comment les managers ont-ils réagi à la prise de position des salariés ?**
- **Quels sont les managers principaux ou figures emblématiques de la société ?**

Cette approche encourage la conversation et peut être très instructive. Pour tout savoir sur la société qui vous intéresse, pensez à recueillir le témoignage d'anciens salariés. Vous pouvez aussi contacter un client et lui demander comment la société réagit en cas de problème.

Chapitre 10

La rémunération que vous méritez

Dans ce chapitre :

- Déterminer votre valeur sur le marché
- Retarder le moment de la négociation
- Négocier votre salaire

Comment bien négocier votre salaire à un entretien de recrutement ?

PAROLES D'EXPERTS

Différez la négociation jusqu'à ce que vous receviez (ou soyez sur le point de recevoir) une offre concrète.

Le but de ce chapitre, comme l'indique son titre, est de vous aider à obtenir la rémunération que vous méritez – voire davantage.

Quasiment tous les acteurs de la recherche d'emploi et du processus de recrutement savent que le salaire et certains avantages sont négociables. Tous les professionnels des ressources humaines et la plupart des demandeurs d'emploi pensent que 80 % des employeurs s'attendent à devoir négocier les conditions financières après un accord de principe. Plus de la moitié des professionnels des ressources humaines s'attendent à devoir aussi négocier les frais de déménagement, les congés et les évaluations de performances avec augmentation du salaire à la clé.

L'idée que le salaire proposé soit négociable s'est progressivement répandue mais nombreux sont ceux qui n'en sont pas encore conscients. D'une façon générale, sachez qu'il est plus facile de négocier dans les PME que dans les grandes sociétés aux structures salariales plus formelles.

Toutefois cette négociation est malgré tout moins envisageable pour les jeunes diplômés qui sortent de l'école et pour lesquels les entreprises disposent de grilles assez standardisées.

Cela dit, même dans les entreprises où l'échelle des salaires est relativement peu mobile, votre patron potentiel a peut-être la possibilité de vous obtenir une meilleure offre. Certains interviewers considèrent d'ailleurs la négociation comme un acte tout à fait louable – c'est pour eux le signe qu'ils ont fait le bon choix. Leur raisonnement est le suivant : si vous savez veiller à vos propres intérêts, vous saurez veiller à ceux de la société.

Les demandeurs d'emploi les mieux informés abordent la négociation salariale comme s'ils achetaient une nouvelle voiture. Ils essaient de faire une bonne affaire et ils y parviennent s'ils ne sont pas confrontés à un meilleur négociateur qu'eux qui leur impose une offre moins alléchante.

Nous voulons tous gagner le maximum d'argent en échange de la partie de notre vie que nous vendons.

En outre, la manière dont vous allez défendre vos propres intérêts à l'occasion de cette négociation est de bon augure quant à la façon dont vous défendrez ceux de l'entreprise quand vous y serez rentré (notamment si vous êtes dans une fonction commerciale). Il faut donc trouver le bon compromis entre une certaine négociation, nécessaire, et un sordide marchandage, pénible et souvent dangereux.

PRINCIPES DE BASE

Si vous négociez bien votre salaire dès le départ, vous gagnerez bien votre vie tout au long de votre carrière.

Dans ce chapitre, je vous donnerai un aperçu des fondements de la négociation salariale. Mais si vous voulez gagner de l'assurance dans cette pratique délicate, je vous conseille de vous inscrire à un atelier de négociation salariale (ce type d'atelier est généralement proposé dans le cadre de la formation continue) et de lire des livres entièrement consacrés à ce thème.

Gros plan sur le salaire

Commençons par analyser la nouvelle façon de concevoir et de décomposer le salaire.

Autrefois : A l'exception du personnel des ventes, la plupart des salariés limitaient leur négociation à un seul chiffre : le salaire de base. S'ils n'obtenaient pas la rémunération qu'ils souhaitaient, ils négociaient pour l'avenir en demandant une évaluation rapide de leurs performances suivie d'une augmentation dans les trois ou six mois. Les avantages en nature étaient fixés par l'employeur. Quant aux avantages tels que les bonus, les stock-options, les frais de déménagement et les voitures de fonction, ils n'étaient accessibles qu'aux cadres supérieurs.

Aujourd'hui : Les salariés raisonnent en termes de *rémunération globale*. Celle-ci comprend le salaire de base, le salaire variable et le salaire indirect.

Le salaire de base est l'argent que vous touchez tous les mois en toutes circonstances.

Le salaire variable, généralement lié aux performances, correspond à un système de primes désormais accessible à tous les salariés. Il englobe les stock-options et autres avantages non négligeables (adhésion à un club, places de première catégorie pour les événements sportifs ou séminaires à l'étranger), la participation aux résultats de l'entreprise (obligatoire en France pour les sociétés de plus de 50 personnes) et l'intéressement, facultatif.

Le salaire indirect (les avantages en nature) correspond à environ un tiers du salaire de base. Il comprend les vacances, l'assurance maladie et les caisses de retraite.

Les petits plus qui font la différence

Les stock-options ne sont pas le privilège des génies de l'Internet ou des cadres supérieurs. Aujourd'hui, tous les salariés peuvent compléter leur salaire avec des avantages dont ils n'auraient même pas osé rêvé il y a quelques années.

D'après certaines études, les exigences en matière de salaire variable et de salaire indirect ne sont pas les mêmes chez tout le monde. D'une manière générale, l'assurance maladie et les caisses de retraite sont en tête de liste, tout comme les congés prolongés, l'accord sur la réduction du temps de travail et les horaires flexibles. Les stages de formation sont de plus en plus populaires, les salariés étant conscients qu'ils doivent entretenir leurs connaissances pour rester compétitifs. Par ordre de priorité, viennent ensuite l'adhésion à un club et la voiture de fonction.

Les détails ont aussi leur importance. Par exemple, la présence d'une cafétéria sur site est appréciée ainsi que la possibilité de venir travailler dans une tenue décontractée.

Certains demandeurs d'emploi ont des exigences jugées démesurées bien que le marché leur soit favorable. Par exemple, des informaticiens, très recherchés actuellement, ont demandé des congés de deux mois pour partir en vacances tout l'été. Les employeurs, qui n'ont pas cédé, leur ont conseillé d'embrasser une carrière de consultant.

À la découverte de votre valeur sur le marché de l'emploi

COULISSES

Comment déterminer facilement la valeur de votre travail sur le marché de l'emploi ?

Il suffit de consulter l'Internet ou les études salariales publiées dans la presse.

Pour négocier votre rémunération, vous devez avoir une idée précise de votre valeur sur le marché. Celle-ci correspond au salaire moyen des personnes qui occupent un poste similaire au vôtre et disposent des mêmes compétences que vous. L'argent est encore tabou et les salariés disent rarement combien ils gagnent mais vous pourrez sans doute obtenir quelques chiffres en échange d'autres informations.

Pour avoir accès aux études salariales, la souris est devenue plus efficace que le stylo.

Les études salariales en ligne

De nombreuses informations concernant les salaires sont désormais disponibles sur l'Internet. Pour faire des recherches en ligne, vous avez le choix entre trois approches différentes :

- Consulter les sites Emploi de cabinets ou d'écoles qui disposent de statistiques à jour.
- Visiter les sites Emploi nationaux ; la plupart proposent des études salariales (voir chapitre 3).
- Utiliser les moteurs de recherche. Faites une recherche sur « Études salariales ». Elles sont très efficaces en ce domaine. D'autres moteurs de recherche sont indiqués au chapitre 3.

Les études salariales publiées dans la presse

Les magazines comme *L'Expansion, Les Échos, L'Express, Le Figaro* ou beaucoup d'autres publient tous les ans des études sur les salaires. Vous trouverez également des ouvrages de référence et autres livres spécialisés dans les bibliothèques et en librairie.

Les offres d'emploi publiées dans la presse mentionnent parfois le salaire proposé. En outre, les chiffres de la rémunération des postes de la fonction publique étant accessibles à tous, vous pouvez vous en inspirer pour déterminer le salaire de postes équivalents dans le privé.

Lisez la presse spécialisée. Par exemple, L'*Usine Nouvelle* publie des études salariales sur les rémunérations des ingénieurs et techniciens.

Enfin, la plupart des associations professionnelles réalisent des études salariales auprès de leurs membres. Les résultats ne sont pas toujours accessibles au public et peut-être devrez-vous envisager d'adhérer à l'une de ces associations.

Parfois, il suffit de demander

Pour déterminer votre valeur sur le marché de façon fiable, vous pouvez vous adresser directement aux professionnels de votre secteur. Par exemple, dans les salons, vous rencontrerez des personnes susceptibles de vous recruter. Engagez la conversation avec elles et demandez-leur combien un salarié ayant votre profil peut gagner dans leur société.

Tout vient à point à qui sait attendre

Quelles sont vos prétentions salariales ? L'entretien vient à peine de commencer et l'interviewer vous pose de but en blanc cette question piège. Devez-vous donner un chiffre dès maintenant ?

Surtout pas ! Pas temps qu'on ne vous aura pas fait une offre (ou un début d'offre). Avant l'offre, l'employeur est en position de force mais ensuite la situation s'inverse car vous avez quelque chose dont il a besoin. Vous êtes donc tous deux sur un pied d'égalité pour négocier.

En retardant la question du salaire jusqu'au moment opportun, vous augmentez votre pouvoir de négociation et donc votre salaire potentiel.

Les interviewers savent ce qu'ils font lorsqu'ils soulèvent la question du salaire dès le début de l'entretien. Certains tentent de déterminer votre niveau de professionnalisme et de savoir si vous vous contenterez de l'offre minimale.

D'autres essaient simplement de se faire une idée du salaire moyen qu'exigeront les candidats. Dans le cas d'une création de poste, ils ne connaissent peut-être pas le prix du marché et posent la question aux candidats pour simplifier les prévisions budgétaires.

D'autres encore sont prêts à payer n'importe quel prix pour retenir le candidat idéal.

Quoi qu'il en soit, une révélation prématurée de vos prétentions salariales donne l'avantage à l'employeur. Un directeur des ressources humaines m'a d'ailleurs fait la confession

PAROLES D'EXPERTS

Comment éviter de négocier votre salaire

La meilleure façon de négocier consiste à éviter une longue négociation. Fournissez simplement à votre employeur potentiel un descriptif détaillé de votre rémunération actuelle. Si vous êtes cadre, indiquez votre salaire de base, vos primes, la valeur annualisée de vos stock-options, le remboursement des frais de scolarité de vos enfants et autres éléments de votre salaire indirect. Une fois que l'employeur saura ce que vous gagnez, il ne pourra vous faire qu'une offre plus intéressante.

suivante : « Si je demande aux candidats quelles sont leurs prétentions salariales, je n'indique jamais les miennes lorsque je suis sur le marché. Je sais reconnaître une guillotine quand j'en vois une – car je les conçois. »

Si vos prétentions salariales sont trop modestes, elles dévalorisent vos compétences et, si elles sont trop élevées, elles peuvent dépasser le budget de la société. Dans les deux cas, vous êtes perdant. N'oubliez pas que certains employeurs ont déjà fixé un salaire et que leur offre n'est pas négociable. Ils vous demandent combien vous souhaiteriez gagner uniquement pour être sûr que la rémunération vous semblera assez satisfaisante pour que vous vous impliquiez dans votre travail.

Alors, que faire lorsque la question du salaire est posée trop tôt ? Comment remettre votre réponse à plus tard ? Vous trouverez quelques conseils dans les pages suivantes. Vous apprendrez également à camoufler un salaire actuel si bas qu'il compromettrait vos chances d'obtenir une meilleure rémunération.

Comment différer la négociation salariale

Lorsqu'un interviewer engage la négociation salariale avant que vous ayez pu prouver votre valeur, ne vous laissez pas impressionner. Voici quelques réponses possibles :

Je suis sûr que le salaire ne sera plus un problème lorsque je vous aurai démontré ce que je peux apporter à votre société.

Mon salaire est à négocier. Votre société a la réputation d'être juste avec ses salariés et je pense que vous le serez avec moi. Mon objectif est de trouver un emploi motivant et je serai prêt à discuter du salaire lorsque j'aurai reçu une offre concrète.

Je connais le prix du marché mais je préfèrerais aborder la question du salaire une fois que nous aurons passé en revue les exigences du poste.

Je mentirais si je disais que l'argent n'a pas d'importance pour moi mais le travail en lui-même et l'environnement professionnel me semblent également essentiels. Pouvons-nous remettre cette question à plus tard ?

Je suis convaincu que le salaire doit être proportionnel aux performances. Je ne peux donc pas vous dire avec précision quelles sont mes prétentions salariales avant de savoir ce dont vous avez besoin.

L'argent n'est pas ma seule priorité. Je préfèrerais que nous parlions d'abord de ce que je peux apporter à la société.

Je suis beaucoup plus motivé par la possibilité de commencer ma carrière chez (nom de la société) que par le montant de mon premier salaire.

Le montant de mon salaire d'embauche n'est pas aussi important pour moi que la satisfaction que j'aurai à effectuer un travail motivant. Pouvons-nous discuter du poste un peu plus en détail ?

Avant que nous abordions la question du salaire, pouvez-vous me dire avec précision le genre de compétences et de personne que vous recherchez pour atteindre vos objectifs ?

Tout ce que je veux, c'est que mon salaire soit à la hauteur des exigences du poste. Je suis sûr que c'est aussi votre politique. Alors, pouvons-nous discuter du poste d'abord ?

Autant que je puisse en juger, le poste correspond tout à fait à mon profil. Si la rémunération n'est pas inférieure au prix du marché, je suis sûr que nous tomberons facilement d'accord sur un chiffre.

Avant que nous cherchions un accord, j'aimerais en savoir un peu plus sur votre politique de rémunération et sur les résultats que vous escomptez. Pouvons-nous remettre cette question à plus tard ?

La rémunération offre tout un éventail de possibilités. Puis-je d'abord connaître votre programme global de rémunération et les dispositions qui s'appliquent à ce poste.

Je suis sûr que la société a établi une structure salariale équitable et, s'il s'avère que je suis le meilleur candidat pour le poste, nous nous mettrons d'accord sur un chiffre sans problème.

Je n'ai pas l'habitude de parler d'argent avant d'avoir reçu une offre ; est-ce que vous me faites une offre ?

J'examinerai toute offre acceptable. Pourrons-nous y revenir lorsque nous aurons discuté des exigences du poste et de ce que je peux apporter à la société ?

Mon salaire actuel, calculé en fonction de mes (nombre d'années) d'expérience et de mes compétences en matière de (management ou autre), correspond approximativement au prix du marché. Si vous vous basez sur ce prix, mon salaire ne sera pas un problème.

Comment jeter un voile sur un salaire trop bas

Si votre salaire actuel est inférieur au prix du marché, votre pouvoir de négociation s'en trouvera diminué. Essayez de minimiser l'impact d'une rémunération peu élevée.

Basez-vous sur le prix du marché et non sur votre salaire actuel.

Je ne suis pas sûr qu'il vous soit utile de connaître mon salaire actuel car les rémunérations varient selon les régions, les priorités de la société et les avantages en nature. À mon avis, il est préférable de se baser sur le prix du marché. D'après mes recherches, celui-ci se situe entre 30 K€ et 38 K€.

(Réponse franche et directe) Mon salaire actuel ne nous permettra pas de fixer un chiffre satisfaisant. Il était inférieur au

prix du marché et c'est une des raisons pour lesquelles j'ai voulu changer de travail. J'aimerais que nous déterminions la rémunération de ce poste en fonction des responsabilités qu'il implique.

Il est difficile de limiter la discussion à mon salaire de base parce que mon salaire variable et mon salaire indirect composent une grande partie de ma rémunération globale. J'ai perçu régulièrement des primes de rendement ou de résultat. Je préfèrerais que nous parlions de la façon dont je pourrais travailler à ce poste.

Puisque nous parlons de mon précédent salaire, puis-je me permettre de vous dire que je considère ce poste comme un défi qui requiert des performances plus élevées que mon dernier poste ? J'aimerais pouvoir me dire que je vaux davantage à vos yeux qu'à ceux de mon ancien employeur.

Conseils pour obtenir le salaire que vous méritez

Vous n'arrivez pas à y croire. L'interviewer vient de vous dire en vous regardant droit dans les yeux : « Nous aimerions que vous rejoignez notre équipe ; le poste est à vous si notre offre vous intéresse mais nous avons besoin de connaître vos prétentions salariales. »

Le moment de vérité est arrivé. Vous avez obtenu une offre. Inutile d'esquiver davantage la question du salaire.

Restez positif. Ne demandez pas à l'interviewer de suggérer un salaire en fonction du budget défini par la société. Après toutes les recherches que vous avez faites sur le prix du marché et sur la société, cette dérobade vous coûterait cher.

Vous ne savez pas si la première offre de l'employeur est la meilleure qu'il puisse vous faire.

Pour le découvrir, suivez les conseils suggérés ci-après.

Trouvez le bon chiffre à l'intérieur d'une fourchette

Si vous changez souvent d'emploi, vous savez sans doute déjà qu'il est préférable pour vous d'indiquer une fourchette établie en fonction du prix du marché : *Mes prétentions salariales se situent entre 30 K€ et 37 K€.* La fourchette laisse la possibilité de négocier et montre que vous êtes au courant du prix du marché.

Mais si c'est l'employeur qui indique une fourchette, quelle partie de la fourchette devez-vous viser ? Faut-il couper la poire en deux, viser le haut, le bas ? Les opinions varient.

Personne ne vous conseillera de vous contenter du bas de la fourchette à moins que vous ne soyez débutant. Mais même dans ce cas, si vous avez travaillé pendant vos études, n'hésitez pas à viser un peu plus haut pour donner de vous l'image d'un candidat performant.

Si vous avez de l'expérience, les experts les plus conservateurs vous recommanderont de donner un chiffre à peine supérieur à la moitié de la fourchette. Vous pourrez ainsi montrer que vous vous situez au-dessus de la moyenne et que vous comprenez la nécessité de laisser de la marge pour de futures augmentations.

Les candidats audacieux indiqueront sans complexe le chiffre le plus élevé de la fourchette.

Révélez votre salaire aux recruteurs professionnels

Y a-t-il des cas dans lesquels vous pouvez révéler votre salaire actuel ou vos prétentions salariales avant d'avoir reçu une offre ? Oui : lorsque vous passez par un cabinet de recrutement.

Les recruteurs sont payés, au forfait ou au succès, pour trouver la perle rare. Ils mettent en parallèle les compétences des demandeurs d'emploi et les exigences du poste pour proposer à l'employeur des candidats qui présentent le bon profil. Ils ne veulent donc pas prendre le risque que leurs propositions soient rejetées pour des raisons salariales. Ils ne perdront pas de temps avec vous si vous leur compliquez la tâche. Le temps, c'est de l'argent.

Pour ma part, je recommande aux cadres chevronnés de ne pas descendre au-dessous de 15 % du chiffre supérieur. Si vos qualifications le permettent, visez le haut de la fourchette, voire au-delà.

Si vous êtes recruté en tant que chef d'équipe, vous connaîtrez rapidement le salaire des membres de votre équipe. Si vous estimez que votre rémunération est trop modeste par rapport à celle de vos subalternes, vous pourrez demander une augmentation à votre supérieur au bout de quelques mois.

Parlez de votre salaire actuel avec précaution

Si votre salaire actuel se situe au niveau ou au-dessus du prix du marché, vous pouvez en discuter ouvertement avec l'interviewer.

Vous pouvez opter pour l'approche décrite dans l'encadré « Comment éviter de négocier votre salaire », c'est-à-dire baser vos prétentions salariales sur votre salaire actuel. Vous pouvez aussi indiquer une fourchette encadrant le prix du marché pour donner plus de marge à l'employeur et ne vous fermer aucune porte.

Certains demandeurs d'emploi sont tentés de gonfler leur salaire actuel. C'est un choix risqué car l'employeur a parfois les moyens de vérifier ce genre d'information. Je vous conseille plutôt de procéder de la manière suivante :

- Décomposez votre rémunération. Indiquez un chiffre pour votre salaire de base et votre salaire variable et un autre pour votre salaire indirect. Ajoutez ensuite ces deux chiffres pour obtenir la rémunération globale.
- Si vous êtes cadre, énumérez un par un tous les éléments de votre rémunération.

Décidez à l'avance de la position que vous prendrez si l'interviewer vous demande des preuves de votre salaire – bulletins de salaire par exemple. Cette requête est légale mais vous êtes libre d'y répondre ou non.

Dans l'impasse ? Essayez de revaloriser le poste

Attention ! Cette stratégie n'est pas pour les candidats timorés. Une fois que vous connaissez les exigences du poste, si l'interviewer vous dit que son offre est la meilleure qu'il puisse vous faire, essayez de revaloriser le poste.

Prouvez que les responsabilités sont plus importantes que ce que l'intitulé du poste laisse entendre. Dites sincèrement que vous pensez que ces responsabilités justifient un salaire plus élevé. Expliquez en outre ce que vous avez l'intention de faire pour réduire les dépenses de l'employeur. Montrez que vous êtes précieux pour la société et que vos prétentions salariales sont basées sur les performances dont vous êtes capable.

J'ai moi-même été le manager le mieux payé d'une société après avoir combiné deux postes et créé un nouvel intitulé de poste.

Si l'interviewer vous affirme que l'offre a été définie par des spécialistes de la rémunération et que vos chances de l'améliorer sont nulles (« Tout le monde commence avec ce salaire, nous ne pouvons pas aller à l'encontre de notre politique »), dites que vous êtes prêt à accepter cette offre à condition que vous soyez augmenté dès la deuxième semaine ! C'est une manière de souligner avec humour que vous réclamerez très prochainement une évaluation de vos performances et une augmentation.

Plus sérieusement, il est souvent possible de négocier à ce moment une augmentation qui sera accordée à l'issue de la période d'essai qui se sera avérée... concluante.

Enfermez-vous dans un silence éloquent

Si l'interviewer vous propose un salaire peu satisfaisant, ne perdez pas votre sang-froid. Au lieu de répondre, gardez le silence suffisamment longtemps pour que l'interviewer s'en rende compte. Tout le monde est troublé par un silence de 30 secondes. Regardez par terre et prenez l'air triste.

Cette communication non verbale montrera votre déception sans qu'on puisse vous reprocher d'avoir demandé un salaire plus élevé. L'inconfort du silence incitera peut-être l'interviewer à revoir son offre à la hausse ou pour le moins à engager une discussion sur d'autres modes de rémunération.

Faites des suggestions créatives

Dans les PME, la politique salariale est généralement moins rigide, ce qui vous permet de faire des suggestions créatives. Si la société ne peut pas se permettre de vous recruter au salaire que vous demandez, que peut-elle vous offrir d'autre ?

Vous avez le choix entre de nombreuses options : primes, stock-options, voiture de fonction, indemnités kilométriques, parking gratuit ou congés payés supplémentaires. Vous pouvez également demander des week-ends prolongés ou des horaires flexibles.

Envisagez la possibilité que le salaire soit inférieur à vos prétentions avant d'aller à l'entretien et réfléchissez à ce que vous pouvez solliciter en échange.

Prix du marché : le sésame de la négociation

Faites des recherches pour découvrir le prix du marché avant de négocier votre salaire. D'ailleurs, n'hésitez pas à placer l'expression *prix du marché* lors de votre entretien. L'interviewer y verra un signe de professionnalisme. Si la meilleure offre qu'il puisse vous faire est inférieure à votre prix, vous pouvez toujours revoir celui-ci à la baisse, mais soyez conscient que vous aurez beaucoup de difficultés à obtenir davantage une fois recruté.

Jusqu'où peut aller votre imagination ?

Vous avez probablement vu *La Guerre des étoiles*. Vous souvenez-vous du moment où Ian Solo (**Harrison Ford**) demande à Luke Skywalker (**Mark Hamill**) à combien s'élève la récompense pour sauver la riche princesse Leïa (**Carrie Fisher**) ? Luke lui répond : « Bien plus d'argent que tu ne l'imagines. » Et Ian Solo rétorque : « Attention, j'ai une imagination sans limite ! »

Quatrième partie

La technologie entre en scène

« Très bonne réponse ! Permettez-moi de vous poser une autre question... »

Dans cette partie...

L'utilisation de la technologie est la principale innovation dont a bénéficié l'entretien de recrutement. Que vous soyez high-tech ou non, vous ne pourrez pas y échapper.

Dans le premier chapitre, vous apprendrez à bien gérer l'entretien par téléphone, qui semble se généraliser aussi rapidement que le téléphone portable.

Le second vous guidera dans l'univers prodigieux de l'entretien virtuel, au cours duquel vous vous trouverez peut-être à des milliers de kilomètres de l'interviewer – ou à l'autre bout de la rue. D'après les experts, l'entretien vidéo en ligne devrait devenir très populaire au cours des prochaines années.

Enfin, le troisième chapitre de cette partie vous aidera à passer un entretien vidéo en ligne avec brio.

Chapitre 11

L'entretien par téléphone : une technique en plein essor

Dans ce chapitre :

- Décrocher un entretien en tête-à-tête grâce à un entretien par téléphone
- Programmer vos entretiens par téléphone
- Se préparer à un entretien par téléphone

Véritable big-bang planétaire, l'explosion de la technologie modifie le paysage professionnel à l'échelle mondiale. Toutes les facettes de la technologie ne sont pas liées au cyberespace mais toutes permettent de gagner du temps et de l'argent.

Ce chapitre est consacré à l'utilisation du téléphone dans le cadre de l'entretien de recrutement. Voyons ensemble les conséquences de cette innovation sur la façon dont vous allez devoir vous vendre.

Un mode de communication plus délicat que la discussion en tête-à-tête

Michèle était prête pour réussir son entretien par téléphone. Elle avait tout ce dont elle avait besoin à portée de main : son CV, ses notes, du papier, un stylo et un verre d'eau. Elle attendait le coup de fil qui allait peut-être changer sa vie. Cette histoire a eu lieu il y a dix ans, bien avant que les entretiens par téléphone ne se généralisent.

Sélectionnée avec cinq autres candidats pour un poste de directeur à l'autre bout de la France, Michèle reçoit enfin un appel téléphonique. L'interviewer la prévient que la communication sera enregistrée sur cassette pour que le conseil d'administration puisse en prendre connaissance. L'entretien se passe merveilleusement bien. Michèle donne de nombreux exemples pour prouver ses qualifications et tout va comme sur des roulettes. Du moins, c'est ce qu'elle croit.

Quelques instants plus tard, le téléphone sonne de nouveau. Le magnétophone n'a pas fonctionné. Confus, l'interviewer demande à Michèle s'ils peuvent recommencer l'entretien.

Le deuxième round se déroule aussi bien que le premier. Mais la sonnerie du téléphone retentit encore une fois. Cette fois, l'interviewer est mortifié : il a oublié de mettre le magnétophone en marche. Et c'est reparti pour un tour !

À ce moment-là, Michèle est complètement détendue : « Prête à répondre aux mêmes questions, je me suis pelotonnée sur mon lit comme si j'étais au téléphone avec ma meilleure amie. Plusieurs fois, j'ai eu l'impression d'avoir donné toutes les informations nécessaires et je suis passée rapidement à la question suivante. »

Mais après avoir raccroché, Michèle se rend compte que le troisième entretien s'est terminé au bout d'un quart d'heure alors que les deux premiers ont duré une demi-heure. Elle n'en revient pas : « Les informations que je me souvenais avoir fournies, je les avais en réalité données lors des deux premiers entretiens ! »

Tous les arguments de Michèle n'ont donc pas été enregistrés mais elle en rit encore. Pendant des mois, elle a raconté son histoire d'entretien à la technologie défaillante. Aujourd'hui, elle dirige un cabinet de conseil en carrière et connaît toutes les ficelles de l'entretien par téléphone.

Soyez prêt à passer un entretien par téléphone

L'entretien par téléphone est de plus en plus courant et devrait continuer à se développer car il permet de réduire considérablement les coûts.

Téléphoner à un candidat revient beaucoup moins cher que de lui rembourser ses frais de déplacement. À une époque où les sociétés réalisent des compressions de personnel, les employeurs utilisent volontiers l'entretien par téléphone pour effectuer un premier tri parmi les candidats. Notez qu'il s'agit simplement d'un tri.

Vous décrocherez rarement un emploi par téléphone. Votre objectif lors d'un entretien par téléphone est d'obtenir un entretien en tête-à-tête.

Même dans les entreprises de moins de 1 000 salariés, les employeurs téléphonent aux candidats pour identifier leurs compétences et s'assurer qu'ils seront capables de s'adapter à leur environnement. Parfois, le recrutement est même confié à une société privée spécialisée dans l'entretien téléphonique.

Les entretiens par téléphone peuvent être brefs ou longs. Autrement dit, il peut s'agir d'une simple vérification des faits avant de vous convoquer sur place ou d'une analyse en profondeur qui débouchera ou non sur un entretien en tête-à-tête. Ce type d'entretien a deux objectifs :

- Constituer un pool de candidats qualifiés grâce à une évaluation préliminaire de leur profil. Dans ce cas, les questions sont généralement préparées à l'avance. Le rôle de l'interviewer est de vérifier que les candidats ont les compétences nécessaires pour assumer les responsabilités du poste.
- Réduire le pool de candidats pour ne conserver que les meilleurs.

Les interviewers procèdent par élimination et cherchent des raisons d'évincer certains candidats. Ils peuvent les exclure du processus de recrutement en raison de prétentions salariales trop élevées ou d'un manque de références, de formation ou de mobilité géographique.

La plupart des demandeurs d'emploi ne se préparent pas aussi bien aux entretiens par téléphone qu'aux entretiens en tête-à-tête. Les conséquences sont dramatiques. Lorsque l'objectif de l'interviewer est de faire une sélection parmi une liste de candidats, les moins rigoureux se font rapidement éliminer.

Pourquoi les demandeurs d'emploi ne sont-ils pas prêts ? Souvent parce que les interviewers les appellent délibérément au moment où ils s'y attendent le moins. Ils pensent que l'effet de surprise leur permettra d'obtenir une réaction plus authentique, plus proche de la réalité. C'est aussi un moyen pour eux de voir si les candidats ont de la répartie. Voici quelques recommandations :

- Considérez tout entretien par téléphone comme une opportunité d'obtenir un entretien en tête-à-tête.
- Comportez-vous comme si l'interviewer vous téléphonait pour vous proposer un entretien en tête-à-tête.
- Débrouillez-vous pour obtenir un entretien en tête-à-tête, sinon vous pouvez dire adieu au poste.

Si vous n'aimez pas les surprises, prenez les précautions suggérées ci-après pour ne pas être pris au dépourvu.

Ayez votre dossier à proximité de votre téléphone

Prenez soin de déposer à portée de main tout ce dont vous pouvez avoir besoin, notamment :

- Votre CV
- Une liste de réponses aux questions clés que vous avez anticipées
- Une liste de vos compétences et de vos réalisations
- Votre agenda (avec tous les rendez-vous que vous avez déjà pris)

- Vos documents concernant chaque société que vous avez contactée (prévoyez une chemise par société)
- Un bloc, un stylo et une calculette.

Prenez rendez-vous pour vos entretiens

Chaque fois que possible, ne répondez pas aux questions au moment où l'interviewer vous appelle. Prenez rendez-vous pour plus tard afin de vous préparer. Prétextez que vous devez aller chercher votre enfant à la crèche ou que le petit dernier est dans son bain et trouvez une bonne raison de rappeler vous-même. Les experts affirment que la personne qui passe l'appel téléphonique a un avantage sur celle qui le reçoit – profitez-en. Dites simplement : *Merci de votre appel. J'apprécie l'intérêt que vous portez à ma candidature. Je suis très intéressé par votre société mais, malheureusement, j'ai peu de temps devant moi. Puis-je vous rappeler d'ici ce soir ou bien demain matin si vous préférez ?*

STAR

Si l'interviewer insiste pour vous rappeler lui-même, faites ce que vous feriez pour n'importe quel autre entretien : préparez-vous le plus tôt possible. Aussi surprenant que cela puisse paraître, je vous conseille de retirer votre jean et vos baskets et d'enfiler le genre de tenue que vous porteriez à un entretien en tête-à-tête.

Soyez attentif à la manière dont vous vous exprimez

Les interviewers sont influencés par votre façon de parler au téléphone. Mettez toutes les chances de votre côté en vous exprimant de façon correcte et agréable.

- Parlez distinctement et de manière audible
- Exprimez-vous dans une syntaxe correcte
- Faites des phrases complètes
- Évitez de faire des pauses
- Si vous avez une voix aiguë, essayez de parler plus grave.

L'entretien par téléphone au bureau

Si votre employeur actuel ne sait pas que vous cherchez un autre emploi, fermez la porte de votre bureau et ne parlez à l'interviewer que quelques minutes, le temps de lui demander si vous pouvez directement prendre rendez-vous pour un entretien en tête-à-tête ou le rappeler en soirée depuis votre domicile.

Surtout, *parlez d'une voix chaleureuse*. Et souriez. Vous devez avoir l'air dynamique et enthousiaste. N'hésitez pas à vous enregistrer sur un magnétophone pour faire les ajustements nécessaires.

Ayez de la présence au téléphone

Lorsque vous recevez un appel, essayez d'avoir de la présence comme si vous étiez dans le bureau de l'interviewer. Voici quelques conseils :

- **Si vous avez un bureau à la maison, allez-y pour vous mettre dans une ambiance professionnelle** – Il vous sera plus facile de vous concentrer en face d'un mur blanc que devant une fenêtre par laquelle vous voyez jouer vos enfants.
- **Demandez tous les renseignements dont vous avez besoin** – Dès le début de l'entretien, vous devez connaître le nom (vérifiez l'orthographe), la fonction, la société, l'adresse et le numéro de téléphone de l'interviewer.
- **Soyez à l'écoute** – Montrez que vous êtes attentif en résumant les propos de l'interviewer : *Autrement dit, vous pensez que le service export devrait être développé.*
- **Préparez-vous aux mises en situation** – L'interviewer peut vous inviter à l'improvisation.

  Il plante le décor et engage un jeu de rôles auquel vous devez vous prêter au pied levé. Par exemple, il peut se mettre dans la peau d'un patron qui vous demande pourquoi vous n'avez pas respecté les délais, d'un fournisseur qui essaie de modifier les termes d'un contrat ou d'un client mécontent. Pour résoudre le problème posé, vous devez improviser votre propre rôle. Le but de l'interviewer est d'évaluer votre créativité et votre caractère. Si vous coupez court à la discussion au bout de quelques minutes ou si vous ne jouez pas le jeu, vous risquez de perdre des points.

Ce qui compte dans cet exercice, ce n'est pas tant ce que vous dites que la façon dont vous raisonnez – votre vivacité d'esprit et le processus mental qui conduit à la résolution du problème. **Mon conseil** : Évitez les réponses longues et compliquées.

- **Soyez ouvert** – Si l'interviewer critique une des vos réponses lors d'une mise en situation, ne soyez pas sur la défensive. Il essaie de vous tester. Tenez compte de l'objection qu'il vous fait et essayez de la comprendre. Modifiez votre réponse pour montrer que vous avez saisi son point de vue et que vous êtes capable de vous remettre en question.

- **Donnez et demandez du feed-back** – Après avoir donné une réponse, demandez : *Est-ce le genre d'information que vous recherchez ?* ou *Est-ce que cela répond à votre question ?* Assurez-vous que l'interviewer vous écoute et que vous lui dites bien ce qu'il veut entendre.

- **Ne vous précipitez pas** – Si c'est vous qui téléphonez à une société située à l'autre bout de la France, vous serez peut-être inquiet de voir la discussion se prolonger. Ne pensez pas à votre facture. Faites un effort pour vous détendre et parler comme si vous étiez dans le bureau de l'interviewer.

- **Esquivez les questions importantes** – Éveillez l'intérêt de l'interviewer en développant vos réponses mais, si celui-ci vous interroge sur un point particulièrement important, profitez de l'occasion pour lui suggérer un entretien en tête-à-tête : *C'est une question importante et il me semble difficile d'y répondre par téléphone. Pouvons-nous nous rencontrer afin que je vous expose plus clairement mes qualifications ?*

Je suis libre mardi matin – est-ce que cette date vous convient ?

Décidez à l'avance des questions qu'il vaut mieux remettre à plus tard. N'hésitez pas à utiliser cette technique deux ou trois fois dans la conversation.

- **Essayez d'obtenir un entretien en tête-à-tête** – Lorsque vous voyez que l'entretien téléphonique tire à sa fin, prenez l'initiative : *Je pense qu'il serait plus facile de discuter de mes qualifications en tête-à-tête. Je peux être à votre bureau jeudi matin à 9 h 30. Est-ce que cet horaire vous convient ?* Partez du principe que l'interviewer vous appelle pour vous proposer un entretien en tête-à-tête et proposez-lui une heure.
- **Remerciez l'interviewer** – N'oubliez pas d'exprimer votre reconnaissance envers l'interviewer pour le temps qu'il a bien voulu vous consacrer.
- **Envoyez une lettre de remerciements** – Ce n'est pas parce que l'entretien s'est déroulé par téléphone qu'il faut négliger de transmettre vos remerciements par écrit (courrier, fax ou e-mail).

Mal géré, un entretien par téléphone peut vous mettre hors course dès le départ. Ne laissez transparaître aucune information négative.

Évitez la question du salaire

Les employeurs qui effectuent des entretiens par téléphone demandent souvent aux candidats quelles sont leurs prétentions salariales. Ne vous faites pas avoir. Vous ne pouvez pas fixer un salaire avant de savoir combien vaut le poste qu'on vous propose. Si l'interviewer insiste, retournez la situation et demandez-lui de vous donner une fourchette pour un candidat ayant vos qualifications. S'il vous met au pied du mur, indiquez-lui une large fourchette en vous basant sur le prix du marché. Les différentes techniques destinées à éluder la question du salaire lorsqu'elle se pose prématurément sont décrites au chapitre 10.

À VOUS DE JUGER

Devez-vous vous rendre sur place à vos frais ?

Traditionnellement, l'employeur remboursait au candidat tous ses frais de déplacement pour se rendre à l'entretien. En cette période de rigueur budgétaire, votre employeur potentiel peut vous donner le choix entre la prise en charge de vos propres dépenses et un entretien par téléphone. Devez-vous débourser votre argent pour faire le voyage ? A votre place, je ne choisirais pas cette option – à moins d'être désespéré, d'avoir une carte de réduction de transport ou d'être sûr que c'est le job du siècle.

Sachez que, quand vous êtes au chômage et donc officiellement à la recherche d'emploi, l'ANPE peut rembourser, à certaines conditions et dans certaines limites, les frais de déplacement... Renseignez-vous chaque fois auprès de votre agence mais n'imaginez pas passer la nuit dans un quatre étoiles avant un rendez-vous en province.

Je vous conseille donc plutôt l'entretien par téléphone dans un premier temps. Cette première étape vous permettra de poser un maximum de questions sur le poste, les responsabilités et votre patron potentiel. Si le poste semble vous convenir, vous pourrez vous rendre sur place avec toutes les cartes en main. À ce moment-là, l'entretien en tête-à-tête se justifiera vraiment.

Le secret : se préparer psychologiquement

Vous êtes-vous préparé psychologiquement à passer un entretien par téléphone ? Serez-vous aussi efficace qu'à un entretien en tête-à-tête ? Saurez-vous communiquer vos compétences avec autant de persuasion ?

Entraînez-vous à donner des exemples et à raconter des anecdotes pour illustrer vos qualifications et prouver ce que vous pouvez apporter à la société. Préparez une liste de questions à poser à l'interviewer. La préparation est essentielle pour réussir et passer à l'étape suivante du processus de sélection.

Chapitre 12

L'avènement de l'entretien vidéo en ligne

Dans ce chapitre :

- Technologie de l'entretien en ligne avec image et son
- Questions-réponses sur l'entretien vidéo en ligne
- Autres types d'entretien par ordinateur

Un entretien vidéo en ligne consiste en la transmission électronique et interactive d'images et de son entre un employeur et un candidat. Cette transmission s'effectue grâce à un système de vidéoconférence et nécessite un équipement particulier :

- Un modem et une connexion à l'Internet
- Un micro et une caméra.

Quel est l'intérêt de l'entretien vidéo en ligne ? Il remplace l'entretien en tête-à-tête puisqu'il permet à l'employeur et au candidat de se voir et de se parler en temps réel – de se transmettre des images et du son comme s'ils étaient dans la même pièce. Tout se déroule de la même façon – excepté la poignée de main.

Les experts ne sont pas tous d'accord sur le terme à utiliser pour désigner ce type d'entretien. On a parlé d'« entretien par vidéoconférence » et d'« entretien vidéo ». Pour savoir quel terme employer dans ce livre, je me suis renseignée auprès de plusieurs professionnels du recrutement.

Le terme « entretien vidéo » a été rejeté car il rappelle les anciens entretiens enregistrés sur magnétoscope, réalisés dans les années 70, qui ne se sont jamais développés. Le terme « entretien par vidéoconférence » a été jugé plus approprié pour les réunions d'affaires entre sociétés que pour les entretiens de recrutement.

J'ai donc opté pour « entretien vidéo en ligne », qui exclut tout autre type d'entretien par ordinateur, comme celui qui consiste à échanger uniquement du texte en tapant questions et réponses sur un clavier. L'échange de texte et d'éléments graphiques n'a rien à voir avec l'entretien vidéo en ligne puisqu'il n'y a pas transmission d'images en mouvement ni de son. Les autres types d'entretien par ordinateur sont décrits à la fin de ce chapitre.

L'entretien en temps réel d'un bout à l'autre de la planète

Avez-vous déjà vu un film muet de Charlie Chaplin ? Vous vous rappelez sans doute à quel point les images étaient saccadées. Et bien, l'entretien vidéo en ligne avec une Webcam donne à peu près la même impression.

Les systèmes de vidéoconférence utilisés par les sociétés, de qualité égale à celle de la télévision, c'est-à-dire largement supérieure à celle des équipements des particuliers, ont longtemps été trop chers. Lorsqu'on y ajoutait le coût des communications téléphoniques et celui du personnel de maintenance, ils ne s'avéraient pas très rentables.

Ainsi, pendant près de dix ans, pour des raisons de qualité et de prix, l'entretien vidéo en ligne n'a pas été très populaire.

Aujourd'hui, il est encore assez inusité, excepté dans certains (rares) cabinets de conseil en recherche de cadres. Mais les experts affirment qu'il devrait se généraliser assez rapidement. Certains pensent qu'il va s'imposer d'ici quelques années tandis que d'autres, plus prudents, lui donnent au moins cinq à dix ans pour se développer.

Une chose est sûre, l'entretien vidéo en ligne a un bel avenir devant lui. Le problème, c'est l'étroitesse actuelle de la largeur de bande.

La largeur de bande est la quantité de données pouvant être transmises en un laps de temps déterminé. Dans le cas qui nous intéresse, la largeur de bande se mesure en milliers de bits par seconde (kbps). Plus la largeur de bande est grande, plus la capacité de transmission est élevée et plus le mouvement des images est harmonieux. Pour une transmission fluide, le minimum est de 384 kbps.

Autre paramètre important : la trame (ensemble de lignes horizontales balayées). Pour obtenir une image de qualité, il faut une fréquence de trame équivalente à celle de la télévision, soit 30 trames par seconde.

Cette fréquence doit être régulière. Imaginez que vous soyez sous la douche. L'eau coule de façon régulière mais soudain il n'y a plus de pression. Le jet se transforme en filet d'eau. C'est la même chose pour la transmission vidéo : le flot d'images doit être régulier pour que les mouvements ne soient pas saccadés.

La largeur de bande s'accroît rapidement grâce au câble, à la technologie DSL (Réseau de raccordement numérique) et aux satellites.

Lorsqu'elle sera suffisamment vaste, les candidats pourront passer leurs entretiens de recrutement depuis leur domicile, leur école, leur bureau, leur bibliothèque municipale, leur agence pour l'emploi, leur cabinet d'outplacement ou leur centre de conseil en carrière ou n'importe quel centre de vidéoconférence.

L'objet de l'entretien vidéo en ligne

L'entretien vidéo en ligne est généralement utilisé pour effectuer une sélection parmi une liste de candidats qualifiés. Lorsqu'un candidat réside loin du siège de la société, l'employeur lui fait d'abord passer un entretien par téléphone. Si celui-ci est satisfaisant, il lui propose un entretien vidéo en ligne. En cas de succès, il le convoque enfin à un entretien en tête-à-tête.

Il existe toutefois quelques exceptions. Certains employeurs ont en effet recruté des candidats sans les rencontrer, directement après un entretien vidéo en ligne.

Les sociétés sont attirées par ce type d'entretien pour plusieurs raisons. D'abord, il est plus économique que les autres. De plus, il permet à plusieurs interviewers d'interroger un candidat en même temps depuis des endroits différents. Enfin, il peut être enregistré et rediffusé au responsable du recrutement ou à toute personne intéressée, absente lors de l'entretien.

Tout ce que vous devez savoir sur l'entretien vidéo en ligne

Tout le monde ne maîtrise pas encore la technologie utilisée pour l'entretien vidéo en ligne. Voici les réponses aux questions les plus couramment posées à ce sujet :

Pour quels types de postes les employeurs font-ils passer un entretien vidéo en ligne ?

Actuellement, l'entretien vidéo en ligne est utilisé essentiellement pour les postes de cadres et de dirigeants, et les différents postes des secteurs de pointe.

Quels sont les moyens techniques requis pour diffuser une image de qualité ?

L'image ne sera pas nette au-dessous de 30 trames par seconde. Il n'est donc pas conseillé de passer un entretien vidéo en ligne avec le genre d'équipement actuellement commercialisé pour les particuliers. Si la société refuse de vous payer un système de vidéoconférence performant, elle sera sans doute aussi peu encline à débourser de l'argent dans les autres domaines. Si vous tenez à utiliser votre équipement personnel, optimisez vos chances en suivant les conseils du chapitre 13.

Quelles sont les contraintes de l'entretien vidéo en ligne ?

En tant que candidat, vous n'avez aucun contrôle sur le processus. La qualité est celle du matériel le moins performant. Par exemple, si l'employeur utilise une technologie de 30 trames par seconde alors que vous êtes connecté avec un PC à 5 trames par secondes, l'image s'affichera à une fréquence de 5 trames par secondes. Si vous faites beaucoup de mouvements, vous ne serez pas à votre avantage.

Le matériel de vidéoconférence s'est-il amélioré ?

Le matériel est beaucoup plus facile à utiliser aujourd'hui. Il y a quelques années, il fallait suivre une formation pour pouvoir s'en servir.

Le son et les images sont en outre de bien meilleure qualité, notamment grâce aux techniques de compression des données. Enfin, les prix ont considérablement baissé. Chute des prix et qualité en hausse : la vidéoconférence ne peut que se développer.

Quel est l'avenir du visiophone dans le cadre de l'entretien de recrutement ?

L'utilisation du visiophone (téléphone équipé d'un écran) est peu probable. L'écran d'un visiophone ne dépasse pas trois à quatre pouces alors qu'un moniteur de vidéoconférence est beaucoup plus grand (31 pouces, en général). Les employeurs préfèrent voir les candidats sur un grand écran.

Où peut-on trouver des centres de vidéoconférence publics ?

Certains employeurs et recruteurs sélectionnent un centre de vidéoconférence et en financent l'accès aux candidats. Pour passer votre entretien vidéo en ligne, il vous suffit donc de vous rendre dans le centre choisi par votre employeur potentiel en prenant soin d'emporter les coordonnées de l'intervieweer. En général, on trouve des systèmes de vidéoconférence accessibles au public dans les lieux suivants :

- Centres d'information et d'orientation des campus
- Salles de conférence des aéroports
- Hôtels
- Sociétés de services
- Agences d'intérim
- Cabinets de recrutement
- Salons de l'emploi.

Mon conseil : En tant que candidat, n'acceptez jamais de financer un entretien vidéo en ligne.

Quand l'entretien vidéo en ligne va-t-il se démocratiser ?

Tout dépend des risques de saturation de la largeur de bande à l'échelle nationale et mondiale et de l'augmentation des débits.

Les autres types d'entretiens par ordinateur

Outre l'entretien vidéo en ligne, il existe d'autres types d'entretien par ordinateur.

Exploitation du site Web de l'entreprise

Certaines sociétés réalisent des entretiens préliminaires en ligne via leur propre site Web.

Dans le secteur technologique, les employeurs utilisent des techniques de pré-évaluation basées sur un QCM. Par exemple :

- Préférez-vous être encadré ou bénéficier d'une certaine autonomie ?
- Vous arrive-t-il souvent d'oublier des détails importants ?
- Quelle a été votre approche la dernière fois que vous avez dû résoudre un problème épineux ?

Répondez honnêtement. N'essayez pas d'anticiper la réponse qu'attend l'employeur. Pour la dernière question, par exemple, vous avez le choix entre les réponses suivantes :

1. **J'ai analysé en profondeur tous les aspects du problème.**
2. **J'ai été dépassé par les événements et j'ai demandé de l'aide.**
3. **J'ai demandé conseil à mon supérieur ou à mon professeur pour trouver une solution.**

4. **J'ai fait comme si de rien n'était et je suis passé à autre chose.**

5. **Je ne sais pas.**

La réponse n° 1 peut sembler la plus appropriée mais ne correspond pas nécessairement aux attentes de l'employeur. Par exemple, si l'objectif est de résoudre le problème le plus vite possible, il sera plus sage de demander de l'aide que de passer des semaines à essayer de trouver une solution.

Les sociétés dans lesquelles la rotation du personnel est importante commencent à se tourner vers les systèmes de recrutement par ordinateur pour réduire les coûts. C'est le cas notamment des fast-food, comme McDonald's et Burger King ou de sociétés de haute technologie ou de start-up.

Pouvoir de décision

Le pouvoir de décision revient bien évidemment au responsable du recrutement, l'ordinateur n'étant qu'un outil de sélection. Cela dit, la technologie intervient de plus en plus souvent dans le processus de recrutement pour assister l'interviewer. Elle l'aide à poser les bonnes questions pour obtenir des informations précises, soulever d'éventuels problèmes, ou déterminer l'utilité d'un entretien en tête-à-tête.

La transition vers le cyberespace

Des courts métrages muets en noir et blanc de **Charlie Chaplin**, nous sommes passés aux films en couleur avec son dolby stéréo. Le processus de recrutement suit le même cheminement et se dirige peu à peu vers l'entretien vidéo en ligne.

Certaines stars du cinéma muet n'ont pas pris le tournant – on pense notamment à **Rudolph Valentino** et à **Clara Bow**. Mais vous, ne perdez pas de vue la caméra. Adaptez-vous au changement en lisant attentivement les recommandations du chapitre suivant. Vous verrez, vous ne regretterez pas vos efforts.

Chapitre 13

Du bon usage de la caméra

Dans ce chapitre :

- Découvrir le monde de l'entretien virtuel
- Bien choisir sa garde-robe avant de se placer devant la caméra
- Respecter les contraintes technologiques

Il y a quelques années, je me suis rendue à Los Angeles pour enregistrer une émission de télévision en vue de présenter l'un de mes livres. Lorsque je suis arrivée au studio, j'ai été surprise de voir qu'il n'y avait ni maquilleuses, ni éclairage, ni animateur.

Un technicien m'a conduite dans un petit bureau où se trouvait une machine équipée d'une caméra dont la lumière rouge m'aveuglait. Puis il m'a mis un casque sur les oreilles en me disant : « Écoutez les questions et répondez face à la caméra. » Ah !

Personne ne m'avait prévenue de la façon dont allait se dérouler mon interview. J'ai marmonné, bégayé et j'étais figée comme une biche dans la lumière des phares d'une voiture. Pourtant, je parlais de choses que je connaissais sur le bout des doigts puisqu'il s'agissait de mon livre.

Je n'avais pas plus de feed-back sur mes performances que si j'avais été seule au milieu de l'océan Pacifique en train de parler aux vagues. Désorientée, j'ai répondu de façon automatique et monotone.

Lorsque l'enregistrement a été terminé, je me suis sentie frustrée. Je m'étais laissé impressionner par la technologie et l'absence d'être humain. Heureusement, le réalisateur de l'émission, qui se trouvait à New York, a fait de nombreuses coupes et le résultat a été meilleur que j'aurais été en droit de l'espérer.

Ma familiarisation avec ce nouveau support s'est poursuivie la semaine suivante, lorsque j'ai enregistré une autre émission de télévision. Le principe était le même : je recevais les questions dans un casque mais, cette fois, je pouvais voir l'interviewer sur un écran situé au-dessous de la caméra.

Chaque fois que l'interviewer me posait une question, il m'appelait par mon prénom : « Joyce, que pensez-vous de… ? » J'avais toujours le réflexe de baisser les yeux pour regarder l'écran que les spectateurs ne pouvaient pas voir. Et pour chacune de mes réponses, je relevais brusquement la tête pour regarder la caméra. Lorsque j'ai vu l'enregistrement, j'ai eu l'impression d'être une marionnette opinant du chef. J'étais au comble de l'embarras.

J'avais beaucoup à apprendre sur la façon de se comporter face à un tel support. À l'heure où l'entretien vidéo en ligne (voir chapitre 12) se développe, c'est probablement votre cas à vous aussi. Soyez particulièrement attentif à votre tenue et au langage de votre corps.

Voici quelques conseils qui vous aideront à vous adapter au monde de l'entretien virtuel.

Soignez votre look

Faut-il consulter un spécialiste de la mode et du maquillage pour réussir un entretien vidéo en ligne ? Pas nécessairement, mais faites attention à votre look.

- **Miroir** : Je conseille aux hommes comme aux femmes d'avoir sur eux un poudrier avec une glace pour éliminer les dernières imperfections. Épongez votre front et les zones brillantes de votre visage avec un mouchoir en papier, puis poudrez-vous le bout du nez.
- **Visage** : Messieurs, assurez-vous d'être rasé de près et de vous être coupé tous les poils rebelles des sourcils et du nez.

- **Cosmétiques** : Maquillez-vous avec des produits adaptés à la vidéo (que vous soyez un homme ou une femme). Renseignez-vous auprès d'un esthéticien professionnel.

  D'une façon générale, le maquillage sombre atténue le double menton. Le correcteur permet de dissimuler discrètement les cernes. Messieurs, si vous avez le haut du crâne chauve, utilisez du fond de teint. Le fond de teint dissimule aussi tous les petits défauts de la peau. Mesdames, choisissez un rouge à lèvres de couleur foncée plutôt qu'un vermillon éclatant.

- **Expression du visage** : Regardez la caméra en face. Ne vous présentez pas de profil ou de trois-quarts.

  Lorsque vous êtes très concentré, vous pouvez froncer les sourcils ou vous pincer les lèvres en pensant que cela montre à quel point vous êtes attentif. Mais sachez que la caméra aura tendance à vous donner un air renfrogné même si vous avez une expression neutre. Mieux vaut donc sourire au maximum. Vous n'êtes pas là pour faire une pub pour un dentifrice mais souvenez-vous que la caméra fait un gros plan sur votre visage et en accentue les expressions. Autant avoir l'air aimable et détendu…

- **Distance minimale** : Asseyez-vous à au moins 1 mètre de la caméra. Votre tête ne doit pas remplir l'écran. L'interviewer doit voir votre buste. Positionnez-vous comme un présentateur de journal télévisé.

- **Contact visuel** : Évitez les regards fuyants qui donnent un air sournois. Si l'interviewer vous pose une question délicate, répondez-lui en regardant la caméra bien en face. Si vous détournez le regard, il pourra penser que vous mentez ou que vous contournez la question.

  Au cours d'un entretien en tête-à-tête, vous regarderiez l'interviewer dans les yeux. Pour créer cette illusion lors d'un entretien virtuel, regardez l'objectif de la caméra et non l'écran sur lequel l'image de l'interviewer est diffusée.

- **Tenue vestimentaire** : Préférez les couleurs unies qui contrastent *légèrement* avec celle de la pièce dans laquelle vous vous trouvez. Si vous portez trop de blanc, la caméra ne pourra pas faire une mise au point correcte sur votre visage. Et si vous portez trop de noir, on ne verra que vos vêtements. Je vous suggère un costume ou un tailleur bleu ou gris avec une chemise ou un chemisier rose pâle ou coquille d'œuf.

Évitez les couleurs vives. Trop de rouge crée des traînées de couleur. Les présentateurs de journaux télévisés ne portent d'ailleurs jamais de rouge, excepté pour des accessoires comme les cravates. Bannissez les tissus écossais et les rayures, qui ont tendance à vibrer sur les écrans. Peut-être l'avez-vous remarqué en regardant les tee-shirts de certaines équipes de football à la télévision.

- **Bijoux** : Ne portez ni bijoux étincelants ni bracelets cliquetants. Le cliquetis des bracelets passe dans le micro et peut non seulement être agaçant mais couvrir votre voix. Quant aux bijoux qui brillent – colliers et boucles d'oreille en métal – ils peuvent distraire l'attention de l'interviewer.

Préparez le décor

Le fond qui entoure votre image comme un cadre autour d'une photo en dit long sur vous. Voici quelques précautions à prendre :

- **Éclairage** : L'éclairage a beaucoup d'effet sur votre image. Par exemple, si vous avez les yeux enfoncés, la lumière peut créer des zones d'ombre. Pour éviter ce problème, inclinez très légèrement la tête en arrière lorsque vous parlez.

  Si la lumière se situe juste au-dessus de votre tête, réfléchissez-la avec une feuille blanche sur votre visage pour réduire les ombres. Pour orienter la feuille selon le meilleur angle, regardez votre image sur l'écran avant de commencer l'entretien.

- **Fond** : Si vous êtes chez vous, soyez attentif au fond. Ne laissez pas le désordre détourner l'attention de l'interviewer. Ne pointez pas la caméra sur des étagères encombrées ou sur un mur endommagé. Si nécessaire, tendez un drap (de préférence bleu clair) sur vos étagères ou le long du mur.

Surveillez votre comportement

Un entretien virtuel ne se gère pas de la même façon qu'un entretien en tête-à-tête. Pour obtenir de bons résultats, suivez les recommandations suggérées ci-après.

- **Heure d'arrivée** : Lorsque vous vous rendez dans un centre de vidéoconférence ou dans une société, arrivez une demi-heure à l'avance pour avoir le temps de faire les ajustements nécessaires et de vous familiariser avec l'environnement, tout comme le fait un présentateur lorsqu'il arrive sur un plateau. En général, les tests de connexion sont prévus une demi-heure avant l'entretien.
- **Position** : Tenez-vous droit. Ne vous affalez pas dans votre fauteuil et ne vous penchez pas non plus en avant car votre tête serait vue de trop près.
- **Hyperactivité** : Soyez attentif aux mouvements de vos mains. Si vous êtes sans arrêt en train de tripoter des stylos ou des trombones, vous allez déconcentrer l'interviewer. Joignez vos mains sur la table devant vous.

  Évitez tout excès d'activité. N'agitez pas les bras. Les mouvements superflus n'aident pas à communiquer et peuvent même gêner l'interviewer. Ne restez pas non plus raide du début à la fin. Essayez de faire uniquement des mouvements éloquents. Prenez exemple sur les présentateurs de journaux télévisés, qui semblent animés mais bougent en réalité très peu.
- **Nervosité** : La nervosité se voit encore plus lors d'un entretien vidéo en ligne qu'à un entretien en tête-à-tête. Vous ne pouvez pas l'éliminer totalement mais, avec la pratique, vous parviendrez à la réduire. Essayez de vous concentrer sur l'interviewer en écoutant attentivement ses questions et non sur vous-même. Si vous êtes détendu, vous donnerez de vous l'image d'une personne aimable et intéressante.
- **Pauses** : Les pauses ne doivent pas durer éternellement. Toutefois, si l'interviewer vous pose une question complexe comme « Pouvez-vous me parler de vous ? » ou « Comment gérez-vous la déception ? », n'hésitez à faire une petite pause. Ensuite, souriez, regardez l'interviewer

dans les yeux (l'objectif de la caméra) et répondez à la question.

- **Retour d'image** : Si le matériel que vous utilisez contient un système PIP (incrustation d'image dans une image), vous serez peut-être gêné par votre propre image. Dans ce cas, désactivez le système mais faites quelques essais auparavant. Regardez jusqu'où vous pouvez bouger à gauche, à droite, en haut et en bas sans sortir du champ. Vous pouvez réactiver et désactiver le système si vous craignez d'avoir fait une traînée de rouge à lèvres sur votre joue à la dernière minute ou d'avoir un reliquat d'éternuement au bout du nez...
- **Temps de latence** : Seuls les équipements de vidéoconférence haut de gamme sont dépourvus de temps de latence. Avant l'entretien, renseignez-vous sur la fréquence de trame et le temps de latence du système. Si la fréquence de trame est de 30 trames par seconde, le temps de latence sera faible voire nul. Au début de l'entretien, vérifiez la qualité de la transmission en demandant directement à l'interviewer si le temps de latence est important. Si c'est le cas, ralentissez votre débit.
- **Débit** : Plus la transmission est rapide, plus le dialogue est fluide. L'interviewer et vous n'aurez sans doute aucun problème pour vous entendre mutuellement mais n'oubliez pas qu'en raison du délai de transmission il est plus difficile d'interrompre son interlocuteur. Assurez-vous de laisser à l'interviewer le temps de prendre la parole. Lorsque vous avez terminé de répondre à une question, arrêtez de parler. Si vous vous acharnez à combler les vides, l'interviewer vous reprochera certainement d'avoir pris le contrôle de l'entretien.

Si le son n'est pas synchronisé avec le mouvement de vos lèvres, n'essayez pas de faire un quelconque réglage. Vous n'y pouvez rien. Concentrez-vous sur l'objectif de la caméra (ce qui donne l'impression que vous regardez l'interviewer dans les yeux) et le manque de synchronisation sera moins visible. Peut-être avez-vous déjà vu un vieux film avec une mauvaise synchronisation, dans lequel le son arrive une seconde après le mouvement des lèvres de l'acteur. Si vous avez vraiment aimé le film, vous avez dû regarder l'acteur dans les yeux et ne pas être trop gêné par ce défaut. C'est ce qui se passe lors d'un entretien vidéo en ligne.

- **Préparation** : N'essayez pas d'improviser. Préparez l'essentiel de l'entretien pour ne pas être pris au dépourvu de façon flagrante.

  Si vous êtes débutant, faites la liste de vos diplômes, de vos principales réalisations et de votre expérience rémunérée ou non avec référence si nécessaire. Mais ne perdez pas de temps à chercher dans vos papiers ou à essayer de donner des adresses ou des numéros de téléphone pendant l'entretien. Dites à l'interviewer que vous lui enverrez ce genre d'informations par e-mail tout de suite après l'entretien. Ce sera l'occasion pour vous d'effectuer une relance. Rédigez un e-mail de remerciements contenant toutes les informations susceptibles de renforcer vos chances d'être recruté.

  Si vous êtes expérimenté, rassemblez les documents qui illustrent votre parcours et suivez les mêmes conseils.

  Préparez-vous aussi scrupuleusement que si vous passiez un entretien en tête-à-tête. Consultez au minimum la page Web de l'employeur.

- **Transmission du CV** : Demandez à l'interviewer s'il souhaite recevoir une version formatée de votre CV par e-mail en fichier attaché ou par fax avant que l'entretien ne commence.

  Certains conseils vous suggèreront de diffuser votre CV à l'écran à certaines étapes de l'entretien en faisant un duplex entre un PC et le système de vidéoconférence. À mon avis, la diffusion simultanée du CV n'ajoute pas grand-chose à l'entretien et comporte certains risques. Si une faute de frappe peut passer inaperçue sur une feuille A4, elle sera impossible à manquer sur un grand écran.

  Si vous êtes un as de la technologie, vous savez peut-être que certains systèmes de vidéoconférence comportent des logiciels de présentation comme PowerPoint. N'utilisez ces outils pendant l'entretien que si l'interviewer vous le demande.

Lors d'un entretien vidéo en ligne, demandez toujours son avis à l'interviewer. Ne partez pas du principe qu'il sera impressionné par vos efforts de présentation. N'agissez pas seul sans prévenir, tenez compte des préférences de votre interlocuteur.

- **Maîtrise du système** : Si vous passez l'entretien depuis chez vous avec une Webcam, vous devez maîtriser pleinement votre matériel. Sinon, c'est comme si vous envisagiez de traverser le pays en voiture en ayant appris à conduire la veille de votre départ. Vous devez être tout à fait à l'aise. Certains candidats n'hésitent pas à demander à un ami calé en informatique d'être présent pendant leurs premiers entretiens pour intervenir en cas de pépin. Cette précaution leur permet d'être beaucoup plus détendus.

  Faites quelques essais avec un ami sur votre matériel et enregistrez-les pour évaluer votre prestation et faire les ajustements nécessaires.

Regardez les choses du bon côté

L'entretien vidéo en ligne présente un avantage auquel on ne pense pas toujours : l'interviewer et vous n'avez pas à vous serrer la main. Par conséquent, plus de problèmes de mains moites ou de mauvaise haleine !

Après l'interview au cours de laquelle j'avais baissé la tête pour voir l'écran situé au-dessous de la caméra chaque fois que l'interviewer m'avait appelée par mon prénom, j'ai cherché un moyen d'éviter que ce problème ne se reproduise. Voici la solution que j'ai trouvée : recouvrir l'écran et ne jamais le regarder.

Cinquième partie

Des réponses à toutes les questions

« J'ai un bon retour à chacun
de mes entretiens.
Un retour à la case départ. »

Dans cette partie...

Si vous êtes allé jusqu'à l'entretien, c'est déjà bien. Vous avez fait du bon travail. Maintenant, c'est le moment de vérité. Vous devez prouver à l'interviewer que vous êtes le meilleur candidat en répondant le mieux possible à ses questions.

Comment vous préparer sans connaître les questions à l'avance ? À moins d'être une star de l'improvisation, vous risquez de buter sur certains points. Je vous ai donc concocté une série de questions pour lesquelles vous allez pouvoir préparer vos réponses.

Nous allons réfléchir ensemble à la façon dont vous pouvez vous évaluer, expliquer un licenciement, décrire vos compétences ou identifier vos faiblesses pour que vous ne soyez pas pris au dépourvu à l'entretien. Pour terminer, nous verrons comment éluder avec tact les questions déplacées.

Chapitre 14

Parlez-moi de vous

Dans ce chapitre :

- Répondre efficacement aux questions
- Vous décrire à votre avantage
- Préparer un argumentaire sur vous
- Anticiper et décoder les questions

Tout le scénario de l'entretien de recrutement est fondé sur les questions et les réponses. Ce chapitre est consacré aux questions sur vous et votre profil psychologique.

D'après certains experts, seules quelques questions sont posées mais celles-ci peuvent être formulées de nombreuses façons différentes. Il existe donc en réalité une infinité de variations sur quelques thèmes. La plupart des questions sont en effet liées soit à vos qualifications (compétences, formation et expérience) soit à votre personnalité.

- **Les interviewers veulent connaître vos qualités** – Êtes-vous prêt à vous lancer dans une tâche même si ce n'est pas à vous de l'effectuer ?
- **Les interviewers veulent connaître vos défauts** – Trouvez-vous toujours de bonnes raisons de ne pas faire votre travail ? Avez-vous des difficultés à vous intégrer dans une équipe ?

La plus pénétrante des questions n'en est pas une. C'est une simple requête :

Parlez-moi de vous.

Quelle que soit la façon dont elle est formulée, cette petite phrase est l'arme la plus précieuse de l'arsenal de l'interviewer. Pourquoi ? Parce qu'elle amorce l'entretien. Or, c'est pendant les premières secondes que l'interviewer se fait une opinion sur vous. Si votre réponse n'est pas convaincante, il vous sera très difficile de remonter la pente.

Lorsque vous parlez de vous, concentrez-vous sur les aspects de votre vie qui illustrent vos valeurs en tant que personne et en tant que candidat parfaitement qualifié pour le poste.

L'employeur veut bien vous connaître pour être sûr que vous pouvez faire le travail, que vous le ferez et que vous vous entendrez bien avec le reste de l'équipe.

Il a aussi besoin de savoir si vous acceptez la hiérarchie et si, malgré son manque d'engagement envers vous à long terme, vous vous investirez dans votre travail ou quitterez le navire dès qu'un autre employeur vous fera une meilleure offre.

Quelle approche adopter lorsque l'interviewer vous demande de lui parler de vous ?

Montrez le meilleur de vous-même.

Ne croyez pas que cela vous oblige à mentir. Je ne vous conseillerai jamais de mentir car le mensonge est une bombe à retardement qui risque de faire voler en éclats votre emploi.

(Je connais une femme qui a, non pas augmenté, mais diminué son salaire précédent par crainte d'être surqualifiée pour le poste qu'elle convoitait. Au bout de onze mois, elle a été licenciée pour mensonge après une vérification auprès de ses références. Elle avait eu une promotion la semaine précédente !).

Soyez toujours honnête. Évitez de mettre en avant ce qui pourrait compromettre vos chances d'être recruté mais n'exagérez pas non plus vos qualités.

Découvrez le point de vue de l'employeur

Un interviewer compétent n'est pas seulement attentif à ce que vous dites lorsque vous parlez de vous. Il analyse également votre approche.

- Si vous parlez essentiellement de vos compétences ou de votre formation, il pensera que vous donnez la priorité à votre travail.
- Si vous parlez essentiellement de vos activités, il pensera que vous vivez surtout pour vos loisirs.
- Si vous parlez essentiellement de votre emploi actuel, il pensera que vous n'êtes pas encore prêt à le quitter.

Derrière la phrase « Parlez-moi de vous » se cachent plusieurs objectifs :

- Identifier les aspects de votre vie auxquels vous attachez de l'importance
- Connaître vos valeurs
- Avoir un aperçu de ce que vous avez accompli
- Savoir si vous êtes organisé, motivé et déterminé
- Savoir si vous pouvez vous intégrer dans la culture de la société.

Affinez la question

Vous pouvez répondre directement à la question ou demander des précisions.

Je peux vous parler de mon expérience et de mes réalisations dans ce secteur, de ma formation et des stages qui me qualifient pour le poste, ou de mon profil personnel. Par où dois-je commencer ?

Les interviewers répondent généralement qu'ils s'intéressent en particulier à votre parcours professionnel mais ils peuvent vous demander de développer brièvement tous les aspects de votre vie.

Rédigez un argumentaire sur vous

Pour parler de vous avec aisance, rédigez et mémorisez un argumentaire d'une à deux minutes sur vous-même.

Mettez-vous dans la peau d'un vendeur. Vous devez vendre un produit – vous – en quelques minutes. Commencez par attirer l'attention de l'interviewer avec une information pertinente, puis développez votre propos en décrivant des faits précis. Concentrez-vous sur vos points forts et montrez ce que vous avez de plus que les autres candidats.

Pour vous exprimer avec fluidité, vous devez savoir votre argumentaire sur le bout des doigts. Apprenez-le par cœur et répétez-le jusqu'à ce que vous soyez parfaitement naturel. Vous devez connaître votre texte aussi bien qu'un acteur et jouer votre rôle sans avoir l'air de réciter.

Toutefois, il vaut mieux que vous ayez un ton légèrement emprunté plutôt que vous ne sachiez pas qui vous êtes ni ce que vous avez à apporter. Votre argumentaire étant concis, toutes les informations qu'il contient sont importantes. Assurez-vous de ne rien oublier.

Voici les principales informations à fournir :

- Fonction ou poste pour lequel vous avez posé votre candidature
- Diplôme
- Postes d'encadrement
- Principales compétences transférables
- Formation liée au poste
- Date de fin d'études (le cas échéant)
- Primes et distinctions
- Objectifs (à court terme – ne dites pas que vous convoitez le poste de l'interviewer)
- Philosophie professionnelle (ne soyez pas prétentieux ni sentencieux).

Exemples d'argumentaire

Voici un exemple d'argumentaire pour futur diplômé :

J'ai toujours trouvé le monde du journalisme à la fois passionnant et stimulant. C'est pourquoi j'ai fait une école de journalisme. J'ai découvert que cette profession était beaucoup plus difficile que ce à quoi je m'attendais mais je suis d'autant plus motivé pour l'exercer. Je suis très impatient de faire mes débuts de journaliste.

Je passe mon diplôme fin mai à l'École supérieure de Journalisme de Lille. J'étais rédacteur au journal de l'école. J'aurais pu être nommé rédacteur en chef mais je travaillais pour financer 80 % de mes études. J'ai toutefois réussi à avoir de bonnes notes à l'école et je pense obtenir mon diplôme avec mention.

En travaillant pendant mes études, j'ai appris à m'organiser et à définir mes priorités pour bien gérer mon temps – je ne m'en serais pas sorti sans ce souci constant d'organisation. Cette compétence me semble d'ailleurs essentielle pour respecter les délais exigeants auxquels un journaliste est soumis au cours de sa carrière.

Ce futur diplômé commence son argumentaire avec une entrée en matière enthousiaste concernant l'intérêt qu'il porte au journalisme. Afin de ne pas passer pour un doux rêveur, il explique qu'il connaît les exigences du poste et qu'il est prêt à travailler dur. Il décrit ensuite ses réalisations en montrant leur pertinence par rapport au poste. Il fait preuve de détermination, d'enthousiasme et de maturité.

Autre exemple, plus concis :

Je passe mon DESS de marketing en juin à la Faculté des sciences économiques et de gestion de Clermont-Ferrand. Je fais partie du peloton de tête de ma promotion. Grâce à une série de jobs d'étudiant, j'ai pu financer la moitié de mes études. Mais j'ai également trouvé le temps de participer à certaines activités du campus – par exemple, j'ai été élu vice-président du club marketing.

Je suis d'un naturel optimiste. Je m'investis corps et âme dans tous mes projets. J'aime travailler avec les autres et j'ai à cœur de faire de mon mieux pour qu'ils apprécient mon travail.

Les personnes expérimentées mettront surtout en valeur leur expérience et leurs réalisations. Par exemple :

Je suis un agent de maîtrise expérimenté. Tout au long de ma carrière, j'ai appris à souder les équipes en organisant des projets de groupe et en encourageant les salariés à travailler ensemble. J'ai acquis des compétences solides en matière de recrutement et je sais retenir les employés.

Je suis aussi capable d'intégrer progressivement des avancées technologiques dans une société où celles-ci impliquent une formation intensive du personnel.

Enfin, grâce à mes présentations aux clients, j'ai augmenté le chiffre d'affaires de mon employeur actuel de 87 %.

Ce candidat expérimenté met l'accent sur des compétences et une expérience concrètes en montrant sa maîtrise de la technologie et une attitude positive envers le changement.

Vous pouvez préparer un argumentaire de base et l'adapter en fonction des attentes de l'employeur. Par exemple, si celui-ci vous interroge sur vos compétences en matière de gestion du budget et de formation du personnel, vous devrez passer directement à cette partie de votre argumentaire.

Si vous n'êtes pas très doué pour les modifications de dernière minute, préparez plusieurs argumentaires. Ainsi, vous pourrez présenter celui qui correspond le mieux à l'orientation que l'employeur vous donnera.

Dans les deux cas, veillez à adapter votre argumentaire au poste que vous visez. Votre objectif est de montrer que vous êtes le meilleur candidat pour ce poste précis. Soyez explicite, ce n'est pas à l'employeur de déduire vos qualifications.

À vous de jouer : commencez par mentionner votre fonction ou votre secteur, puis décrivez votre expérience et vos compétences en les mettant en parallèle avec les exigences du poste visé. Essayez de présenter l'information de façon attrayante et n'oubliez pas de vous vendre. Vous n'avez pas le temps d'être modeste. Montrez ce que vous avez à apporter et en quoi cela peut être utile à la société.

Rodez votre argumentaire

Vous pouvez vous servir de votre argumentaire n'importe où afin de bien le maîtriser.

À chaque fois que vous rencontrez des gens, lors d'un séminaire ou d'une présentation, commencez par votre argumentaire. Vous vous sentirez plus en confiance et le reste de votre discours viendra plus naturellement. Vous pouvez même appliquer cette méthode pour vous faire des relations. Lisez attentivement cet exemple, qui en réalité devrait être ponctué par les interventions de l'interviewer :

Bonjour. Mon nom est Sarah Martin, j'enseigne l'histoire à l'université de Lyon. J'ai également un diplôme de littérature et je suis en ce moment une formation pour apprendre à enseigner l'histoire à travers la littérature.

Mon objectif est de donner aux étudiants une vision plus large du monde dans lequel ils vivent. En outre, je fais partie d'un comité d'alphabétisation qui vise à réduire le taux d'analphabètes grâce à des ateliers de lecture et d'écriture pour adultes.

Questions

La phrase type « Parlez-moi de vous » peut prendre plusieurs visages. En voici quelques échantillons. Pour chaque variation, j'indique les réponses possibles (**Comment faire un carton**) et les réponses à bannir (**Comment faire un flop**).

Quelle est votre réalisation la plus remarquable ?

Comment faire un carton

- Choisir une réalisation récente liée à votre carrière.
  - Décrire cette réalisation en détail comme si vous racontiez une histoire.
  - Expliquer pourquoi cette réalisation est importante pour vous.
  - Donner des résultats chiffrés.
  - Faire le lien entre cette réalisation et le poste visé.
  - Répondre sans hésitation avec confiance.

Comment faire un flop

- Donner une réponse vague ou à côté de la question.
- Parler d'une réalisation n'ayant aucun rapport avec le poste visé.
- Décrire vos responsabilités et non vos résultats.

Où vous voyez-vous dans cinq ans ?
En quoi ce poste correspond-il à vos objectifs de carrière ?

Comment faire un carton

- Donner une réponse réaliste (aujourd'hui, les salariés changent souvent d'emploi – parlez de formation tout au long de votre carrière pour vous adapter au changement).
- Décrire vos objectifs à court terme et montrer en quoi ils vous permettront d'atteindre vos objectifs à long terme.
- Expliquer comment le poste visé vous aidera à atteindre vos objectifs.
- Vous montrer ambitieux mais pas arriviste.

Comment faire un flop

- Dire que vous visez l'emploi de l'interviewer.
- Décrire des objectifs irréalistes.
- Mentionner des objectifs qui n'ont rien à voir avec les besoins de la société.

Quel est votre principal point fort ?
Votre principale faiblesse ?
Que pouvez-vous apporter à la société ?
Dites-moi trois choses que je devrais savoir à propos de vous.

Comment faire un carton

- Identifier trois à cinq points forts.
- Indiquer des points forts utiles pour le poste.
- Donner des exemples pour illustrer ces points forts.
- Mentionner l'esprit d'équipe, le leadership et les qualités relationnelles.

- Citer une faiblesse qui n'en est pas une : vous avez tendance à attendre des autres qu'ils travaillent aussi dur que vous (si vous parlez d'un véritable défaut, insistez sur les mesures que vous avez prises pour l'atténuer).

Comment faire un flop

- Mentionner des points forts n'ayant aucun rapport avec le poste visé.
- Avoir plus de points faibles que de points forts.

Quels sont vos centres d'intérêt ?
Quels sont vos loisirs ?
Pratiquez-vous un sport ?
Quels livres avez-vous lu dernièrement ?
Quels films avez-vous vu récemment ?

Comment faire un carton

- Être enthousiaste.
- Dire pourquoi vous aimez les activités que vous mentionnez.
- Insister sur les activités de groupe – le sport plutôt que la lecture.
- Si possible, montrer en quoi vos activités ou vos lectures vous aident dans votre travail.
- Citer des films ou des livres liés à l'évolution personnelle.

Comment faire un flop

- Dire que vous n'avez aucun centre d'intérêt en dehors de votre travail.
- Mentionner des sports individuels dans lesquels règne un esprit de compétition (à moins que ceux-ci correspondent aux exigences du poste visé).
- Citer des films d'horreur ou des romans.
- Mentionner trop de centres d'intérêt : on peut se demander s'il vous reste du temps pour travailler.

Préférez-vous travailler seul ou avec les autres ?
Êtes-vous un suiveur ou un leader ?
Avez-vous déjà travaillé avec une équipe ?

Comment faire un carton

- Montrer votre capacité d'adaptation selon que vous devez travailler seul ou avec les autres, en tant que leader ou en tant que membre d'une équipe.
- Donner des exemples concrets.
- Évoquer l'importance de la contribution de chaque membre de l'équipe.

Comment faire un flop

- Vous présenter comme un individu solitaire ou un suiveur mais jamais comme un leader.
- Laisser entendre que vous prenez la défense de ceux qui ne contribuent pas au travail de l'équipe.
- Dire que vous n'aimez pas travailler avec une équipe.

Décrivez votre emploi idéal.

Comment faire un carton

- Montrer en quoi le poste visé correspond à votre emploi idéal.
- Donner des exemples.
- Comment faire un flop
- Décrire un emploi appartenant à un autre secteur.
- Donner une réponse vague.
- Décrire l'emploi de l'interviewer (à moins que vous postuliez précisément pour ce poste).

Qu'aimeriez-vous changer chez vous ?
Si vous pouviez changer le passé, sur quelle décision reviendriez-vous ?

Comment faire un carton

- Dire ce que vous pourriez changer pour améliorer ce que vous faites déjà correctement. Rester positif.
- Expliquer pourquoi vous aimeriez effectuer ces changements.

Comment faire un flop

- Dire que vous ne changeriez rien.
- Donner des informations négatives.

Quelle est votre définition du succès ? De l'échec ?
Comment décririez-vous votre succès ?
Pourquoi avez-vous réussi ?

Comment faire un carton

- Donner des exemples précis.
- Décrire votre succès aussi bien dans votre vie professionnelle que dans votre vie privée.
- Faire le lien entre votre succès et le poste visé.
- Parler de vos échecs de façon positive (montrez comment vous avez fait d'un échec un succès ou décrivez les leçons que vous en avez tirées – voir chapitres 18 et 19).
- Vous montrer confiant et épanoui.

Comment faire un flop

- Passer beaucoup de temps à parler de vos échecs.
- Dire que vous n'avez jamais échoué.
- Décrire le succès comme un moyen d'arriver rapidement au sommet.

Comment gérez-vous les situations stressantes ?
Comment travaillez-vous sous pression ?

Comment faire un carton

- Donner des exemples de la façon dont vous avez géré des situations stressantes par le passé.
- Expliquer ce que vous faites pour vous détendre et vous ressourcer.
- Montrer que le stress ou la pression vous incitent à travailler plus dur ou plus efficacement.
- Illustrer par un exemple votre aptitude à résoudre les problèmes et à prendre des décisions.

Comment faire un flop

- Dire que vous évitez les situations stressantes.
- Laisser entendre que le stress est le résultat d'un manque de préparation ou de savoir-faire.

Pourquoi devrais-je vous recruter plutôt qu'un autre candidat ?
Que pouvez-vous me dire sur vous pour que je me souvienne de vous ?

Comment faire un carton

- Répondre à cette question même si l'interviewer ne vous la pose pas.
- Donner au moins trois bonnes raisons à l'interviewer de vous préférer aux autres candidats.
- Illustrer ces raisons par des exemples précis.
- Dire à l'interviewer quelque chose d'inhabituel ou d'unique à votre sujet pour qu'il se souvienne de vous.

Comment faire un flop

- Partir sans avoir répondu à cette question.
- Être modeste.

Comment décririez-vous votre processus de décision ?
Comment gérez-vous l'imprévu ?
Comment vous fixez-vous des objectifs ?
Comment vous y prenez-vous pour atteindre vos objectifs ?

Comment faire un carton

- Expliquer comment vous recherchez et organisez les informations dont vous avez besoin pour prendre une décision.
- Montrer la cohérence de vos actes avec les objectifs que vous vous êtes fixés ou les décisions que vous avez prises.
- Donner des exemples de problèmes que vous avez résolus.
- Donner des exemples de votre capacité d'adaptation face à l'imprévu.
- Puiser dans vos recherches pour déterminer si l'employeur préfère les décisions rapides et impulsives ou les décisions réfléchies. Donner des exemples en accord avec la politique de l'entreprise.

Comment faire un flop

- Laisser entendre que vos décisions ne découlent pas d'un raisonnement précis.
- Laisser entendre que vous préférez vous en remettre aux autres.

Y a-t-il autre chose que je doive savoir à votre sujet ?

Comment faire un carton

- Commenter des points importants que l'interviewer n'a pas évoqués en les mettant en parallèle avec les exigences du poste.
- Reprendre les principaux points dont vous avez parlé et rappeler à l'interviewer pourquoi vous êtes le meilleur candidat pour le poste.

Comment faire un flop

- Répondre « Non ».

Avez-vous d'autres pistes dans votre recherche ?

Comment faire un carton

- Répondre que vous avez plusieurs pistes mais à des stades d'avancement différent.
- Dire que la société de votre interlocuteur se situe parmi les pistes les plus intéressantes que vous avez.
- Préciser que vous venez de commencer votre recherche et que vous avez déjà quelques contacts prometteurs.
- Répondre que vous avez 5 ou 6 « deuxièmes rendez-vous » dans des sociétés de tailles différentes.

Comment faire un flop

- Dire que vous n'en avez pas.
- Répondre que vous avez envoyé 50 CV et que vous êtes bien content d'avoir enfin un rendez-vous.

Qu'avez-vous pensé de notre entretien ?

Comment faire un carton

- Dire que vous avez apprécié son professionnalisme et la qualité des informations échangées.
- Préciser qu'il vous conforte dans votre motivation à rentrer dans le société.
- Répondre que vous l'avez trouvé intéressant et plus rigoureux que d'autres entretiens que vous avez en ce moment.

Comment faire un flop

- Répondre que vous n'en pensez rien.
- En faire beaucoup trop dans la louange exagérée.

Racontez des anecdotes

La meilleure façon de parler de vous, c'est de raconter des anecdotes, c'est-à-dire d'illustrer vos réponses en donnant des exemples précis. Comme je l'ai dit au chapitre 2, vous devez prouver ce que vous avancez et éveiller l'intérêt de l'intervieweur avec des faits concrets. Un dernier conseil : ayez toujours une approche positive.

Chapitre 15

Questions sur le poste et la société

Dans ce chapitre :

- Montrer que vous saisissez les exigences du poste
- Prouver que vous connaissez la société
- Confirmer que vous connaissez le secteur
- Anticiper les questions

Si vous postulez pour un poste de direction, attendez-vous à un certain nombre de questions visant à tester vos connaissances sur le poste, la société et le secteur.

Informez-vous sur le poste et le secteur

COULISSES

Les employeurs considèrent que les cadres doivent connaître les exigences du poste et savoir situer ce poste dans l'organigramme de la société. Lors de vos recherches, vous vous êtes renseigné sur la société – sur ce qu'elle fait et sur la place qu'elle occupe dans le secteur. Vous savez si le secteur est en expansion, en déclin ou en phase d'évolution.

L'interviewer peut vous poser des questions de ce genre :

Quel est, à votre avis, le rang de cette société sur le marché et pourquoi ?

Pour répondre à ce type de question, vous devez rentrer dans les détails, c'est-à-dire analyser les produits, la rentabilité et les objectifs de la société ainsi que sa position dans le secteur.

L'interviewer ne s'intéressera sans doute pas tant à l'information qu'à la façon dont vous êtes arrivé à vos conclusions. Voici ce que vous pourriez dire :

La société se situe au deuxième rang en termes de bénéfices, ce qui est un signe positif. L'endettement est un peu élevé, mais il est dû à la préparation d'une nouvelle ligne de produits prévue pour juin. Si cette nouvelle ligne est un succès, la quasi totalité des dettes sera épongée par les ventes et la société jouira d'une excellente santé financière. De plus, le potentiel de croissance est prometteur.

Si vous mentionnez des problèmes que la société traverse, proposez des solutions. Sinon, cela n'a aucun intérêt pour l'interviewer. Pour être recruté, vous devez apporter quelque chose à la société et non vous contenter de faire des constats.

Donnez des exemples précis. Si vous n'avez pas de solution concrète, appuyez-vous sur des chiffres et sur des statistiques pour faire des suggestions. Ne parlez pas en l'air.

Ne vous mêlez pas d'un problème que les managers ont soigneusement éludé. Vous n'avez sans doute pas toutes les données du problème. D'une façon générale, n'en faites pas trop.

Questions

Examinez les questions suivantes et les stratégies que vous pouvez employer pour y répondre afin de montrer que vous êtes en phase avec le poste et la société.

Que savez-vous de ce poste ?

Comment faire un carton

- Indiquer la position du poste dans la société et montrer que vous avez le profil adéquat en vous basant sur vos recherches.
- Prouver que vous pouvez aider la société à atteindre ses objectifs.
- Confirmer que vous connaissez les nombreuses responsabilités du poste.

- Demander si vous avez oublié un point important (préparez le terrain pour mettre vos qualifications en parallèle avec ces responsabilités).

Comment faire un flop

- Demander ce que fait la société.

Que savez-vous de nos concurrents ?

Comment faire un carton

- Décrire, en vous basant sur vos recherches, le climat actuel du secteur et la position des concurrents de la société.
- Donner des détails pour montrer que vous connaissez bien le secteur et la concurrence.

Comment faire un flop

- Dire que vous ne savez pas grand-chose sur la concurrence.
- Avouer que vous avez récemment passé un entretien avec un concurrent.
- Révéler des informations confidentielles concernant votre employeur actuel.

Que pensez-vous des défis auxquels notre société est confrontée ?

Comment faire un carton

- Montrer que vous avez fait des recherches approfondies en décrivant les principaux projets de la société.
- Proposer des solutions pour résoudre les problèmes que rencontre la société.

Comment faire un flop

- Dire que vous ne connaissez aucun des défis de la société mais que vous êtes tout ouïe.
- Mentionner des problèmes sans proposer de solution.

Quel est selon vous l'avenir de cette société ?

Comment faire un carton

- Donner une réponse détaillée prouvant que vous connaissez l'évolution de la société dans le secteur et montrant la contribution que vous pouvez apporter.
- Étayer votre réponse de faits concrets et de chiffres.

Comment faire un flop

- Faire des conjectures parce que vous n'en avez aucune idée.
- Élaborer une argumentation vague ne reposant sur aucun fait précis.

Que feriez-vous pour anticiper l'accueil de notre nouveau produit sur le marché ?

Comment faire un carton

- Expliquer votre façon de procéder – organisation, recueil et interprétation de données, et prise de décision.
- Parler de la mise au point de produits pilotes et de la prise en compte des contingences.

Comment faire un flop

- Proposer une seule stratégie. Donner l'impression d'avoir l'esprit limité.

Pourquoi avez-vous choisi notre société ?

Comment faire un carton

- Expliquer en quoi une offre d'emploi dans cette société est une opportunité pour vous et en quoi vous êtes qualifié pour le poste.

Comment faire un flop

- Laisser entendre que c'est le secteur qui vous intéresse mais pas particulièrement cette société.

Notre société a une charte. Avez-vous une charte personnelle – ou une certaine vision de votre avenir ?

Comment faire un carton

- Donner quelques exemples de vos valeurs (éthique, satisfaction du client, etc.) dans la mesure où celles-ci correspondent à celles de la société.

Comment faire un flop

- Demander ce qu'est une charte.

Qu'avez-vous à apporter à notre société ?

Comment faire un carton

- Montrer en quoi vos principales compétences peuvent aider la société à atteindre ses objectifs.
- Décrire ce que vous êtes prêt à faire pour la société.

Comment faire un flop

- Donner une réponse courte et imprécise.

Chapitre 16

Questions sur vos compétences

Dans ce chapitre :

- Identifier les questions sur les compétences
- Répondre aux questions sur les compétences
- Anticiper les questions

De nos jours, la sécurité de l'emploi est aussi fragile que la couche d'ozone. Les demandeurs d'emploi doivent donc mettre l'accent sur leurs *compétences.*

Quelles compétences avez-vous à vendre ?

Pour réussir vos entretiens de recrutement, vous devez être capable de répondre à cette question sans hésiter. D'une manière générale, parlez de vos compétences à chaque fois que vous le pouvez – celles que vous avez acquises dans le cadre de votre emploi précédent, à l'école ou lors de vos activités, mais aussi celles dont vous avez bénéficié à votre naissance (dons et qualités personnelles).

Pensez au classement des compétences dont nous avons déjà parlé dans d'autres ouvrages pour *Les Nuls*, et qui avaient été classées entre les **Savoirs** (acquis au cours de la formation), **Savoir-faire** (résultant de l'expérience), **Savoir-être** (relatifs au comportement) et **Faire-savoir** (liés à la communication).

Repérez les questions sur vos compétences

Les réalisations, comme certains vins, ne voyagent pas bien. Vous attirez l'attention d'un employeur avec des réalisations mais, lorsque vous changez de travail, celles-ci ne vous suivent pas.

Ce que vous emportez avec vous, ce sont les compétences qui ont rendu ces réalisations possibles : votre capacité à apprendre, à respecter les délais ou à surfer sur l'Internet, votre clairvoyance, votre persuasion et toutes les compétences qui font de vous un gagnant.

Les interviewers expérimentés s'intéressent non seulement à ce que vous avez fait mais aussi à la façon dont vous l'avez fait dans le but d'identifier vos compétences.

Certains vous poseront des questions sur la réaction que vous avez eue dans un cas précis. Par exemple : *Souvenez-vous d'un jour où votre supérieur vous a confié un nouveau projet alors que vous faisiez des efforts démesurés pour terminer dans les temps celui que vous aviez en cours. Qu'avez-vous fait ?*

D'autres opteront pour une mise en situation directe : *Vous contrôlez une machine de traitement du pétrole afin de maintenir le débit de production et soudain le système tombe en panne. Que faites-vous ?*

D'autres encore testeront vos compétences par des moyens détournés en vous posant des questions du genre : *Comment vous comporteriez-vous avec un patron difficile ?*

Pour vous en sortir, entraînez-vous à reconnaître les questions destinées à identifier vos compétences.

Répondez aux questions sur vos compétences

Racontez des anecdotes (voir chapitre 2) pour répondre en détail aux questions sur vos compétences. Ne négligez pas l'importance des compétences sociales et relationnelles. Prenez le temps de convaincre l'interviewer de votre aptitude à vous entendre avec les autres.

PAROLES D'EXPERTS

L'importance des qualités personnelles dans les emplois techniques

« Avoir de bonnes relations avec les autres » et « s'adapter facilement à un nouvel environnement » sont des qualités que le personnel technique doit lui aussi cultiver. Une fois que les qualifications techniques d'un candidat sont établies, ce sont la personnalité, le comportement et la capacité à s'intégrer dans une nouvelle équipe qui font la différence. L'organisation, la coopération et la facilité à communiquer sont essentielles dans toutes les professions.

Reprenons la question : *Comment vous comporteriez-vous avec un patron difficile ?* Voici une réponse possible, illustrée par un exemple concret, qui donnera de vous l'image d'une personne sensée et consciencieuse :

> *Tout d'abord, je m'assurerais que le problème ne vient pas de moi. Ensuite, je lirais quelques ouvrages sur la meilleure façon de travailler avec des personnes difficiles. Je n'ai jamais eu de problème avec mes anciens supérieurs, mais j'ai parfois dû faire preuve de tact.*
>
> *Lors de l'informatisation de mon service, mon précédent patron et moi avons eu un désaccord au sujet du logiciel à acheter. Après avoir fait des recherches approfondies, j'ai rédigé un rapport concis à l'attention de mon patron. En se basant sur mes recherches, celui-ci a finalement décidé d'acheter le logiciel que je lui avais recommandé.*

Cette réponse est axée autour de la recherche mais souligne aussi des qualités telles que la patience et le respect de la hiérarchie.

Questions

Les questions suivantes sont assez générales. Lors d'un entretien, attendez-vous à être interrogé de façon plus directe sur votre carrière.

Ces questions vous rappelleront sans doute celles du chapitre 14. Cela dit, celles-ci avaient pour but d'évaluer vos qualités en tant qu'être humain alors que celles de ce chapitre visent vos compétences. Si vous les confondez, cela n'a aucune importance puisque votre objectif est le même en toutes circonstances : vous vendre le mieux possible.

Quel est le problème le plus complexe auquel vous ayez été confronté au cours de votre carrière ?

Comment faire un carton

- Décrire l'une de vos réalisations, les compétences auxquelles vous avez dû faire appel et les résultats que vous avez obtenus.
- Faire le lien entre ces compétences et les exigences du poste visé.

Comment faire un flop

- Décrire un problème qui n'a abouti à aucune réalisation.

Qu'est-ce qui vous plaît le moins dans les recherches ?

Comment faire un carton

- Expliquer que, soucieux de faire des recherches approfondies, vous n'êtes jamais sûr d'avoir réuni toutes les informations nécessaires.

Comment faire un flop

- Dire que vous n'aimez pas faire des recherches ou que, si le sujet ne vous intéresse pas, cette tâche vous ennuie au plus haut point.

Êtes-vous doué pour les présentations orales ?

Comment faire un carton

- Expliquer comment vous vous préparez et donner des exemples précis de présentations réussies.

Comment faire un flop

- Dire que vous n'en faites jamais parce que vous êtes terrorisé à l'idée de parler en public.

Comment évaluez-vous votre communication écrite par rapport à votre communication orale ?

Comment faire un carton

- Répondre que ces deux compétences sont aussi importantes l'une que l'autre dans le monde du travail et que, si vous êtes plus à l'aise à l'écrit/l'oral, vous faites des efforts pour être efficace sur les deux tableaux.

Comment faire un flop

- Dire que vous êtes meilleur à l'écrit qu'à l'oral ou inversement et en rester là.

Comment gérez-vous l'imprévu sur votre lieu de travail ?

Comment faire un carton

- Dire que vous revoyez immédiatement vos priorités.
- Donner des exemples de circonstances dans lesquelles vous avez bouclé un projet à temps malgré des complications imprévues.

Comment faire un flop

- Répondre que vous continuez à faire ce que vous étiez en train de faire jusqu'à ce que vous ayez terminé.
- Donner un exemple d'événement imprévu qui s'est transformé en désastre.

Comment organisez-vous votre temps ?

Comment faire un carton

- Montrer comment vous procédez (en faisant des listes, par exemple) et expliquer ce qu'il vous est arrivé de faire pour terminer à temps plusieurs tâches à la fois.
- Raconter une journée type de votre précédent emploi.

Comment faire un flop

- Dire que vous ne gérez pas plus d'une tâche à la fois ou que vous faites les choses comme elles viennent.

Comment déléguez-vous vos responsabilités ?

Comment faire un carton

- Répondre que vous impliquez tout le monde dans le projet d'ensemble.
- Décrire des projets que vous avez menés à bien avec succès grâce à un travail en équipe.

Comment faire un flop

- Entrer dans les détails sans faire part de votre approche globale.
- Avouer que vos collaborateurs vous ont laissé tomber.

Quelle est votre expérience en matière de projet de groupe ?

Comment faire un carton

- Décrire un projet en mentionnant les objectifs du groupe et vos responsabilités propres.
- Mettre l'accent sur la qualité de vos relations avec vos collaborateurs et le chef d'équipe.

Comment faire un flop

- Ne pas identifier vos responsabilités.
- Critiquer vos collaborateurs.

Pourquoi devrais-je vous recruter ?

Comment faire un carton

- Faire un panorama de la société, du secteur et du poste en fonction de vos recherches.
- Expliquer en quoi vos compétences correspondent aux exigences du poste et insister sur le petit plus qui vous distingue des autres candidats.
- Mentionner vos réalisations et les compétences qui les ont rendues possibles. Décrire aussi votre expérience et votre formation.
- Vous montrer sûr de vous et enthousiaste.

Comment faire un flop

- Laisser entendre que vous n'avez pas fait de recherches et ne pas mettre vos compétences en parallèle avec les exigences du poste.
- Donner l'image d'un candidat quelconque, ennuyeux, qui manque d'assurance et ne fournit aucune bonne réponse.

Chapitre 17

Questions sur votre expérience

Dans ce chapitre :

- Reconnaître les questions destinées à évaluer votre expérience
- Adapter vos réponses aux besoins de l'employeur
- Anticiper les questions

Dans *Les Aventuriers de l'arche perdue*, film d'aventure culte, Marion Ravenwood (**Karen Allen**), qui n'a pas vu Indiana Jones (**Harrison Ford**) depuis longtemps, lui dit qu'il n'est plus l'homme qu'elle a connu il y a dix ans. La réplique d'Indy est habile :

Le temps ne fait rien à l'affaire, c'est le kilométrage.

C'est la même chose en ce qui concerne l'expérience. Vous pouvez avoir dix ans d'expérience formatrice ou un an d'expérience et neuf ans de routine. Une expérience solide confirme votre qualification aux yeux de l'interviewer.

Faites un exposé pertinent de votre expérience

Ce n'est pas en faisant une description exhaustive de votre expérience et de vos succès que vous impressionnerez votre employeur potentiel. Vous devez faire le lien entre votre profil et celui du poste – montrer en quoi votre expérience et vos réalisations font de vous le candidat idéal pour le poste.

Que faire si vous n'avez aucune expérience ?

- Vous pouvez essayer de compenser votre manque d'expérience par votre détermination, votre volonté de travailler et votre désir d'apprendre.
- Mais je vous conseille de montrer que, malgré les apparences, vous avez l'expérience requise. Vous avez pu acquérir cette expérience au cours de jobs d'étudiant, de stages, d'une formation particulière, d'activités sur le campus ou d'un bénévolat au profit d'une association à but non lucratif. Exprimez-vous en termes de compétences transférables (voir mon livre *Les Lettres d'accompagnement pour les Nuls*).

Qualifié mais discret et timide

Certaines personnes, pourtant qualifiées, sont très réservées à l'entretien et semblent introverties. Est-ce votre cas ?

Dans son livre *Comment trouver un emploi et se faire embaucher*, Martin Yate propose une solution pour contourner ce problème. Il affirme qu'en tendant le bras de l'autre côté du bureau pour donner des exemples de travaux, des graphiques et des rapports à l'interviewer, vous incitez celui-ci à vous poser des questions. Cette technique facilite la discussion et vous évite de rester immobile, l'air contraint.

Que vous ayez peu ou beaucoup d'expérience, l'employeur souhaite que vous continuiez à apprendre et à évoluer au sein de sa société. Aussi, lorsque vous répondez aux questions sur l'expérience, montrez que vous avez su vous adapter aux besoins des différentes sociétés pour lesquelles vous avez travaillé.

Donnez toujours des exemples de votre expérience et de vos réalisations. Ce n'est pas avec une liste interminable de responsabilités que vous parviendrez à convaincre l'employeur mais avec des résultats.

Que faire si vous ne comprenez pas une question ? Ne soyez pas intimidé. Demandez des éclaircissements – *Je ne suis pas sûr de comprendre votre question, pourriez-vous la reformuler ?*

Questions

Voici quelques questions que l'on pourra vous poser sur votre expérience professionnelle, suivies des réponses possibles et des erreurs à ne pas commettre.

Quel genre d'expérience avez-vous ?

Comment faire un carton

- Vous informer avant de répondre : demander sur quels projets vous serez amené à travailler au cours des six premiers mois. Appliquer votre expérience à ces projets en expliquant comment vous les réaliseriez.
- Donner des exemples de projets similaires que vous avez menés à bien avec succès en insistant sur les résultats.
- Montrer comment certaines compétences transférables acquises dans un cadre n'ayant rien à voir avec le poste (job de serveur ou gestion d'un club) peuvent être utilisées pour la réalisation de ces projets.

Comment faire un flop

- Dire que vous n'avez aucune expérience et en rester là.
- Montrer que votre expérience va au-delà des exigences du poste, à moins d'être sûr que c'est un plus.

D'après vous, quelles sont les responsabilités d'un (votre titre) ? En quoi votre fonction a-t-elle changé depuis que vous travaillez dans ce secteur ?

Comment faire un carton

- Préciser que les intitulés de poste varient d'une société à l'autre et que votre réponse se base uniquement sur votre propre expérience.
- Faire correspondre les responsabilités de la fonction avec les besoins de l'employeur en termes de rentabilité et de bénéfices.

- Décrire dans les grandes lignes les changements qui ont eu lieu au sein de votre poste au fil des ans – le but étant de montrer que vous vous êtes rendu compte de ces changements.
- Demander si vous avez omis des responsabilités importantes, au cas où le profil du poste ne serait pas défini de la même façon que chez votre ancien employeur. Si c'est le cas, montrer comment vous avez géré ces responsabilités manquantes dans le cadre d'autres postes.

Comment faire un flop

- Omettre d'importantes responsabilités (une formation serait nécessaire).

Au bout de combien de temps pensez-vous être opérationnel ?

Comment faire un carton

- Demander à l'interviewer quelles sont les tâches que vous devrez effectuer en priorité et vous concentrer sur un projet précis.
- Montrez à l'aide d'exemples précis comment vous avez été rapidement opérationnel dans vos fonctions et entreprises antérieures.
- Expliquer étape par étape combien de temps il vous faudra pour vous mettre dans le bain – le plus tôt sera le mieux.
- Décrire comment vous vous y prendrez pour réaliser le projet en étant réaliste, mais optimiste, dans votre estimation du temps nécessaire à votre adaptation.

Comment faire un flop

- Répondre que vous serez opérationnel dès le premier jour, à moins de ne pouvoir le prouver.
- Répondre que vous ne serez pas opérationnel avant au moins quatre mois, à moins que le poste soit complexe et nécessite effectivement une période d'adaptation supérieure à trois mois.

Quelles sont vos qualifications ?

Comment faire un carton

- Demander à l'interviewer de préciser sa question : s'intéresse-t-il à vos qualifications universitaires ou professionnelles ?
- Demander quels seront les projets que vous devrez mener à bien ou les problèmes auxquels vous serez confronté.
- Décrire vos compétences, universitaires ou professionnelles, et identifier parmi les projets que vous avez réalisés par le passé ceux qui vous qualifient pour exécuter avec succès les projets mentionnés.

Comment faire un flop

- Partir du principe que vous connaissez la réponse qu'attend l'employeur et la livrer sans demander plus de précisions.

Décrivez un problème difficile auquel vous avez été confronté. Avez-vous déjà dû prendre des mesures disciplinaires à l'encontre d'un employé ? Avez-vous eu des relations tendues avec un collègue ? Comment avez-vous réagi ? Avez-vous déjà dû licencier quelqu'un ?

Comment faire un carton

- Décrire votre processus de résolution de problèmes.
- Expliquer comment vous recueillez des informations avant de prendre une décision.
- Décrire un problème auquel vous avez été confronté (conflit, discipline, licenciement) et expliquer comment vous l'avez résolu.
- Préciser que vous vous êtes conformé à la politique de votre société et que vous avez toujours agi avec tact.
- Dire que vous savez prendre vos responsabilités quand il le faut, après dialogue, avec respect pour les personnes mais avec souci de défendre les intérêts et les règles de l'entreprise.

Comment faire un flop

- Parler d'un jour où vous avez pris une décision hâtive ou impulsive.
- Insister sur la difficulté de la situation ou rejeter la faute sur les autres.

Parlez-moi d'une situation dans laquelle vous avez dû faire passer les besoins d'un collègue avant les vôtres.

Comment faire un carton

- Parler du travail d'équipe et dire qu'il est important de pouvoir compter sur ses collègues.
- Donner un exemple précis montrant que vous n'avez pas été le seul à fournir des efforts.
- Expliquer comment votre aide a permis à votre collègue d'effectuer sa tâche ou comment vous avez pu, malgré votre intervention, terminer la vôtre dans les temps. (Si vous avez fait les deux à la fois, dites-le.).

Comment faire un flop

- Vous contenter de dire que cela vous arrive régulièrement.

Comment vous préparez-vous à vos discours ou à vos présentations ?

Comment faire un carton

- Expliquer votre méthode étape par étape.
- Donner un exemple précis.
- Décrire les résultats positifs de votre discours ou de votre présentation.
- Si vous n'avez jamais fait de discours ou de présentation, souvenez-vous d'un jour où vous avez essayé de convaincre votre patron ou vos collègues de faire quelque chose. Montrez comment vous vous êtes préparé et comment vous avez fait passer vos idées grâce à de bonnes qualités de communication.

Comment faire un flop

- Dire que vous n'avez jamais fait de discours ni de présentation.

D'après votre expérience, quels sont les problèmes posés par le travail en équipe ?

Comment faire un carton

- Raconter votre expérience en tant que chef d'équipe ou membre d'une équipe.
- Présenter le travail en équipe comme une évolution positive du monde du travail.
- Décrire un aspect négatif insignifiant du travail en équipe et montrer comment celui-ci peut être géré. (Lisez des livres et des articles de presse sur le travail en équipe pour connaître la terminologie en vogue sur ce thème.).

Comment faire un flop

- Dire que vous avez toujours préféré travailler seul ou laisser les membres de votre équipe régler leurs problèmes entre eux.

Pour le moment, votre expérience ne correspond pas exactement à nos besoins, n'est-ce pas ?

Comment faire un carton

- Répondre que si (si c'est le cas). Montrer que vos compétences sont transférables et que votre expérience dans d'autres domaines vous sera utile.
- Insister sur votre volonté d'apprendre.
- Dire que vos habitudes de travail vous aideront à effectuer votre tâche de façon efficace.

Comment faire un flop

- Confirmer en souriant et ne rien faire pour compenser votre manque d'expérience – à moins que le poste ne vous intéresse plus.

Avez-vous déjà travaillé sans la moindre directive ? Avez-vous dû prendre des décisions importantes en l'absence de votre supérieur ?

Comment faire un carton

- Décrire votre processus de prise de décision en montrant que vous ne cédez pas à la panique.
- Dire que vous êtes à la fois autonome et prêt à suivre les directives de vos supérieurs ou à demander de l'aide en cas de besoin.
- Parler d'une décision que vous avez prise en l'absence de votre supérieur. Mieux encore, raconter qu'il vous est arrivé d'anticiper les besoins de votre société et de prendre une bonne initiative.

Comment faire un flop

- Vous plaindre d'avoir dû prendre seul une décision qui s'est avérée inappropriée.

Vous est-il déjà arrivé de faire une erreur de jugement ? Comment auriez-vous pu éviter cette erreur ?

Comment faire un carton

- Donner un exemple précis mais sans gravité.
- Décrire les leçons que vous en avez tirées en ce qui concerne votre façon de prendre des décisions et de résoudre les problèmes.
- Recentrer ensuite la discussion sur vos réalisations positives et vos bonnes décisions.

Comment faire un flop

- Parler d'une erreur qui a coûté cher à votre employeur.
- Rejeter la faute sur quelqu'un d'autre.
- Répondre que vous n'avez jamais fait d'erreur de jugement.

Vos décisions ont-elles déjà été mises en cause par l'un de vos supérieurs ? Comment avez-vous réagi ?

Comment faire un carton

- Donner un exemple de décision que vous avez prise après avoir fait les recherches nécessaires.
- Expliquer que, malgré vos recherches, vous étiez ouvert aux suggestions et aux commentaires.
- Montrer que vous acceptez la remise en question de vos décisions.

Comment faire un flop

- Accuser votre supérieur.
- Déclarer que de toute façon vous aviez raison.

Chapitre 18

Questions sur votre formation et vos stages

Dans ce chapitre :

- Pour les as : prouver votre adaptabilité et la mise à jour de vos compétences
- Pour les débutants : insister sur vos diplômes
- Appliquer vos connaissances à l'entretien de recrutement

Nous travaillons dans une économie basée sur la connaissance et le savoir-faire. Par conséquent, la formation et les stages doivent constituer la base de votre argumentaire à un entretien de recrutement.

À un moment ou à un autre, l'interviewer va vous poser des questions directes sur votre formation.

Vos réponses seront plus éloquentes que les simples faits. Ce que vous allez dire renseignera l'interviewer sur votre processus de prise de décision, vos valeurs, votre capacité à vivre avec votre temps et votre désir de vous adapter à un univers technologique en constante évolution.

Pour les as : tout miser sur l'adaptabilité

Si vous avez obtenu votre diplôme avant la généralisation de l'informatique, l'interviewer se concentrera probablement sur votre expérience professionnelle. Mais il n'omettra pas pour autant de vous interroger sur votre formation et sur vos stages. Son objectif est de savoir si vous avez rouillé ou si vous êtes prêt à vous adapter en faisant l'effort d'acquérir de nouvelles compétences.

La formation peut prendre plusieurs formes. Outre vos études à l'université, en IUT, dans une grande école ou autre, vous pouvez mentionner d'autres éléments formateurs. Par exemple :

- Stages de formation proposés par votre employeur (décrivez ce que vous avez appris lors de ces stages)
- Revues professionnelles que vous lisez régulièrement
- Conférences ou séminaires auxquels vous avez assisté récemment ou avez l'intention d'assister
- Stages d'informatique (utilisez le jargon informatique pendant l'entretien).

Quelles que soient les questions que l'interviewer vous pose sur votre formation, faites preuve de flexibilité : vous savez que vous ne travaillerez pas demain de la même façon qu'hier. Vous avez suivi les nouvelles tendances et l'évolution générale de votre secteur tout au long de votre carrière – et vous avez la ferme intention de continuer à apprendre.

Le manque de diplôme

Ne mentez jamais sur vos diplômes. Des études montrent que les candidats qui prétendent avoir un diplôme qu'ils n'ont pas sont souvent démasqués.

PAROLES D'EXPERTS

Cela ne veut pas dire que vous devez d'emblée annoncer que vous n'avez pas la formation requise. Si vous n'avez pas le diplôme adéquat, montrez l'aspect formateur de votre expérience et de vos compétences. Parlez de compétences basées sur l'expérience et insistez sur vos efforts pour apprendre par vous-même. Montrez que votre manque de diplôme ne vous empêchera pas de faire le travail correctement – puisez dans votre expérience des exemples précis prouvant cet argument.

Utiliser l'expérience comme formation n'est pas toujours efficace. Dans certains domaines, comme le secteur médical, le diplôme est indispensable. Mais cette technique peut éviter le rejet de votre candidature lorsque le diplôme n'est qu'un simple moyen de sélection.

Bien sûr, vous pouvez aussi combler le déficit de formation qui vous empêche de vous orienter vers la carrière qui vous intéresse. Si vous vous êtes inscrit à l'université, dites clairement à l'interviewer que vous n'avez pas encore le diplôme requis mais que vous l'aurez bientôt.

Mon expérience dans la vente compense largement mon manque de diplôme en marketing (donnez plusieurs exemples montrant que vous savez de quoi vous parlez). Cependant, je comprends que vous attachiez beaucoup d'importance au diplôme. Aussi, je tiens à vous dire que je me suis inscrit à l'université et que je passerai ce diplôme en 200X. Je mets donc à votre disposition une expérience solide et une connaissance théorique très actuelle.

Que faire si le manque de diplôme reste néanmoins un obstacle ? Il vous reste trois solutions :

- **Persévérez**. Poursuivez votre recherche d'emploi en visant des PME qui n'ont pas de service des ressources humaines – le personnel de ce service a pour but d'exclure les candidats qui ne remplissent pas tous les critères. Sachez aussi que les PME utilisent beaucoup moins les systèmes de présélection informatique basés sur la recherche par mot clé – si l'intitulé du diplôme fait partie des mots clés, votre candidature n'est pas prise en compte.
- **Visez le court terme**. Optez pour les missions d'intérim ou les CDD. Une fois que vous aurez fait vos preuves, les employeurs seront davantage enclins à vous offrir un emploi durable.
- **Passez le diplôme requis**. Cherchez un emploi alimentaire et inscrivez-vous à un programme d'enseignement à distance pour obtenir le diplôme requis.

Le câblage de la tour d'ivoire

Vous pouvez tout à fait prendre des cours et même obtenir un diplôme tout en travaillant. Les universités publiques et privées du monde entier se lancent à la conquête du cyberespace. Les experts estiment à 1 million le nombre d'Internautes qui suivent une formation en ligne.

L'enseignement à distance, notamment par l'Internet, ne cesse de se développer.

Il existe aussi de nombreuses possibilités de formation continue sanctionnée par un diplôme, notamment via le Fongecif, ou des opportunités d'apprentissage par e-learning.

Le CNED (Centre national d'enseignement à distance), établissement public de l'Éducation nationale, propose un enseignement à distance de toutes les matières dans l'ensemble de la France et du monde francophone. Aujourd'hui, avec son « campus électronique », il met à la disposition des adultes actifs et des étudiants un service de télé-formation sur l'Internet.

Les établissements privés ne sont pas à la traîne. Utilisez les moteurs de recherche pour découvrir leurs site de télé-formation.

En tant que demandeur d'emploi, vous vous demandez sans doute quelle est la valeur d'un diplôme en ligne. L'apprentissage à distance est-il aussi reconnu que l'apprentissage dans les écoles ? Tout dépend de l'organisme et de la formation que vous choisissez. Les programmes de télé-formation ne sont pas de qualité égale. Mais au fur à mesure que la tendance s'affirme, celle-ci s'améliore et les employeurs seront de plus en plus amenés à recruter des candidats formés en ligne.

Pour les as : une mise à jour s'impose

Si vos études sont loin derrière vous, ne vous endormez pas sur vos lauriers. Pour rester compétitif sur le marché de l'emploi, vous devez constamment mettre vos compétences à jour. Restez vigilant, la formation est l'affaire de toute une carrière.

Questions

Que faites-vous pour rester compétitif ? Comment améliorez-vous vos performances ?

Comment faire un carton

- Mentionner votre participation à divers séminaires, meetings, groupes de discussion sur l'Internet et votre adhésion à certaines associations professionnelles.
- Répondre que vous lisez les revues professionnelles de votre secteur, que vous vous intéressez aux avancées technologiques et, éventuellement, que vous vous apprêtez à passer un diplôme sanctionnant votre formation.
- Décrire les stages que vous avez effectués.

Comment faire un flop

- Dire que vous restez à la page sans en apporter la preuve.
- Marmonner d'un air embarrassé que vous envisagez de suivre une formation prochainement.

Quelle importance attachez-vous aux diplômes ?

Comment faire un carton

- Répondre que, lorsqu'ils s'accompagnement d'une expérience solide, les diplômes sont très utiles.
- Ajouter que les diplômes sont essentiels mais que l'apprentissage doit se poursuivre dans la vie active.
- (Si vous n'avez pas de diplôme) Affirmer que les qualités humaines et les compétences sont aussi importantes que la formation et que votre parcours prouve que vous avez les moyens de réussir.
- Dire que vous préférez laisser vos réalisations professionnelles et vos qualités interpersonnelles parler pour vous.

Comment faire un flop

- Dévaloriser la formation. Dire que les diplômes sont surévalués.

Q Je vois que vous avez suivi une formation en ligne. Pensez-vous en avoir retiré autant de bénéfices que si vous aviez suivi un enseignement traditionnel ?

Comment faire un carton

- Être positif et répondre que, ce qui compte, c'est ce que vous savez et non où vous l'avez appris.
- Dire que votre programme a été conçu par les meilleurs experts de votre domaine. Mentionner toute distinction reçue dans le cadre de votre formation en ligne.
- Faire remarquer que, d'après les enseignants, les personnes qui choisissent la télé-formation sont souvent plus motivées que les étudiants des campus. Montrer que votre expérience personnelle va dans ce sens.
- Ajouter que cette méthode vous a permis de développer considérablement vos compétences en informatique.
- Dire que ceci demande une grande discipline d'organisation et prouve un grand mérite personnel.

Comment faire un flop

- Expliquer en vous excusant que l'enseignement à distance était la seule façon pour vous de concilier le travail et les études.

Pour les débutants : une formation récente mais peu d'expérience

Faire des études, c'est une chance mais ce n'est pas tout.

Vous devez savoir ce que vous voulez faire et tout mettre en œuvre pour y parvenir. Votre formation doit s'inscrire dans un projet à plus long terme, c'est-à-dire vous préparer au job de vos rêves.

Si possible, présentez votre formation sous forme d'expérience professionnelle.

Cela vous paraît peut-être difficile mais réfléchissez à tout ce que vous avez appris à faire au cours de vos études :

Itinéraire d'un jeune diplômé courageux

Un conseil en carrière m'a raconté cette histoire concernant son fils (dont le prénom est ici modifié) :

Antoine a obtenu son diplôme sans mention parce qu'il a travaillé pour financer ses études. Il était intéressé par un poste d'ingénieur dans une certaine société et le recruteur de cette société devait justement se rendre sur le campus pour faire passer un entretien aux diplômés avec mention. Antoine s'est tout de même inscrit sur la liste, en dernière position, afin que le recruteur ne l'évince pas rapidement pour passer au candidat suivant.

Il s'attendait à ce que le recruteur lui fasse remarquer qu'il n'avait pas de mention mais, après avoir dit qu'il avait travaillé plus de quarante heures par semaine, il a pu décrire toutes les expériences qu'il avait accumulées. Le recruteur, impressionné, lui a confié qu'il avait lui aussi travaillé pendant ses études et qu'il savait à quel point c'était difficile. Antoine a été recruté et cela fait quinze ans qu'il travaille dans cette société.

- Vous avez appris à respecter les délais et à appliquer vos connaissances théoriques au fil des ans.
- Vous avez probablement fait au moins une présentation. Vous savez préparer un exposé et communiquer un message à un groupe de personnes.
- Vous avez également pris l'habitude de travailler selon un calendrier précis et vous savez donc gérer votre temps.
- Parlez de votre travail de fin d'études ou de votre mémoire.

Ne négligez pas ces expériences essentielles.

Questions

Voici quelques exemples de questions qui peuvent vous être posées au sujet de votre formation et de vos stages.

Pourquoi avez-vous choisi (nom de l'école/université) ? Quels facteurs ont influencé votre choix ?

Comment faire un carton

- Décrire le type d'établissement que vous recherchiez.
- Donner au moins quatre raisons expliquant votre choix : par exemple, orientation du programme, réputation de l'école, possibilité de faire de la recherche, programmes européens destinés aux étudiants.

Comment faire un flop

- Dire que vous avez choisi cet établissement parce que la vie étudiante y est palpitante ou parce que votre meilleur ami y était inscrit aussi.
- Avouer que vous avez fait une erreur en choisissant cet établissement.

Pourquoi avez-vous choisi cette filière ? Quels facteurs ont influencé votre choix ?

Comment faire un carton

- Dire que vous avez fait votre choix en fonction de vos objectifs de carrière.
- Montrer votre désir d'acquérir un savoir-faire et d'apprendre à raisonner, à vous informer, à communiquer. Mentionner vos stages en entreprise, vos formations diverses et vos activités extra-scolaires.
- Décrire vos principaux stages et montrer en quoi ils vous seront utiles pour remplir efficacement vos fonctions.
- Prouver que votre choix était logique par rapport à vos centres d'intérêt et à vos aptitudes.

Comment faire un flop

- Donner une réponse vague et parler pour ne rien dire.
- Vous plaindre de votre formation.

En quoi votre formation vous a-t-elle préparé à ce poste (poste visé) ?
Que vous a-t-elle apporté ? En quoi vous a-t-elle permis de remplir vos fonctions actuelles ?

Comment faire un carton

- Donner des exemples de compétences et d'aptitudes que vous avez acquises au cours de votre formation et que vous pouvez transférer au poste.
- Insister sur le fait que votre formation vous a permis d'acquérir des compétences professionnelles mais aussi préparé à en acquérir d'autres tout au long de votre carrière.
- Mentionner les cours d'informatique que vous avez pu suivre.
- Décrire vos diverses expériences en matière de leadership et expliquer comment vous pourrez vous en inspirer.
- Décrire les activités au cours desquelles vous avez travaillé en équipe et montrer en quoi elles vous seront utiles.
- Dire que votre formation vous a ouvert l'esprit et offert de nouvelles perspectives.
- Donner des exemples de problèmes professionnels que vous avez résolus grâce à votre formation.
- Vous montrer enthousiaste quant à vos études et à votre future carrière.

Comment faire un flop

- Donner des réponses vagues.
- Faire la liste des matières que vous avez étudiées (à moins que l'interviewer ne vous le demande).

Avez-vous obtenu votre diplôme avec mention ? Vos résultats reflètent-ils votre parcours universitaire ? Reflètent-ils la performance que vous réaliserez à ce poste ?

Comment faire un carton

- Le cas échéant, donner de bonnes raisons pour ne pas avoir obtenu de mention. Par exemple, vous avez dû travailler pour financer vos études. Si vous visez un poste auquel vous serez en contact avec d'autres personnes, répondre que vous avez consacré beaucoup de temps aux associations dont vous faisiez partie sur le campus.
- Préciser que vos résultats se sont considérablement améliorés au cours des deux dernières années. Expliquer les raisons de cette amélioration.
- Montrer que vos résultats se sont améliorés au fur et à mesure que vous avez pris de bonnes habitudes de travail.
- Si vous avez d'excellents résultats, prouver que votre formation va au-delà du cadre universitaire. Décrire vos activités extra-scolaires et ce qu'elles vous ont appris.
- Indiquer que le succès tant universitaire que professionnel requièrent aussi des qualités personnelles. Citer les éléments de votre personnalité qui vous ont permis de réussir.
- Donner des exemples de votre succès lors de stages en entreprise indépendamment de vos résultats universitaires.
- Mentionner les facteurs communs qui existent entre de bons résultats universitaires et le succès professionnel, comme l'organisation, la définition de priorités et le respect des objectifs.

Comment faire un flop

- Rejeter la responsabilité de la médiocrité de vos résultats sur les autres.
- Avouer vos faiblesses à moins que vous ne puissiez démontrer que vous les avez surmontées.
- Donner de fausses excuses pour justifier vos résultats.

- Affirmer que les résultats universitaires ne sont pas importants ou être sur la défensive.

Quelles ont été vos activités extra-scolaires ? Avez-vous occupé un poste à responsabilités ? Pourquoi n'avez-vous pas fait davantage d'activités ?

Comment faire un carton

- Parler d'activités orientées vers un objectif précis ou réalisées en groupe plutôt que de simples loisirs.
- Décrire vos responsabilités, votre travail en équipe et votre motivation. Dire en quoi ce genre d'expérience vous sera utile sur le plan professionnel.
- Décrire les compétences que vous avez acquises au cours de vos activités et les mettre en parallèle avec les exigences du poste.
- Répondre que vous n'avez pas fait davantage d'activités parce que vous aviez beaucoup de travail à l'université.
- Si vous n'avez fait des activités que tardivement, dire que vous regrettez de ne pas en avoir fait plus tôt car la vie associative vous a beaucoup appris.
- Mentionner toutes les fonctions auxquelles vous avez été élu au sein d'organismes et d'associations.
- Parler des Juniors-Entreprises ou de votre activité au sein du BDE (Bureau des élèves).

Comment faire un flop

- Vous présenter comme un militant activiste (vous pourriez semer le trouble dans l'entreprise).
- Vous étendre sur votre appartenance à un parti politique ou à un mouvement religieux (vous pouvez en parler pour décrire une expérience qui vous sera utile pour remplir vos fonctions mais n'allez pas plus loin).
- Paraître complètement désintéressé.

Si vous pouviez tout recommencer, changeriez-vous d'université/de filière ? Qu'est-ce qui vous a déplu dans vos études ?

Comment faire un carton

- Répondre que vous avez fait le bon choix et expliquer pourquoi.
- Dire que les études ne se limitent pas aux cours et à la vie étudiante. Elles constituent une bonne base pour relever des défis et continuer à apprendre.
- Assurer que tout vous a plu dans vos études – excepté les frais qu'elles entraînent. Vous avez un prêt étudiant à rembourser et vous êtes impatient de travailler pour l'éponger.

Comment faire un flop

- Faire un bilan négatif de vos études ou de l'université en général.
- Admettre que vous avez pris une mauvaise décision.

Estimez-vous que votre formation vous a bien préparé à votre carrière ?

Comment faire un carton

- Répondre que votre formation était essentiellement théorique mais que, dans l'ensemble, elle vous a très bien préparé.
- Montrer que vous avez compensé votre manque d'expérience sur le terrain par des stages en entreprise, des jobs d'étudiants et des activités bénévoles sur le campus ou au sein d'associations à but non lucratif.

Comment faire un flop

- Assurer que vous êtes tout à fait prêt à démarrer une brillante carrière – vous pourriez être vice-président de France Télécom dès demain.

Quels sont les cours qui vous ont le plus intéressé et ceux qui vous ont le moins intéressé ?

Comment faire un carton

- Citer parmi vos cours préférés ceux dans lesquels vous avez obtenu les meilleurs résultats ou qui sont le plus directement liés au poste.
- Citer parmi les cours qui vous ont le moins intéressé, ceux qui ne sont pas directement liés au poste ; éviter de parler des cours dans lesquels vous n'avez pas obtenu de bons résultats.
- Expliquer ce qui vous a plu ou déplu dans ces cours (contenu ou enseignement).

Comment faire un flop

- Décrire les cours dans lesquels vous n'avez pas réussi.
- Dire que vous n'avez pas aimé un cours parce que vous n'aviez pas de bons résultats.

Chapitre 19

Questions sur votre âge

Dans ce chapitre :

- Lutter contre les préjugés ; mettre vos atouts en avant
- Donner une bonne image à tout âge
- Éviter les stéréotypes
- Esquiver les questions visant à déterminer votre âge

Trop jeune ou trop vieux ? L'âge hante notre culture. Un mannequin est considéré comme âgé à 38 ans tandis qu'un sénateur de 42 ans est jugé très jeune.

Les candidats situés dans la tranche d'âge moyenne – disons entre 25 et 50 ans – sont rarement interrogés sur des sujets liés à leur âge. Mais les autres sont la cible de tous les préjugés :

Les jeunes ne savent pas, les personnes âgées ne peuvent plus.

Bien que les employeurs ne soient pas autorisés à poser des questions sur votre âge, certains pensent que cette information est essentielle et tentent d'y avoir accès par des moyens détournés. Cette pratique est évidemment injuste mais si vous êtes jeune diplômé ou près de la retraite, vous ne pourrez pas y échapper.

Combattez les mythes

Vous ne serez pas confronté à la question de l'âge si vous êtes jeune et interrogé par un interviewer jeune. Si l'interviewer et vous êtes tous deux âgés, le problème ne se posera pas non plus ou, du moins, les préjugés n'en seront pas la source.

En revanche, comme nous l'avons vu au chapitre 1, un écart de génération entre les deux acteurs de l'entretien de recrutement fait que l'âge devient un facteur important. Généralement, ce facteur repose sur plusieurs mythes que vous devrez combattre.

Les mythes concernant les jeunes

- Ils n'ont pas assez d'expérience pour faire un travail satisfaisant.
- Ils ne veulent pas commencer au bas de l'échelle.
- Ils ne s'engagent pas.
- Ils ont des connaissances théoriques mais aucune compétence concrète.

Les mythes concernant les seniors

- Ils sont moins productifs que les jeunes.
- Ils sont plus souvent absents que les jeunes.
- Ils sont intransigeants et inflexibles.
- Ils s'en tiennent à leurs compétences de départ et sont incapables d'en acquérir d'autres.
- Ils sont moins motivés que les jeunes.
- Ils sont incapables de s'adapter aux nouvelles technologies et aux nouvelles façons de travailler.
- Ils sont forcément « chers ».

Mettez vos atouts en avant

Si vous venez d'obtenir votre diplôme ou si vous approchez de la retraite, faites le maximum pour combattre ces préjugés.

Commencez par soigner votre image et votre tenue vestimentaire pour faire bonne impression. Lorsque vous apparaissez pour la première fois aux yeux de l'interviewer, montrez-vous professionnel, dynamique et confiant (voir chapitre 5).

Illustrez les aspects positifs de votre âge aussi bien par vos réponses que par votre comportement.

Chaque catégorie d'âge a ses atouts. Sachez mettre les vôtres en avant.

Les atouts des jeunes

- Faciles à former – productifs rapidement
- Acceptent de travailler à des horaires contraignants
- Acceptent d'effectuer des tâches peu attrayantes
- Pas de mauvaises habitudes de travail à perdre
- Capacité d'apprentissage fraîchement acquise pendant les études
- Prétentions salariales moins élevées que les candidats expérimentés
- Idées nouvelles – formation récente
- Grande capacité d'adaptation
- Maîtrise de l'informatique et des nouvelles technologies
- Enthousiasme – pas de candidats blasés.

Comment savoir si l'interviewer vous trouve trop jeune pour le poste ? Soyez attentif aux questions sur votre expérience, votre maturité, votre stabilité ou vos objectifs de carrière.

Répondez à ces questions en donnant des exemples concrets de ce que vous pouvez apporter à la société. Décrivez les réalisations qui illustrent votre valeur en tant que futur salarié.

Surtout, ne considérez pas votre jeunesse comme un inconvénient. Au contraire, soulignez votre approche actuelle du monde du travail, votre énergie, votre bonne connaissance du marché – tout ce dont l'employeur pourra bénéficier grâce à votre jeunesse.

Les atouts des seniors

- Véritable engagement – ne guettent pas l'heure de sortie
- Expérience sur le terrain et compétences spécifiques
- Succès prouvé – informations vérifiables
- Fiabilité – la maturité développe le sérieux
- Stabilité – respectueux de l'éthique professionnelle
- Changements d'emploi moins fréquents que chez les jeunes
- Formation inutile ou succincte
- Taux d'absentéisme moins important que chez les jeunes

- Attentes réalistes
- Reconnaissance envers l'employeur.

Si vous avez plus de 50 ans, essayez de montrer à l'interviewer que vous avez ces atouts. Racontez des anecdotes (voir chapitre 2) qui prouvent ce que vous avancez. Et surtout, donnez de vous l'image d'une personne enjouée et flexible. Associez à cette personnalité rayonnante des exemples concrets de vos compétences et de vos succès. Lors de sa campagne pour les élections présidentielles, le Président américain **Ronald Reagan** alors âgé de 73 ans s'était montré très convaincant : « Je crois que Moïse avait 80 ans lorsque Dieu lui a confié une mission d'intérêt public. »

Évitez les pièges

Même si vous vous efforcez de répondre de façon positive, l'interviewer peut vous juger trop jeune ou trop vieux si vous vous trahissez en tombant dans les pièges typiques de votre tranche d'âge. Soyez vigilant.

POUR LES DÉBUTANTS

- **N'essayez pas de répondre à chaque question le plus rapidement possible** – Maintenez un débit régulier. Réfléchissez avant de répondre et n'hésitez pas à demander des éclaircissements. Si vous ne connaissez pas la réponse à une question, dites-le sincèrement ou demandez si vous pouvez revenir à cette question plus tard
- **Ne minimisez pas l'importance de vos stages et de vos jobs d'étudiants** – Travailler à mi-temps ou pendant l'été alors que vous faites vos études est une preuve de maturité. Donnez des exemples de compétences transférables, comme la gestion du temps.
- **Ne décrivez pas vos jobs d'étudiants de façon négative** – Ne vous plaignez pas d'avoir fait un travail ennuyeux. Tous les débutants commencent par effectuer des tâches routinières que les autres ne veulent plus faire. Sachez rester à votre place pour mieux saisir votre chance le moment venu.
- **Ne demandez pas tout et tout de suite** – Si vous postulez pour un poste d'assistant, ne vous attendez pas à devenir directeur du jour au lendemain. Si l'interviewer vous

interroge sur vos objectifs de carrière, soyez réaliste. Ne parlez pas de management à moins d'en connaître avec précision toutes les responsabilités.

- **Ne regardez pas l'interviewer avec étonnement** – N'ayez pas l'air surpris si l'interviewer est une femme, une personne appartenant à une minorité ou un jeune de vingt ans de moins que vous. Soyez prêt à rencontrer une personne de race, de sexe ou d'âge différent du vôtre.
- **Ne vous excusez pas pour votre âge** – Peu importe votre âge si vous avez les qualifications requises. Ne le présentez pas comme un handicap.
- Évitez les expressions qui révèlent votre âge – Par exemple :
  - Ne dites pas *Quand j'étais jeune* ou *Lorsque j'ai débuté*
  - Ne dites pas *À l'époque* et ne parlez pas du *bon vieux temps*.

Questions pour les débutants

Les questions destinées à évaluer votre âge ne sont généralement pas directes. L'interviewer se renseigne parfois par des moyens détournés.

Cherchez-vous un emploi temporaire ou un emploi à durée indéterminée ?

Comment faire un carton

- Répondre que vous cherchez un emploi à durée indéterminée et expliquer pourquoi (l'employeur craint que vous ne souhaitiez travailler que quelques mois avant de reprendre vos études et ne veut pas vous former pour rien).
- Demander si le contrat proposé est à durée déterminée ou indéterminée.

Comment faire un flop

- Mentir.
- Répondre que vous cherchez un emploi temporaire alors qu'on vous propose un contrat à durée indéterminée.

Comment avez-vous financé vos études ?

Comment faire un carton

- Dire que vous avez travaillé à temps partiel et contracté un prêt étudiant pour financer vos études (vous êtes grand et responsable !).
- Expliquer que ce sont vos parents qui ont financé l'intégralité ou la majeure partie de vos études mais que vous avez optimisé votre parcours universitaire en participant à la vie associative ou à toute autre activité indiquant que vous avez pris votre rôle d'étudiant au sérieux.

Comment faire un flop

- Répondre que ce sont vos parents qui ont financé vos études sans rien ajouter pour prouver votre engagement et votre bonne volonté.

Aimez-vous les tâches routinières et les horaires réguliers ?

Comment faire un carton

- Montrer que vous comprenez l'importance des tâches routinières et des horaires réguliers. Elles sont parfois nécessaires.
- Expliquer en quoi la réalisation consciencieuse de ces tâches routinières vous permettra d'évoluer dans votre carrière.

Comment faire un flop

- Répondre par un simple « Oui » (vous devez être capable d'argumenter votre réponse).
- Répondre « Non ».

Quel type de poste recherchez-vous ?

Comment faire un carton

- Décrire le poste pour lequel vous passez l'entretien.
- Expliquer en quoi ce poste vous aidera à atteindre vos objectifs de carrière.

Comment faire un flop

- Décrire un poste situé bien au-delà de vos compétences et de votre expérience.

Pensez-vous que ce type de travail vous plaira ? Pouvez-vous me décrire le fonctionnement du secteur ?

Comment faire un carton

- Décrire le poste, la société et le secteur en fonction de vos recherches.
- Montrer que vous avez conscience des exigences du poste et de la société et que vous avez la motivation nécessaire pour les satisfaire.

Comment faire un flop

- Dire que vous n'êtes pas sûr que ce travail vous plaise.
- Faire de simples suppositions.

Qu'est-ce qui permet de progresser au sein d'une société ? À votre avis, comment les salariés gravissent-ils les échelons dans cette entreprise ?

Comment faire un carton

- Expliquer que l'avancement est le résultat d'un développement constant des compétences et d'une grande flexibilité.
- Citer parmi les qualités nécessaires pour obtenir de l'avancement celles que vous avez mentionnées à votre sujet.

Comment faire un flop

- Dire que la promotion est un dû après une certaine période d'ancienneté.

Si vous aviez la possibilité de refaire vos études, quelle filière choisiriez-vous et pourquoi ?

Comment faire un carton

- Montrer que vous avez du recul par rapport à vos études. Dire que vous choisiriez la même filière mais avec des options plus utiles pour le poste (informatique, par exemple). Ajouter que les options que vous avez choisies vous ont toutefois permis d'acquérir une certaine maturité.

Comment faire un flop

- Répondre que vous choisiriez une filière qui n'a rien à voir avec le poste.

Questions pour les as

Les questions destinées aux personnes expérimentées peuvent être tout aussi indirectes que celles qui sont posées aux débutants. En voici quelques exemples :

N'êtes-vous pas surqualifié pour le poste ? Ne pensez-vous pas que vous avez trop d'expérience pour être véritablement satisfait par cette fonction ?

Comment faire un carton

- Essayer de découvrir ce qui se cache derrière cette question. L'interviewer pense-t-il que vous êtes surqualifié ou simplement trop âgé ? Est-il convaincu que vous vous ennuierez à ce poste ou que vous demanderez un salaire trop élevé ?
- Dissiper les craintes de l'interviewer en vous montrant positif et enthousiaste.
- Expliquer comment vous pouvez évoluer au sein de ce poste.
- Montrer en quoi votre expérience peut être bénéfique à la société en termes de résolution de problèmes ou d'assistance dans d'autres services.
- Vérifier que l'interviewer comprend ce qui vous qualifie pour le poste.

- Si vous devez travailler avec des jeunes, préciser que votre expérience, votre sérénité, votre stabilité et votre fiabilité leur seront utiles.
- Demander avec tact et sans agressivité : « Qu'entendez-vous par surqualifié ? », « Qu'est-ce qui vous laisse supposer que je suis surqualifié ? » ou « Est-ce mon CV qui vous donne cette impression ? » Identifier les véritables objections de l'employeur et les réfuter.
- Ajouter que vous êtes sûr que vous avez beaucoup à apporter à la société. Donner quelques exemples.

Comment faire un flop

- Admettre que vous êtes surqualifié (si c'est le cas, peut-être est-il préférable que vous cherchiez un autre emploi).
- Réfuter les objections de l'interviewer sans avoir cherché à comprendre ce qu'elles dissimulent.

Quel âge avez-vous ? Quand avez-vous obtenu votre diplôme ?

Comment faire un carton

- Vous inspirer du chapitre 21 pour contourner ce genre de question.

Comment faire un flop

- Frapper l'interviewer avec votre canne à pommeau d'ivoire pour vous avoir posé une question déplacée.

Êtes-vous prêt à faire des heures supplémentaires et à travailler le week-end ?

Comment faire un carton

- Montrer votre bonne volonté et les efforts que vous êtes prêt à faire.
- Utiliser des termes illustrant votre motivation et votre dynamisme.
- Donner un exemple de projet sur lequel vous avez travaillé de longues heures.

Comment faire un flop

- Répondre « Non ».

Pourquoi cherchez-vous du travail alors que vous êtes à la retraite depuis trois ans ?

Comment faire un carton

- Répondre que vous n'avez pas pris votre retraite mais quelques années de repos pour vous ressourcer et vous régénérer.
- Parler de votre vie active de façon positive et montrer que vous êtes impatient de la reprendre.
- Décrire les nombreux projets auxquels vous avez participé pendant cette période intermédiaire.
- Décrire ce que vous pouvez apporter à la société.

Comment faire un flop

- Dire que vous avez besoin d'argent.
- Vous plaindre de vous ennuyer.

L'âge et le salaire : deux obstacles au recrutement des seniors

Un lecteur de ma chronique m'a écrit : « J'ai cherché partout mais je n'arrive pas à trouver un emploi. J'ai 62 ans et je ne suis pas un légume. J'ai besoin de travailler pour vivre. Je ne suis d'ailleurs pas le seul dans ce cas. »

Un autre m'a envoyé le même genre de lettre : « Il est vraiment difficile de trouver un emploi à 63 ans. J'ai dirigé la PME la plus prospère de ma région mais mon entreprise a sombré. Aidez-moi à ne pas me noyer. »

Si les employeurs accordent rarement un entretien à un senior, c'est essentiellement pour des raisons financières. Si vous avez plus de 60 ans, ce que vous pouvez apporter à la société passe au second plan pour lesdites raisons. À qualifications égales, vous ne faites donc pas le poids face aux candidats plus jeunes.

POUR LES AS

L'âge et le salaire : deux obstacles au recrutement des seniors (suite)

La démographie inverse la tendance

Cela étant, la démographie évolue en faveur des seniors, qui souffrent de discrimination sur le marché du travail. Au cours de cette décennie, les baby boomers vont prendre leur retraite mais les jeunes seront trop peu nombreux pour les remplacer. Malgré l'immigration et l'augmentation de la productivité, le manque de main-d'œuvre se profile à l'horizon.

La génération des baby boomers est si imposante que ses membres ont toujours eu une grande influence sur la société – leur entrée dans la tranche des 50-65 ans ne manque pas de nous le rappeler. Tout au long de leur vie, les baby boomers ont marqué le siècle, du développement des universités à la montée en flèche de l'immobilier. Ils représentent une main-d'œuvre importante, qui menace de faire cruellement défaut au sein des générations suivantes. Les employeurs sont donc susceptibles de réviser leur politique qui tend à dévaloriser et à discréditer les seniors.

Le travail temporaire

Comme les découvertes dans le domaine médical, qui semblent toujours arriver trop tard, le manque anticipé de main-d'œuvre ne vous aide pas beaucoup pour le moment. Mais, dans l'immédiat, vous pouvez faire appel aux sociétés d'intérim pour effectuer des missions temporaires. Certains organismes à but non lucratif accueillent également plus volontiers les seniors. Renseignez-vous à votre agence pour l'emploi ou dans votre bibliothèque.

Chapitre 20

Questions pour profils particuliers

Dans ce chapitre :

- Bien gérer les handicaps
- Surmonter un licenciement
- Tirer un trait sur un passé de toxicomane
- Combattre les préjugés sur les préférences sexuelles

Le rôle de l'interviewer est d'obtenir un maximum d'informations sur vous, dans tous les domaines. Certains aspects de votre vie risquent-ils de l'influencer dans le mauvais sens ?

Vous avez occupé le même poste pendant des années sans jamais obtenir aucune promotion ; vous êtes resté longtemps sans travailler ; ou vous avez accumulé toutes sortes d'emplois (l'interviewer risque de vous reprocher de manquer de motivation). Vous subissez une discrimination en raison d'un handicap ou de vos préférences sexuelles. Vous êtes une femme et les employeurs redoutent vos absences ou se demandent si vous pourrez diriger une équipe d'hommes. Personne ne vous fait confiance car vous venez de suivre une cure de désintoxication, ou vous avez été licencié pour faute ou rétrogradé. Vous avez été reconnu coupable d'un crime et vous ne savez pas quoi dire.

Les questions qui touchent à des sujets délicats découragent les demandeurs d'emploi les plus déterminés. Ne laissez pas l'entretien de recrutement anéantir tous les efforts que vous avez faits depuis le début de votre recherche d'emploi.

Travaillez à l'avance sur les sujets qui risquent de vous déstabiliser. Certaines questions apparemment innocentes vous inciteront peut-être à révéler malgré vous des informations qui peuvent vous nuire. D'ailleurs, si vous avez la possibilité de réfléchir avant de répondre à une question anodine, je ne vous conseille pas de le faire dans ce cas précis.

PRINCIPES DE BASE

Vous semblerez plus sûr de vous lorsque l'interviewer vous posera une question délicate si vous êtes capable d'y répondre rapidement.

Vous trouverez dans ce chapitre toutes les réponses que vous pouvez apporter aux questions visant un élément particulier de votre profil.

Vous avez toujours occupé le même poste

Ce que certains considèrent comme une forme de stabilité peut être perçu par d'autres comme une fossilisation. Montrez-vous travailleur, prêt à relever tous les défis qui se présenteront sur votre route et ouvert aux idées nouvelles.

Q

Étant donné que vous avez travaillé longtemps pour le même employeur, pensez-vous que vous aurez des difficultés à vous adapter aux méthodes de travail d'une autre société ?

Comment faire un carton

STAR

- Être catégorique : « Pas du tout. » Donner des exemples de votre capacité d'adaptation – votre emploi précédent était motivant, nécessitait un changement constant d'environnement et comportait des points communs avec la société visée. Faire le parallèle avec le budget, la philosophie de la société et son éthique professionnelle.
- Présenter votre fidélité envers votre précédent employeur comme l'un de vos atouts – mentionner les autres.

Comment faire un flop

- Faire part de votre soulagement de pouvoir enfin quitter votre ancien emploi.
- Dire que vous êtes prêt à essayer quelque chose de nouveau.

Vous avez occupé très longtemps le même poste. Pourquoi n'avez-vous jamais obtenu de promotion ?

Comment faire un carton

- Présenter votre emploi précédent sous forme de modules (remplacer la pluralité des postes par la diversité des compétences acquises). Vous concentrer sur le développement de vos responsabilités (retracer une mobilité ascendante au sein du poste) et sur vos principales réalisations. Mentionner vos augmentations.
- Dire que vous vous intéressez au poste précisément à cause de l'inertie de votre emploi précédent. Préciser les éventuels changements survenus dans votre mode de vie (enfants quittant la maison, deuxième revenu dans la famille) qui vous permettent de changer d'emploi.
- Admettre que votre carrière n'a pas beaucoup progressé en insistant sur le fait que les possibilités d'avancement ont été rares ces dernières années. Ajouter que cette période de stagnation n'a fait qu'accroître votre motivation.
- Expliquer que vous aviez atteint le poste le plus élevé que votre société pouvait proposer aux salariés travaillant dans votre spécialité.

Comment faire un flop

- Vous plaindre de la politique de votre ancien employeur qui vous a empêché de progresser.
- Dire que vous étiez content de votre sort et demander pourquoi essayer de réparer ce qui n'est pas cassé.

Vous avez effectué un séjour en prison

Si vous êtes un ex-détenu, efforcez-vous de montrer l'aspect positif de votre expérience en prison. Faites le maximum pour éclipser les autres candidats en prouvant vos qualifications et en vous comportant de façon positive.

Le directeur de la prison ou votre administrateur judiciaire doit connaître des ouvrages spécialisés dans la recherche d'emploi des ex-détenus. Il vous fournira également les coordonnées d'associations à but non lucratif dont le rôle est d'aider les ex-détenus à survivre au processus de recherche d'emploi. Dans ces associations, vous vous préparerez aux questions que l'on pourra vous poser lors d'un entretien de recrutement.

Si vous étiez mineur lorsque vous avez été condamné ou si vous n'avez pas commis de crime avec violence (détention de drogue, par exemple), vous pouvez demander la clôture de votre casier judiciaire. Ainsi, vos employeurs potentiels ne pourront pas avoir accès à votre passé délictueux.

Parlez-moi de votre incarcération.

Comment faire un carton

- Montrer que vous n'avez jamais autant appris que lors de votre séjour en prison. Décrire les compétences transférables que vous avez acquises et la formation dont vous avez bénéficié.

Comment faire un flop

- Mentir au sujet de votre condamnation en vous disant que personne n'en saura rien une fois que vous serez recruté (pourquoi risquer un licenciement en plus de votre condamnation ?).

Vous avez été licencié

Règle numéro 1 : lorsque vous expliquez les raisons de votre licenciement, soyez bref, honnête et changez rapidement de sujet. Dites le minimum et réorientez la discussion sur vos qualifications.

Pourquoi quittez-vous votre ancien emploi ? Avez-vous été licencié ?

Comment faire un carton

- **Si vous n'êtes pas en faute**

  Expliquer que votre licenciement a été dû à une réduction du personnel, à une fusion, à la fermeture de votre société ou à tout autre événement indépendant de votre volonté (certaines personnes ont été licenciées plusieurs fois au cours de leur carrière pour raisons économiques, si bien que les employeurs ne considèrent plus ce genre de licenciement comme un handicap – vous n'avez aucune raison de vous sentir coupable puisque vous n'y êtes pour rien).

- **Si vous êtes en faute**

  Expliquer les leçons que vous avez tirées de cette expérience (vous avez fait une erreur mais vous avez beaucoup appris entre-temps et vous ne recommencerez pas). Vous montrer rapidement sous un meilleur jour et continuer à prouver que vous êtes le candidat idéal pour le poste.

Surmonter une série de licenciements

Si vous avez été licencié plusieurs fois (excepté pour raisons économiques), vous aurez sans doute des difficultés à retrouver un emploi. Les employeurs ne veulent pas avoir les mêmes problèmes avec vous que leurs prédécesseurs.

Pour vous en sortir, je vous conseille de faire appel à un tiers. Demandez aux membres de votre famille et à vos amis de vous aider et de vous recommander à des personnes de leur entourage. Ne cachez pas à ces employeurs potentiels vos erreurs passées. Au contraire, dites-leur que vous en avez tiré des leçons et que vous avez changé.

Vous pouvez aussi reprendre les études ou suivre une formation pour redémarrer du bon pied ou bien travailler à votre compte.

Comment faire un flop

- Donner l'impression que vous cachez quelque chose et que vous n'êtes pas tout à fait honnête.
- Dire que vous traînez aux prud'hommes votre ancien employeur.
- Critiquer votre ancien patron (voir suggestions du chapitre 7 concernant la gestion de mauvaises références).
- Dire à l'interviewer que vous avez eu des problèmes d'incompatibilité d'humeur avec plusieurs patrons (vous passerez pour un perturbateur).

Vous a-t-on déjà demandé de démissionner ? Pourquoi ?

Comment faire un carton

- Dans ce cas, la démission équivaut à un licenciement sans heurts. Cette démarche prouve que vous êtes parvenu à un accord avec votre supérieur. Expliquer les termes de cet accord.
- En l'absence d'accord, admettre votre erreur. Montrer que la leçon que vous en avez tirée vous a incité à revoir vos habitudes de travail.

Comment faire un flop

- Mentir ou vous justifier en prétendant que vous n'auriez pas dû être traité de la sorte.
- Reprocher à votre patron ou à vos collègues de vous avoir contraint à partir.
- Donner plusieurs exemples de vos problèmes relationnels au sein de votre société.

Vous êtes homosexuel

Il faut bien sûr rappeler d'abord et de nouveau que la loi interdit toute discrimination à l'embauche avec ce critère comme explication. Mais vous savez aussi que les sociétés ne disent pas toujours les raisons réelles de leur refus.

Certains employeurs ne se sentent absolument pas concernés par les préférences sexuelles des candidats.

Malheureusement, d'autres exercent une discrimination basée sur de simples préjugés. Si vous êtes gay ou lesbienne et choisissez de cacher la vérité à l'entretien, vous risquez d'être obligé de vivre dans le mensonge par la suite. D'un autre côté, si vous faites part de vos préférences sexuelles, vous vous exposez à des mesures discriminatoires.

À vous de choisir l'option qui vous paraît la plus appropriée. Bien que l'interviewer ne puisse pas vous interroger de façon directe sur vos préférences sexuelles, il vous posera peut-être des questions personnelles afin d'en savoir plus à ce sujet.

Par exemple (si vous êtes un homme) : *Y a-t-il une femme dans votre vie ?* ou *Êtes-vous marié ?*

Vous pouvez contourner la question : *Il y a plusieurs femmes qui comptent dans ma vie* (à savoir votre mère, votre sœur et votre tante) ou *Je ne suis pas encore marié.*

Vous pouvez répondre de façon honnête mais neutre : *Je suis homosexuel et j'ai une relation stable. Mes préférences sexuelles n'ont rien à voir avec mon travail. Je vis très bien mon homosexualité et j'espère que ce n'est pas un problème pour vous.*

Certains demandeurs d'emploi homosexuels refusent de travailler pour une société dans laquelle ils doivent dissimuler leurs préférences sexuelles. Mais parfois le besoin de travailler l'emporte.

Si vous subissez régulièrement une discrimination en raison de votre homosexualité alors que vous avez un loyer à payer, vous préférerez peut-être rester discret à l'avenir.

Faites des recherches sur la culture de la société avant de vous rendre à un entretien. Visez en priorité les sociétés qui mettent en avant une politique non discriminatoire en matière de préférences sexuelles – et qui l'appliquent. Comment savoir si cette politique est véritablement mise en pratique ou non ? Renseignez-vous auprès des associations de défense des homosexuels – demandez-leur ce qu'elles savent sur la société où vous devez passer un entretien.

Vous avez accumulé les emplois

À une époque où les demandeurs d'emploi ne se voient proposer que des CDD ou des missions d'intérim, il est surprenant d'entendre les employeurs reprocher aux candidats leur instabilité. Toutefois, cela peut arriver et c'est à vous de montrer votre parcours sous un aspect positif.

Comment se fait-il que vous ayez si souvent changé d'emploi ?

Comment faire un carton

- Expliquer pourquoi vous avez dû changer d'emploi fréquemment : mission limitée à un projet, CDD, réduction du personnel, travail sans débouchés, rachat de la société ou fermeture du service.
- Dire que vous êtes devenu plus exigeant ces derniers temps et que vous n'aviez pas trouvé d'opportunité intéressante jusqu'à ce que celle-ci se présente – montrer que vous étiez en quête d'un emploi satisfaisant.
- Si vous changez complètement de carrière, prouver que vous avez les compétences nécessaires pour le faire et montrer que le poste correspond tout à fait à vos nouveaux objectifs.
- Si vous avez effectué plusieurs missions d'intérim, les regrouper par responsabilités afin d'illustrer l'utilisation de compétences transversales dans de nombreuses situations.
- Demander si le poste offert est un emploi à durée indéterminée. Si c'est le cas, admettre que vous ne vous êtes pas engagé par le passé mais assurer que vous êtes désormais prêt à rester fidèle à une société comme celle-ci. Sinon, dire que vous recherchez un emploi temporaire pour avoir diverses expériences dans des sociétés différentes.

Comment faire un flop

- Répondre que vous avez quitté tous vos anciens employeurs parce que vous ne vous entendiez pas bien avec eux.

- Laisser entrevoir un manque de motivation pour vos précédents emplois.
- Dire que vous cherchez un emploi pour lequel vous serez davantage rémunéré.

Vous avez souvent interrompu votre activité professionnelle

Si votre CV est jalonné de trous chronologiques, les employeurs risquent de sauter aux conclusions.

Essayez de présenter vos interruptions d'activité comme autant d'expériences enrichissantes (voyages qui vous ont ouvert d'autres perspectives, par exemple). Si ces interruptions sont dues à un congé de maladie, dites que vous êtes complètement rétabli et que vous vous sentez en pleine forme. Si vous avez eu des problèmes personnels (parent ou enfant malade), là encore, expliquez que tout est rentré dans l'ordre.

Si votre parcours professionnel est incroyablement irrégulier, commencez par chercher un emploi temporaire et prouvez que vous avez véritablement tourné la page.

Enfin, si vous cherchez en vain un emploi depuis longtemps, justifiez votre longue période de chômage par votre volonté de trouver le poste qu'il vous faut. Vous vous dévouez corps et âme à votre travail et vous voulez être sûr de faire le bon choix.

Depuis quand cherchez-vous un emploi ? Cela fait longtemps ! Quel est le problème ? Comment se fait-il que vous n'ayez encore reçu aucune offre ?

Comment faire un carton

- Dire que vous êtes devenu plus exigeant ces derniers temps et que vous n'aviez pas trouvé d'opportunité intéressante jusqu'à ce que celle-ci se présente.
- Si vous avez perçu une indemnité de licenciement, répondre que celle-ci vous a permis de prendre le temps de chercher le job de vos rêves.

- Admettre que votre carrière n'a pas progressé aussi rapidement que vous l'auriez voulu mais que cela vous a laissé le temps de réfléchir à l'orientation que vous vouliez donner à votre vie professionnelle. Désormais, vous vous sentez prêt à donner le meilleur de vous-même.
- Expliquer que, si vous êtes prêt à faire des compromis avec les autres pour maintenir de bonnes relations, vous n'avez pas voulu en faire en ce qui concerne votre travail. Vous cherchez un emploi à la hauteur de vos compétences et de vos qualifications et, jusqu'à présent, on ne vous a proposé que des emplois inintéressants.

Comment faire un flop

- Dire que vous ne voyez pas où est le problème.
- Admettre que vous avez manqué beaucoup d'opportunités.
- Avouer d'un air déprimé que vous vous découragez.

Vous avez été rétrogradé

Curieusement, la rétrogradation véhicule une image plus négative que le licenciement. Elle suggère un échec personnel, ce qui n'est pas le cas du licenciement (excepté si vous êtes en faute).

Q

Je vois sur votre CV que vous avez été rétrogradé. Pourquoi ?

Comment faire un carton

- Gérer le problème de la rétrogradation avant l'entretien. Essayer d'obtenir une référence positive de la part de votre patron (voir mon livre *Le CV pour les Nuls*) et d'élaborer avec lui une version des faits qui ne soit pas nuisible à votre recherche d'emploi.
- Expliquer honnêtement et aussi positivement que possible les raisons de votre rétrogradation.
- Répondre que vous n'étiez pas prêt à assumer les responsabilités que l'on vous avaient confiées mais que vous l'êtes maintenant. Décrire les mesures que vous avez prises pour faire des progrès (cours, séminaires, livres sur le management et introspection).

- Ajouter que vous cherchez une société dans laquelle vous pourrez utiliser vos nouvelles compétences et que vous espérez avoir frappé à la bonne porte. Rappeler rapidement à l'interviewer que vous êtes qualifié pour le poste en donnant des exemples de vos compétences et de vos résultats.

Comment faire un flop

- Mentir ou essayer de rejeter la responsabilité sur quelqu'un d'autre.

Vous avez été toxicomane ou alcoolique

L'interviewer ne vous demandera pas directement si vous êtes toxicomane ou alcoolique. Mais il peut essayer de le savoir en vous posant des questions indirectes.

Si vous avez suivi une cure de désintoxication et ne consommez plus de drogue ou d'alcool depuis un an, soyez catégorique :

Non, je ne consomme ni drogue ni alcool. Je suis en excellente santé et tout à fait fiable.

Ou :

Je n'ai pas de problème de santé susceptible de m'empêcher de me donner à fond dans mon travail.

De nombreux demandeurs d'emploi victimes de toxicomanie ou d'alcoolisme passent par l'intermédiaire d'une tierce personne pour obtenir un entretien. En général, cette personne fait part à l'employeur du passé du candidat.

Si c'est votre cas, peut-être n'êtes-vous pas sûr que l'employeur sache tout de vous. Pour dissiper tout malentendu, abordez vous-même le sujet.

Montrez que vous avez traversé une épreuve difficile, repris le contrôle de votre vie et survécu pour devenir une personne plus forte. Ne vous attardez pas sur les détails de votre rétablissement mais présentez-vous comme un candidat qualifié qui, après avoir surmonté la maladie, est en mesure de relever tous les défis.

Tant que vous n'aurez pas rassuré l'interviewer, celui-ci ne sera pas attentif à ce que vous lui direz concernant vos points forts. Mais, une fois que vous l'aurez convaincu de votre rétablissement, vous pourrez réorienter la discussion sur vos qualifications.

Vous êtes une femme... et potentiellement mère !

Les jeunes femmes en âge d'élever des enfants sont souvent interrogées sur leurs obligations familiales.

Les réponses classiques aux questions subtiles (ou non, d'ailleurs) sur les enfants sont les suivantes :

Je ne souhaite pas avoir d'enfant pour l'instant (dire pourquoi) ; le niveau de vie que je souhaite pour ma famille requiert un double revenu ; je fais garder mes enfants pendant mes heures de travail (montrer que vous êtes pleinement disponible).

Ces questions sont bien sûr théoriquement interdites mais il faut malgré tout se tenir prêt à les affronter le cas échéant.

COULISSES

Pour contourner le problème, faites des recherches avant de poser votre candidature. Adressez-vous en priorité aux sociétés affichant une politique favorable à la vie de famille. Les magazines féminins publient parfois des articles sur les sociétés qui ont une attitude juste avec les femmes. Renseignez-vous également sur les politiques en faveur des jeunes parents (congé parental et garderie sur site).

Si vous avez des enfants en bas âge et souhaitez passer du temps avec eux tout en gagnant votre vie, pensez au travail à temps partiel, au partage de poste, au télétravail et aux postes à horaires flexibles.

En ce qui concerne le télétravail, il semble qu'il soit plus facile de travailler à la maison en tant que salarié reconnu d'une société que de recommencer à zéro avec un nouvel employeur. Quoi qu'il en soit, cette option ne concerne que les personnes ayant d'excellentes compétences car l'employeur s'intéresse avant tout aux résultats.

Les femmes bien établies dans leur carrière qui essaient de se frayer un chemin vers le sommet ne se heurtent pas uniquement aux inquiétudes des employeurs concernant leurs obligations familiales. Elles doivent véritablement s'imposer face à l'interviewer, comme le montrent les questions suivantes :

Quel est votre plan de carrière ?

Comment faire un carton

- Expliquer que ce poste correspond à vos objectifs à courts termes car il vous permet à la fois d'être performante et de développer vos compétences (vous allez pouvoir faire vos preuves tout en assumant davantage de responsabilités). Vous montrer ambitieuse mais réaliste (votre plan de carrière ne doit pas dépasser cinq ans) et préciser que vous n'avez pas l'intention de déménager.

Comment faire un flop

- Dire que vous espérez avoir une promotion dans l'année (ce qui laisse supposer que vous ne serez pas satisfaite si vous ne gravissez pas rapidement les échelons).

Quel est votre style de management ?

Comment faire un carton

- Montrer en quoi votre style de management est compatible avec la culture de la société (vous avez fait des recherches sur la culture de la société). Employer un langage moderne (vous avez lu des livres sur le management). Expliquer comment vous gérez l'insubordination, le manque de motivation, les fautes graves et autres problèmes liés au management.
- Affirmer que vous n'hésitez pas à prendre des décisions difficiles et à les mettre en œuvre. Toutefois, ne pas donner l'impression que vous êtes un tyran. Donner des exemples de la façon dont vous vous êtes comportée par le passé.

Comment faire un flop

- Donner une réponse vague concernant votre style de management et laisser entendre que vous n'y connaissez rien.

- Traiter l'interviewer (si c'est un homme) de macho ou donner l'impression de ne pas faire le poids.

Vous avez un handicap

La loi limite les informations que les interviewers peuvent demander à l'occasion des recrutements. Il est toutefois légitime de s'assurer qu'un employé pourra exécuter les missions qui lui seront confiées. Sachez aussi que votre recrutement définitif sera subordonné à la visite médicale d'embauche ultérieure et que les entreprises disposent d'incitation au recrutement de travailleurs handicapés.

Si vous avez un handicap visible, expliquez clairement que celui-ci ne vous empêchera pas de faire votre travail.

Vous dites que votre handicap ne vous gênera pas dans votre tâche ? Pouvez-vous me donner davantage de précisions ?

Comment faire un carton

- Si possible, demander à faire une démonstration – apporter éventuellement le matériel dont vous avez besoin.
- Si vous ne pouvez pas faire de démonstration, donner un exemple de vos performances dans le cadre de votre dernier emploi (rémunéré ou non) ou de votre formation. Expliquer ce que vous avez déjà été capable de faire.
- Anticiper les exigences du poste au sujet desquelles l'interviewer peut avoir des inquiétudes – mobilité physique, coordination motrice, sécurité. Si vous avez un handicap visuel ou auditif, montrer comment vous vous êtes adapté pour surmonter les obstacles.
- Suggérer quelques références (anciens professeurs, conseillers, employeurs ou collègues) qui pourront témoigner de votre capacité à remplir vos fonctions.

Comment faire un flop

- Vous vexer – accuser l'interviewer de discrimination.
- Dire que vos collègues vous ont toujours aidé à remplir les tâches difficiles.

- Affirmer que vous n'êtes pas du tout gêné par votre handicap sans en apporter la preuve.

Étant donné que nous n'avons jamais eu affaire à un candidat handicapé, nous n'avons jamais effectué les aménagements nécessaires dans notre société. Savez-vous ce que ces aménagements vont nous coûter ?

Comment faire un carton

- Assurer à l'interviewer que vous ne demanderez que le minimum et montrer que vos compétences méritent le petit investissement que la société devra faire.
- Proposer d'utiliser une partie de votre équipement personnel (vous n'êtes pas obligé de le faire mais vous montrerez ainsi votre volonté d'aider la société).
- Fournir les coordonnées de sociétés qui vendent des équipements pour personnes handicapées.

Comment faire un flop

- Indiquer un prix élevé englobant absolument tous les équipements dont vous pourriez avoir besoin en partant du principe que la société peut en supporter le coût.
- Vous montrer exigeant– les interviewers se méfient des candidats susceptibles de créer un litige.
- Menacer de prendre contact avec votre avocat. Si vous intentez un procès, soyez sûr de gagner suffisamment d'argent pour ne plus jamais avoir besoin de travailler ! Les sociétés ont accès à des bases de données répertoriant les individus qui ont poursuivi un employeur et ne recrutent pas les perturbateurs).

Chapitre 21

Questions déplacées

Dans ce chapitre :

- Identifier les questions discriminatoires
- Tourner les questions personnelles à votre avantage

Êtes-vous prêt à répondre aux questions suivantes à un entretien de recrutement ?

Combien avez-vous eu de partenaires sexuels ?

Insistez-vous pour que votre partenaire sexuel utilise un préservatif ?

Avez-vous déjà eu une expérience homosexuelle ?

Quel culte pratiquez-vous ?

Quelles sont vos convictions religieuses ?

Êtes-vous syndiqué ?

Comment peut-on se permettre ce genre de questions ? Avouez que vous n'arrivez pas à y croire.

Aussi incroyable que cela puisse paraître, ces questions ont bien été posées à une étudiante qui passait un entretien pour un stage dans une association de prévention du sida. L'interviewer les a justifiées en avançant l'argument suivant : « Nous ne pouvons pas nous permettre de recruter des candidats qui ne pratiquent pas eux-mêmes ce qu'ils recommandent aux autres. »

Abasourdie par ce qu'elle considérait comme une atteinte à sa vie privée, l'étudiante a fait part de son expérience à son conseiller d'orientation. Ces questions étaient-elles illégales ?

Les questions interdites

La législation contre la discrimination est complexe et évolue.

Les questions relatives à la vie personnelle, aux croyances et pratiques religieuses, à l'intimité de la personne, aux conjoint et parents, à la race et au sexe, aux opinions politiques et à l'engagement syndical sont stricto sensu interdites par la loi.

Mais il est assez compréhensible de pouvoir être interrogé sur la capacité à accomplir certaines tâches, surtout quand elles sont pénibles. Des métiers requièrent par ailleurs formellement des certificats médicaux particuliers ou des permis. Dans ces cas, il est tout à fait normal qu'on vous les demande.

Étaient-elles simplement déplacées ? Comment l'étudiante aurait-elle dû réagir ?

Dans ce chapitre, vous allez apprendre à gérer les questions offensives sans compromettre vos chances d'obtenir le poste.

Mais dites-vous surtout qu'il faut vous interroger sérieusement sur l'opportunité d'aller chez un employeur qui poserait de telles questions. Le reste, c'est-à-dire sa manière de se comporter en tant que patron, doit être à l'avenant... et donc très suspect.

Comment identifier les questions illégales

Soyons précis. Une *question illégale* est une question que l'interviewer n'a pas le droit de poser. Il existe des lois qui empêchent les employeurs de porter atteinte à la vie privée des candidats en les interrogeant sur leur âge, leur religion, leur race, leurs origines ethniques ou leurs préférences sexuelles. Un interviewer qui pose une question illégale peut être poursuivi en justice.

Pourquoi les interviewers posent-ils des questions déplacées ?

Bien que les questions déplacées ne soient pas illégales, elles peuvent donner lieu à un procès. Pourquoi les interviewers prennent-ils ce risque ?

Dans une PME où il n'existe pas de service des ressources humaines, l'interviewer peut pécher par simple ignorance.

Dans une grande société, l'interviewer est supposé être davantage informé. S'il pose des questions indiscrètes, c'est sans doute dans l'espoir de déstabiliser le candidat pour l'inciter à révéler des informations personnelles. Il risque le tout pour le tout en se disant qu'il est peu probable que le candidat le poursuive.

Une *question déplacée* est une question que l'interviewer a le droit de poser mais qu'il ne devrait pas poser. Si l'information est utilisée à des fins discriminatoires, le candidat peut intenter un procès à l'employeur. Les questions déplacées peuvent être très diverses. Par exemple :

Comment vous y prendriez-vous pour faire une pizza ?

En bref, les questions illégales sont toujours déplacées mais les questions déplacées ne sont pas toujours illégales.

Comment réorienter les questions déplacées

Si vous êtes sûr de vous, vous pouvez toujours répondre à un interviewer que sa question est illégale ou déplacée. Tout en restant correct, bien sûr, signifiez-lui qu'il est inutile d'insister :

Je ne vois pas en quoi ma situation de famille peut être un élément décisif dans le processus de sélection.

Comme vous le savez, l'égalité des chances entre les hommes et les femmes doit être respectée dans le processus de recrutement et cette question me semble franchement sexiste.

Si vous avez fait du combat contre l'injustice votre priorité, coupez court et dites clairement à l'interviewer ce que vous pensez de sa question.

Mais peut-être préférerez-vous adopter une approche moins agressive, surtout si vous pensez que l'interviewer pèche davantage par ignorance que par partialité. Dans ce cas, ne faites pas de vagues et réorientez la question de façon à vous présenter sous un jour favorable. Par exemple :

POUR LES AS

Imaginez qu'un interviewer pose à un senior une question destinée à évaluer son âge.

Je vois que vous avez été à l'université de Grenoble. Mon fils y est en ce moment. Quand avez-vous passé votre diplôme ?

Voici une réponse possible :

Je ne crois pas que votre fils et moi nous connaissions. Je suis sûr que c'est un jeune homme brillant mais, en ce qui me concerne, j'ai terminé mes études depuis assez longtemps pour avoir acquis une expérience précieuse. Voulez-vous savoir comment j'ai mis cette expérience à profit pour permettre à mon ancien employeur d'économiser 25 000 € ?

Pour réorienter la question, vous pouvez aussi donner une réponse positive qui n'a rien à voir avec ce qu'on vous a demandé (pratique très répandue parmi les hommes politiques). L'étudiante que j'ai donnée en exemple au début du chapitre aurait pu répondre aux questions impertinentes de son interviewer de la manière suivante :

Les rapports sexuels sans risque n'ont pas de secret pour moi. Je pense en effet qu'il est essentiel de se protéger. Puisqu'on en parle, voulez-vous en savoir plus sur la façon dont je soutiens au quotidien la mission de l'association ?

Si vous avez des difficultés à trouver un emploi, pourquoi perdre votre temps à essayer de distinguer les questions illégales des questions déplacées ? Répondez selon vos propres convictions.

Par exemple, si l'interviewer vous demande si vous avez l'intention de prendre des jours de congé pour célébrer la pâque juive – ou toute autre fête religieuse, répondez comme suit :

Les questions à risque

Si vous avez des doutes sur ce qui constitue une question à risque, en termes de discrimination, faites des recherches sur l'Internet.

Sujets à risque :

Âge : la discrimination basée sur l'âge est illégale, excepté dans le cas où l'âge constitue une qualification exigée par le poste (par exemple, il existe un âge minimum pour pouvoir servir de l'alcool).

Enfants : les interviewers qui interrogent les candidats sur leurs enfants et la garde de ceux-ci (notamment s'ils posent des questions uniquement aux femmes et non aux hommes) encourent des poursuites pour discrimination.

Casier judiciaire : les questions concernant les arrestations sont illégales (aucune preuve de culpabilité) parce qu'elles peuvent être utilisées à des fins de discrimination à l'encontre de certaines minorités. Les questions concernant les condamnations doivent être liées au poste. Par exemple, une condamnation pour conduite en état d'ivresse est une information pertinente pour un emploi de routier mais pas pour un poste de réceptionniste.

Minorités : les informations susceptibles de refléter la race, la religion ou les origines du candidat peuvent donner lieu à une discrimination. Les questions liées à l'appartenance à une minorité doivent être strictement professionnelles et pertinentes pour le poste.

Je comprends que vous souhaitiez savoir combien de temps j'envisage de consacrer à ma religion, mais je vous assure que ces périodes de recueillement ne pourront avoir qu'une influence positive sur mes performances car elles me permettront de me régénérer, de me ressourcer et de revenir pleinement disponible.

Notez qu'avec cette réponse, vous ne faites référence à aucune fête religieuse en particulier, vous ne rejetez pas la question et vous ne reprochez pas à l'interviewer la nature discriminatoire de cette question.

Si la question est répugnante ou franchement discriminatoire, n'y répondez pas. L'étudiante de notre exemple aurait pu donner la réponse suivante :

Je ne vois pas l'intérêt de discuter de ma vie intime. Celle-ci n'a aucun rapport avec ma capacité à remplir ces fonctions (traduction : n'insistez pas).

Si vous voulez vraiment le poste, évitez toute confrontation et répondez à toutes les questions en les tournant à votre avantage. Si l'interviewer est si lamentable que vous n'êtes même plus intéressé par le poste, trouvez un moyen poli de couper court à la discussion.

Si, après l'entretien, vous regrettez d'avoir répondu à des questions horribles, vous pouvez encore avoir le dernier mot. Le fait d'avoir donné une réponse ne vous empêche pas de porter plainte si vous pensez avoir fait l'objet d'une discrimination à la suite de questions déplacées.

Chapitre 22

Terminez l'entretien en beauté

Dans ce chapitre :

- Indices montrant que l'entretien tire à sa fin
- Check-list post-entretien
- Suivi de l'entretien
- Re-mobilisation de vos références

Vous avez l'impression que l'entretien tire à sa fin. Dans la plupart des cas, aucune offre n'est faite à ce stade. Il est temps de vous retirer.

Comment être sûr que l'entretien est sur le point de se terminer ? Soyez attentif aux signes non verbaux : l'interviewer rassemble ses papiers ou jette un coup d'œil à sa montre, puis il confirme votre pressentiment en concluant en ces termes :

- *Merci d'être venu à cet entretien. Nous allons rencontrer d'autres candidats la semaine prochaine. Je vous contacterai sans doute ensuite pour un deuxième entretien.*
- *Merci d'avoir bien voulu répondre à mes questions. Je pense que vous êtes tout à fait qualifié pour le poste. Je vous contacterai dès que je me serai entretenu avec les autres candidats.*
- *Les informations que vous m'avez fournies sont très utiles. Je sais tout ce que j'avais besoin de savoir sur vous. Avez-vous, quant à vous, des questions sur la société ou sur le poste ? (Attention, ne posez que des questions liées au poste – vous n'avez encore reçu aucune offre.).*

Faites une sortie stratégique

Ne partez pas les mains vides. Souvenez-vous de ce que vous avez appris :

- Rappelez vos qualifications et ce que vous pouvez apporter à la société.
- Demandez ce qui va se passer ensuite.
- Préparez le terrain pour votre relance.

Concluez votre argumentaire

Même si vous avez fait le maximum pour vous vendre, sachez que nous oublions tous une partie de ce que nous avons entendu. Pour conclure, commencez par rappeler vos cinq principales compétences (voir chapitre 4).

Ensuite, demandez :

Voyez-vous un décalage entre mes qualifications et les exigences du poste ?

Avez-vous encore des doutes sur ma capacité à remplir ces fonctions ?

PAROLES D'EXPERTS

Lorsqu'une offre est faite à l'entretien

Si l'interviewer vous fait une offre, posez des questions concernant vos propres intérêts (vacances, avantages non salariaux, pause déjeuner, etc.). Sortez un carnet pour prendre des notes et ajoutez :

Je vous remercie de l'intérêt que vous portez à ma candidature. J'aimerais juste éclaircir certains points. Pouvez-vous me dire… ?

À mon avis, le moment est mal choisi pour accepter ou rejeter l'offre. Vous risquez de vous souvenir après coup de quelque chose que vous avez oublié de négocier. Et vous aurez des difficultés à améliorer une offre une fois que vous l'aurez acceptée.

Même si vous avez passé de nombreux entretiens et pensez connaître tous les aspects de l'offre, prenez au moins une journée pour réfléchir (voir chapitre 23).

Votre objectif est identifier certaines lacunes et objections afin de les rendre insignifiantes.

Si vous avez une lacune importante, acceptez de voir le poste confié à un candidat plus qualifié. Imaginez, par exemple, que le poste requière cinq ans d'expérience, dont deux au niveau de l'encadrement. Vous pensiez que vous pourriez convaincre l'employeur malgré votre manque d'expérience en matière d'encadrement. Vous avez échoué, restez-en là.

Mais si vos lacunes ne sont pas graves et si les objections de l'interviewer ne sont pas irréfutables, essayez de prouver que vous êtes capable de remplir les fonctions proposées en vous basant sur vos recherches. Voici le plan à suivre :

1. **Vendez vos qualifications (compétences essentiellement).**
2. **Demandez à l'interviewer s'il a des objections.**
3. **Écoutez-le attentivement.**
4. **Réfutez ses objections.**
5. **Reformulez vos qualifications (utilisez d'autres termes).**

Ensuite, confirmez l'intérêt que vous portez au poste :

J'espère que j'ai dissipé vos doutes au sujet de… Avez-vous d'autres questions ou d'autres objections à faire concernant mes qualifications ? Je pense que j'ai tout à fait le profil du poste.

Je suis très intéressé par ce poste et j'aimerais être sûr que vous avez toutes les informations nécessaires pour déterminer si j'ai le profil adéquat.

Si la situation s'y prête, essayez d'aboutir subtilement à une offre :

Ce poste semble avoir été créé pour moi. D'après ce que j'ai compris, il requiert (décrivez le profil du poste en mettant vos qualifications en parallèle). Est-ce bien cela ?

Je pense que je suis tout à fait qualifié pour le poste puisque (décrivez le profil du poste en mettant vos qualifications en parallèle).

D'après ce que vous m'avez expliqué, le poste requiert (décrivez le profil du poste). Il semble que mes qualifications correspondent point par point à ce profil. Vous ne croyez pas ?

Je suis très heureux d'avoir eu l'opportunité de discuter avec vous. J'ai acquis beaucoup d'expérience chez Violet Tech en créant son site Internet et je suis sûr que je pourrais en faire bon usage pour créer le vôtre.

Laissez la porte ouverte

Comment préparer le terrain pour assurer le suivi de votre entretien ? Essayez d'obtenir de l'interviewer la permission de le rappeler. S'il vous en donne l'autorisation, votre relance ne sera pas jugée inopportune. Voici ce que vous pouvez dire :

Quelle est la prochaine étape du processus de recrutement et quand avez-vous l'intention de prendre une décision ? (Vous essayez de connaître le calendrier.)

Je suis très motivé par ce poste. Quand aura lieu la prochaine étape et comment procèderons-nous ?

Puis-je me permettre de vous téléphoner si j'ai d'autres questions ?

Je sais que vous devez encore rencontrer d'autres candidats. Quand puis-je vous contacter pour connaître la progression du processus de recrutement ?

Je sais que vous me contacterez lorsque vous vous serez entretenu avec tous les candidats à ce poste, mais pourrai-je me permettre de vous téléphoner pour savoir où vous en êtes ou vous poser d'éventuelles questions ?

Je vous remercie pour le temps que vous avez bien voulu me consacrer. Je sais que vous allez être très occupé dans les jours qui viennent, alors quand puis-je vous contacter ?

Je suis impatient de passer le second entretien dont vous m'avez parlé – puis-je vous rappeler pour prendre rendez-vous après mes heures de bureau afin de rester pleinement disponible pour mon employeur actuel ?

Les recruteurs effectuent eux-mêmes le suivi de votre entretien

Vous n'avez pas de relance à faire si vous avez été présenté à l'employeur par un recruteur professionnel. Celui-ci se chargera de clore le processus et éventuellement de négocier l'offre. Dans tous les cas, il vous tiendra au courant de la situation assez rapidement.

Mais vous pouvez très bien l'appeler, après votre rendez-vous avec le recruteur en entreprise, qui est aussi son client, pour lui dire « comment ça s'est passé ». Cela ne coûte pas grand-chose et fait toujours plaisir au consultant.

Avant de partir, n'oubliez pas de remercier l'interviewer pour le temps qu'il vous a consacré. Donnez-lui une poignée de main ferme en le regardant dans les yeux. Puis dites-lui en souriant : *Ce poste est une véritable opportunité. Je suis impatient d'avoir de vos nouvelles.* Enfin, quittez le bureau sans vous attarder.

Dès que vous vous retrouvez seul dans un endroit où vous pouvez prendre des notes, rédigez un résumé de l'entretien. Concentrez-vous en particulier sur ce qui va vous permettre d'effectuer votre relance (voir conseils suggérés plus loin dans ce chapitre).

Notez aussi les questions qui vous ont gêné et les réponses que vous y avez apportées. Ceci permet de ne pas faire les mêmes erreurs plus tard.

Trouvez le ton juste

À quel point pouvez-vous vous montrer offensif et avide d'obtenir gain de cause ? Tout dépend de votre âge, de votre expérience et du niveau du poste que vous visez. Il n'y a pas de comportement parfait.

Si vous êtes expérimenté et offrez des compétences très recherchées, n'hésitez pas à vous faire désirer. Ne donnez pas l'impression d'accepter le premier poste venu. Le principe est le suivant : plus vous semblez anxieux, moins l'offre de départ sera intéressante.

Changez de tonalité

Au moment de conclure, il est souvent bien vu de changer de registre.

Jusque-là, vous avez été professionnel, avez utilisé le vocabulaire de l'entreprise, avez été rationnel, prévisible, en un mot « conforme » à ce que les recruteurs attendent de candidats expérimentés, rigoureux et sérieux.

Vous pouvez alors, en quelques mots vous montrer plus chaleureux et utiliser un ou deux mot empruntés à la vie personnelle ou ordinaire.

« J'ai beaucoup **apprécié** notre entretien et j'ai **envie** de poursuivre... »

« Ce poste me **plaît** et j'**aimerais** que vous puissiez me le proposer... »

De telles phrases, prononcées par des gens dont on a pu mesurer préalablement les qualités professionnelles, sont généralement bien perçues.

Évaluez votre entretien

Les experts, quel que soit leur domaine, deviennent experts parce qu'ils ont beaucoup appris de leurs erreurs. Après votre entretien, prenez le temps d'évaluer vos performances. La check-list suivante vous aidera à perdre vos mauvaises habitudes et à devenir un expert de l'entretien de recrutement.

- ❑ Étiez-vous à l'heure ?
- ❑ L'entretien a-t-il bien commencé ?
- ❑ Avez-vous donné des exemples et des résultats chiffrés pour illustrer vos réalisations et convaincre l'interviewer que vous avez les compétences requises ?
- ❑ Avez-vous fait preuve de dynamisme, de flexibilité et d'intérêt pour la nouveauté ?
- ❑ Avez-vous régulièrement mis vos qualifications en parallèle avec les exigences du poste ?
- ❑ Votre tenue était-elle impeccable ? Étiez-vous habillé comme les employés de la société ?
- ❑ Avez-vous oublié des arguments importants, que vous avez l'intention de mentionner dans votre e-mail ou votre lettre de remerciements ?
- ❑ Étiez-vous souriant ? Avez-vous regardé l'interviewer dans les yeux ?
- ❑ Avez-vous insisté sur les cinq principales qualités que l'interviewer devra retenir à votre sujet ?
- ❑ Avez-vous montré que vous avez compris les responsabilités du poste ?
- ❑ Avez-vous montré que vous avez compris les stratégies à appliquer pour atteindre les objectifs de la société ?
- ❑ Avez-vous fait preuve d'enthousiasme et de motivation pour communiquer votre intérêt pour le poste ?
- ❑ Avez-vous trouvé un point commun entre la société et vous qui suggère que vous n'aurez pas de difficultés à vous intégrer ?

- ❑ Avez-vous repéré les signes indiquant que l'entretien tirait à sa fin ?
- ❑ Avez-vous demandé quelle sera la prochaine étape et préparé le terrain pour votre relance ?
- ❑ Après l'entretien, avez-vous noté les noms mentionnés par l'interviewer et les principaux points abordés ?

Afin d'identifier clairement les points forts et les points faibles de l'entretien que vous venez de passer, répondez honnêtement aux questions suivantes :

- Qu'avez-vous dit ou fait pour impressionner favorablement l'interviewer ?
- Avez-vous usurpé le rôle de l'interviewer (pris le contrôle de l'entretien ou parlé plus de la moitié du temps) ?
- Changeriez-vous quelque chose si vous pouviez repasser l'entretien ?

Assurez le suivi de votre entretien

Ne quittez jamais le bureau de l'interviewer en vous disant que votre tâche s'arrête là et que votre avenir n'est plus entre vos mains. Les stars de la recherche d'emploi ne laissent jamais rien au hasard.

Après la première série d'entretiens, l'interviewer classe les candidats et la décision de recrutement devient imminente.

Le suivi de votre entretien peut faire la différence entre vous et vos concurrents. Et même si l'employeur a déjà pris la décision de vous offrir le poste, vos démarches vous permettront peut-être d'être rapidement accepté lorsque vous rejoindrez la société.

Pour effectuer une relance, vous avez le choix entre les outils suivants :

- E-mail
- Lettre
- Appel téléphonique
- Références

La relance par e-mail

La relance par e-mail est-elle préférable à la relance téléphonique ? Tous les experts ne sont pas d'accord à ce sujet. Certains sont de sérieux adeptes de l'e-mail. Ils affirment que ce support permet de gagner du temps et de répondre sans avoir à rechercher les coordonnées du candidat. Depuis la généralisation de l'e-mail, les appels téléphoniques ne leur semblent plus nécessaires.

D'autres considèrent que la relance téléphonique a davantage de poids, notamment auprès des employeurs attachés aux traditions (ceux-ci aiment le téléphone et le support papier). Toutefois, je vous recommande d'utiliser l'e-mail dans les cas suivants :

- Vous avez plus de 40 ans. L'e-mail véhicule une image de modernité.
- Vous souhaitez amorcer ou reprendre le dialogue avec un interviewer. L'e-mail est moins formel et permet d'obtenir une réponse rapide (d'un autre côté, il est plus facile de dire non par e-mail que par téléphone).
- Vous êtes pressé. En envoyant un e-mail, vous ne risquez pas d'être filtré à l'accueil et vous pouvez joindre votre correspondant plus rapidement que par courrier postal.
- Vous avez répondu à une annonce stipulant que les candidatures devaient être transmises par e-mail ou vous avez pris l'initiative d'envoyer votre CV par e-mail.
- Vous postulez pour un poste dans une société high-tech, où le papier est probablement devenu une pièce de musée et où la messagerie vocale n'est pas régulièrement consultée.
- Un e-mail ne se construit pas comme une lettre. Rédigez un texte court, enregistrez-le en texte seulement (au format ASCII) et envoyez-le dans le corps du message et non en fichier attaché. Exprimez-vous dans le jargon du secteur. Indiquez vos coordonnées, même si l'interviewer peut choisir l'option Répondre pour

reprendre contact avec vous. Enfin, n'oubliez pas l'objet de votre message. Par exemple : « Commercial Automobile, 6 ans expérience ».

La relance par courrier

Rédigez une lettre de remerciements à l'attention de l'interviewer dans les vingt-quatre heures pour renforcer la bonne impression que vous avez faite à l'entretien. Vous trouverez ci-après un exemple d'e-mail et un exemple de lettre de remerciements.

Vous n'êtes pas obligé de vous en tenir à une lettre – si l'employeur ne donne pas signe de vie, réfléchissez aux nouvelles informations que vous pouvez lui transmettre. Après la troisième lettre, essayez de joindre un article de presse intéressant, voire un dessin humoristique approprié.

L'interviewer verra clair dans votre jeu mais, au moins, il se souviendra de votre nom.

E-mail de remerciements après un entretien

<u>Luc Beaufort,06:28 11/09/2001, Notre entretien de ce matin</u>

X-POP-Rcpt : ah98fr00ail
X-Originating-IP:[193.253.220.24]
From: « Luc Beaufort » <lucbeaufortotmail.com>
To: office.parisarthur-hunt.com
Subject: Notre entretien de ce matin
Date: Tue, 11Sep 2001 06 :28 :50+0000
X-OriginalArrivalTime : 11 Sep 2001 06:28:50.0405
(UTC) FILETIME=[0521C950 :01C13A8B]

À Mme Langlois
Je vous remercie de notre entretien de ce matin dont j'ai, pour ma part, apprécié le professionnalisme et la teneur.

Compte-tenu des informations échangées, je vous confirme ma motivation pour prolonger et, je l'espère, finaliser le processus en cours.

Je me tiens à votre disposition dès la semaine prochaine
(mardi et jeudi après-midi ; mercredi matin) pour quelques entretiens complémentaires dont vous avez bien voulu évoquer la perspective.

Salutations.

Luc Beaufort

Remerciements après un entretien

Philippe DURAND

6, Rue du Marché
29000 Quimper

Tel : 03 98 57 18 01
Port : 06 01 02 03 04

mail : pdurand@hotmail.com
Paris, le 20 août 2001

Objet : Notre entretien du 20/08/2001

A l'attention de Madame DUPONT (Groupe XTEL)

Madame,

Je vous remercie de notre entretien de ce matin qui m'a permis de vous présenter directement mon expérience professionnelle.

Les informations que vous m'avez données, tant sur le poste à pourvoir que sur votre groupe et ses projets de développement, me confirment dans mon souhait de rejoindre XTEL.

J'ai en effet bien compris vos attentes et crois disposer des connaissances techniques, de l'expérience
et des compétences personnelles nécessaires pour m'intégrer efficacement dans vos équipes.

Comme convenu, je me tiens à votre disposition pour rencontrer rapidement Monsieur DUMOULIN, Directeur Technique de XTEL.

Je vous rappelle que je suis disponible vendredi prochain et tous les après-midi de la semaine prochaine pour ce rendez vous.

Confiant dans le bon aboutissement de ce processus et très motivé par cette perspective.

Je vous prie de croire, Madame, à l'expression de mes salutations distinguées.

Philippe DURAND

La relance téléphonique

Jusqu'au milieu des années 70, les experts ont conseillé aux demandeurs d'emploi de téléphoner à leur employeur potentiel une fois par semaine jusqu'à ce qu'ils obtiennent une réponse. Aujourd'hui, les managers sont beaucoup moins nombreux et bien trop occupés pour répondre à des appels téléphoniques incessants.

Si vous téléphonez trop souvent à votre interviewer, vous lui ferez perdre son temps et mettrez en péril vos chances d'obtenir le poste. Espacez vos appels – une fois par mois me semble amplement suffisant. Entre-temps, envoyez des e-mails ou des lettres.

Certains conseils en carrière pensent qu'il est toujours possible de téléphoner une fois par semaine à condition de le faire tôt le matin ou en fin de journée.

Il y a quelques années, le seul souci des demandeurs d'emploi était de ne pas voir leurs appels filtrés par un assistant. Ils contournaient ce problème de différentes façons. Certains faisaient de l'assistant leur allié en lui expliquant de façon chaleureuse la véritable raison de leur appel. D'autres essayaient de joindre directement l'interviewer en téléphonant avant 9 h ou après 18 h, créneaux auxquels l'assistant n'était pas sensé être arrivé.

Mais c'était le bon temps ! Aujourd'hui, le répondeur se joint à l'assistant pour barrer la route aux candidats qui souhaitent obtenir un entretien ou effectuer une relance.

Et la grande question que se posent les demandeurs d'emploi est la suivante : *Faut-il laisser un message sur le répondeur ?* Les opinions varient mais, si après plusieurs appels, vous ne parvenez toujours pas à joindre votre correspondant, je vous recommande d'en laisser un. On ne vous rappellera pas nécessairement mais vous augmenterez vos chances si vous avez être à la fois bref, concis et captivant. Par exemple :

_______________ à l'appareil. Je vous appelle au sujet de (intitulé de poste). Après avoir réfléchi à certains points que vous avez mentionnés lors de notre entretien, j'ai pensé à plusieurs solutions qui pourraient vous intéresser (créez une intrigue). Voici mon numéro de téléphone : ____________.

Entamer la discussion

Voici quelques idées pour ouvrir le dialogue :

- *Êtes-vous disponible en ce moment ?*
- *Je pense que vous serez intéressé par _______.*
- *Je sais que vous devez encore rencontrer beaucoup d'autres candidats.*
- *J'ai oublié de vous fournir certains éléments concernant (point mentionné au cours de l'entretien) qui pourraient avoir de l'importance pour vous.*
- *Alors que je vous écoutais, j'ai oublié de vous parler de mon expérience en matière de (domaine). Il fallait absolument que je vous en informe étant donné que cet élément fait partie des exigences du poste.*
- *J'ai été impressionné par votre _______.*
- *J'ai apprécié votre point de vue sur _______.*

Poursuivre la discussion

Voici quelques approches possibles :

- Rappelez à l'interviewer ce qui vous distingue des autres candidats (travail exceptionnel et innovant dans un certain domaine).

  Permettez-moi de vous rappeler ce que je peux apporter à la société.
- Établissez un dénominateur commun (même philosophie du travail).

  Il semble que nous ayons une approche identique quant à la façon de travailler dans ce secteur.
- Faites part d'une information qui montre que vous avez les mêmes centres d'intérêt que l'employeur.

  J'ai trouvé un site Internet récent (nom du site) qui traite des nouveaux produits dont nous avons discuté. Souhaitez-vous que je vous en transmette l'adresse ?

La re-mobilisation de vos références

Les références peuvent vous donner un sérieux coup de pouce. Comme je vous l'ai recommandé au chapitre 8, prenez le temps de sélectionner et de briefer les personnes susceptibles de témoigner en votre faveur. Ce que vos références disent à votre sujet est plus convaincant que ce que vous dites vous-même.

Téléphonez à vos références, éventuellement aussi au consultant, et tenez-les au courant du déroulement de votre entretien :

> *Aujourd'hui, j'ai passé un entretien avec* (personne, société). *Nous avons discuté du poste et il semble que j'en aie tout à fait le profil. Il faut* (compétences clés), *ce qui correspond exactement à ce que je peux offrir.*
>
> *Par exemple, j'ai acquis de l'expérience en matière de* (vos qualifications) *lorsque j'ai travaillé chez* (nom de la société).
>
> *Aimeriez-vous que je vous rappelle ces éléments par fax ? Cet entretien s'est tellement bien passé que je tiens à vous remercier encore une fois pour votre soutien. Je n'aurais jamais réussi sans vous.*

Poursuivez vos efforts

Vous avez fait le maximum pour décrocher un nouvel emploi. Vous avez traversé toutes les étapes de l'entretien et assuré un suivi efficace. Poursuivez votre relance jusqu'à ce que vous receviez une offre ou que l'on vous dise que vous n'avez pas été choisi pour le poste.

Même si vous n'êtes pas sélectionné, rédigez une dernière lettre de remerciements exprimant votre espoir de travailler pour la société dans un avenir proche. Parfois, l'heureux élu décline l'offre et l'employeur se tourne vers le deuxième candidat sur la liste – vous, peut-être.

Chapitre 23

Acceptez ou refusez l'offre

Dans ce chapitre :

- Répondre à une offre avec discernement
- Prendre en considération tous les aspects de l'offre
- Évaluer les contre-offres
- Signer le contrat

Félicitations, vous avez obtenu le poste que vous convoitiez. Toutefois, quelques détails ont eu raison de votre enthousiasme débridé : votre salaire est si bas que vous devez louer votre brosse à dents et vous quittez le bureau si tard que tous les programmes sont terminés lorsque vous rentrez, même sur les chaînes du câble. Sinon, le travail est vraiment intéressant.

De nombreuses personnes, faute d'avoir évalué tous les aspects de l'offre, se retrouvent emprisonnées dans une routine professionnelle décevante. Dans ce chapitre, vous allez découvrir tous les éléments à prendre en compte avant de prendre une décision.

N'acceptez pas l'offre trop vite

Lorsque vous entendez la formule magique : « Vous avez été sélectionné pour le poste », ne modérez pas votre réaction :

1. **Enthousiasme**

   Faites comme si vous veniez de gagner à la loterie.

2. **Réflexion**

   Demandez un jour ou deux pour réfléchir.

3. **Enthousiasme**

   Faites comme si vous veniez de gagner à la loterie.

Pourquoi vous montrer si enthousiaste alors que vous n'êtes pas encore certain d'accepter l'offre ? Parce que mieux vaut refuser une offre qu'être évincé par un employeur.

Vous avez besoin de temps pour vous remettre de vos émotions et déterminer à tête reposée s'il est dans votre intérêt d'accepter cette offre.

Trois semaines de réflexion pour les jeunes diplômés

En général, les candidats n'ont que quelques jours pour accepter ou décliner une offre. Toutefois, il serait préférable pour les jeunes diplômés qui débutent leur carrière de disposer d'une plus longue période pour explorer toutes les options. Certains experts considèrent que les débutants devraient avoir au minimum trois semaines pour choisir l'offre qui leur convient le mieux.

Mais les employeurs utilisent parfois la technique dite de l'« offre explosive », qui consiste à donner au jeune candidat une courte période de réflexion, à l'issue de laquelle l'offre est retirée. Cette tendance à précipiter la décision a de graves conséquences pour toutes les parties concernées lorsque le candidat, sous pression, fait le mauvais choix et démissionne rapidement. Si vous êtes débutant, demandez à l'employeur suffisamment de temps pour réfléchir. Choisir un premier emploi est une décision importante.

L'employeur s'attend probablement à ce que vous preniez plusieurs jours pour réfléchir. Après tout, la décision que vous devez prendre aura des conséquences majeures sur votre vie. Une réponse immédiate pourrait donner l'impression que vous ne prenez pas le travail au sérieux. Cette demande de réflexion est tout à fait légitime mais, là encore, il faut trouver le bon compromis. Si vous demandez un délai trop long ou si vous repoussez plusieurs fois une décision, le recruteur va comprendre que vous attendez une meilleure offre et que vous ne choisirez la sienne que « faute de mieux ». Ce n'est jamais très agréable et il peut alors donner sa préférence à quelqu'un d'autre.

Même si la concurrence est rude, mieux vaut prendre votre temps. Peut-être souhaiterez-vous apporter des modifications à l'offre. Ou peut-être l'entretien vous aura-t-il permis d'obtenir des informations sur divers aspects du poste auxquels vous n'aviez pas pensé. L'offre correspond-elle véritablement à votre objectif ?

Ne vous crispez pas sur vos objectifs de carrière

Il n'y a pas si longtemps, les demandeurs d'emploi choisissaient un poste en fonction de leurs objectifs de carrière. Ils préféraient changer d'emploi au sein du même secteur plutôt que de passer d'un secteur à un autre. Aujourd'hui, l'approche n'est plus la même. Certains n'hésitent pas à accepter un poste, même si celui-ci ne correspond pas aux objectifs qu'ils s'étaient fixés au départ.

Bien sûr, il est important de savoir ce que vous voulez faire. Et si vous pouvez continuer à faire le travail que vous aimez et pour lequel vous avez été formé, ce sera une véritable satisfaction pour vous.

Cela dit, pour gagner votre vie, vous serez peut-être amené à faire ce que vous pouvez faire plutôt que ce que vous aimez faire. Si vous vous trouvez dans cette situation, essayez d'identifier les compétences qui pourront vous être utiles si vous retournez dans votre secteur d'origine par la suite.

L'essentiel pour vous, c'est d'obtenir un poste qui vous permette de développer des compétences transférables, que vous pourrez utiliser dans votre prochain emploi.

Méfiez-vous des contre-offres

Avec la relance de l'emploi, les employeurs redécouvrent les contre-offres, ces propositions faites aux salariés de rester dans leur société pour un meilleur poste ou au même poste pour un meilleur salaire. Si vous faites l'objet d'une contre-offre, je vous recommande, dans la plupart des cas et sauf exception, de dire non merci et de passer outre. Pourquoi ?

- Lorsque ce n'est pas pour des raisons financières, la plupart des salariés quittent leur emploi parce qu'ils sont en désaccord avec leur patron, parce qu'ils n'ont aucune possibilité d'avancement ou parce que leur travail n'est pas satisfaisant. Or, une contre-offre, aussi généreuse soit-elle, ne règle généralement pas ce genre de problème. En quelque sorte, « le ver est dans le fruit ».
- Une fois que vous aurez annoncé votre départ, on ne vous fera plus vraiment confiance comme avant.
- Vous aurez des difficultés à retrouver votre enthousiasme – vous savez pourquoi vous êtes parti et ce que vous recherchez. Si vous ne le trouvez pas, vous risquez de déchanter rapidement.
- Posez-vous la question suivante : *Est-ce que je rejoindrais la société pour laquelle je travaille actuellement si je cherchais un emploi ?* Cet exercice vous aidera à prendre la bonne décision.

Pesez le pour et le contre

Une fois votre danse de sioux terminée, évaluez tous les aspects de l'offre pour déterminer si le poste est vraiment celui qu'il vous faut. Voici les questions que vous devez vous poser.

Le poste est-il intéressant ?

Le poste vaut-il la peine que vous lui consacriez la moitié du temps que vous passez éveillé ? Vous seul pouvez le dire. Pour vous en faire une idée plus précise, essayez de répondre aux questions suivantes :

- Ce poste me permettra-il de renforcer mes compétences ? Offre-t-il des possibilités d'avancement ?
- Vais-je m'entendre avec mes supérieurs ?
- Serai-je suffisamment motivé ?
- Ce poste exploitera-t-il au maximum mes compétences et mon savoir-faire ?
- Ce travail sera-t-il satisfaisant ?
- Ce poste va-t-il faire une différence dans ma vie ? Est-ce important pour moi ?
- Aurai-je beaucoup d'autonomie ?
- Devrai-je effectuer des déplacements ? Souvent ? Est-ce un problème pour moi ?
- Devrai-je travailler tard le soir alors que mes amis seront en train de s'amuser ? Est-ce un problème pour moi ?
- Ce poste me permettra-t-il de me faire des relations importantes pour ma carrière ?
- Aurai-je des relations avec les décideurs de la société ?
- Ce poste pourra-t-il être un tremplin vers un emploi plus intéressant ?
- Devrai-je refaire toute ma garde-robe pour ce poste ? Est-ce un problème pour moi ?

Cette société constitue-t-elle un bon choix ?

Avez-vous de l'admiration pour la société ? Pour y voir plus clair, posez-vous les questions suivantes :

- La culture de la société correspond-elle à ma personnalité ?
- Quelles sont les possibilités de promotion au sein de la société ?
- Les diverses politiques de la société sont-elles stipulées par écrit ?
- Suis-je d'accord avec ces politiques ?
- La société est-elle bien positionnée pour survivre et s'accroître sur le marché ?

- La société est-elle réputée pour traiter ses salariés avec considération ? Quelle est la politique de licenciement ?
- Le secteur est-il en difficulté ou en pleine expansion ?

En cas d'échec, faut-il demander du feed-back ?

Si vous n'avez pas obtenu le poste, vous vous demandez peut-être ce qui n'a pas marché. De nombreux demandeurs d'emploi interrogent leur interviewer pour savoir pourquoi ils n'ont pas été sélectionnés et ce qu'ils peuvent faire pour s'améliorer.

Ne perdez pas votre temps – on ne vous indiquera quasiment jamais le véritable motif. Les employeurs ne sont pas tenus, que ce soit sur le plan juridique ou sur le plan éthique, de vous donner leurs raisons.

La plupart répondent de façon évasive : « Nous pensons que vous n'avez pas tout à fait le profil du poste », « Nous avons sélectionné un candidat qui avait davantage d'expérience » ou « La politique de notre société ne me permet pas de commenter cette décision ».

Pourquoi ne disent-ils pas la simple vérité ? Ils avancent plusieurs arguments à ce sujet :

- Risques de poursuites : les employeurs se méfient des accusations de discrimination. Moins ils en disent, moins ils prennent de risques.
- Perte de temps : ils n'ont pas de temps, ni d'argent, à perdre pour quelqu'un qui n'a rien à leur apporter.
- Inconfort : ils n'aiment pas donner un feed-back négatif.
- Informations insuffisantes : les managers qui prennent les décisions de recrutement ne donnent pas aux interviewers du service des ressources humaines les informations qui leur permettraient de donner une réponse satisfaisante.
- Harcèlement : les candidats qui travaillent dans la vente considèrent le rejet de leur candidature comme un défi. Pour prouver l'efficacité de leurs techniques de vente, ils insistent de façon pesante.

Si vous n'avez pas obtenu le poste, revoyez la check-list post-entretien du chapitre 22. Si vous avez les qualifications requises et si vous avez été convaincant à l'entretien, le rejet de votre candidature n'a peut-être rien à voir avec vous. Ne perdez pas courage et préparez-vous pour votre prochain entretien.

Enquête : Les employeurs s'attendent à ce que vous négociiez

Lorsqu'il y a pénurie de main-d'œuvre, plus de huit professionnels des ressources humaines sur dix s'attendent à ce que les candidats négocient.

Par conséquent, si un employeur tente de vous convaincre que son offre ne peut être revue à la hausse, n'y croyez pas trop. 92 % des employeurs pensent que le salaire est négociable.

De plus, environ la moitié des employeurs affirment que certains avantages non salariaux sont également négociables :

- Remboursement des frais de déménagement (58 % des employeurs)
- Évaluation rapide des performances avec possibilité d'augmentation (48 % des employeurs), par exemple à la fin de la période d'essai
- Primes (49 % des employeurs)
- Congés (50 % des employeurs).

Alors, n'hésitez pas ! Puisque les employeurs s'attendent à ce que vous demandiez plus, faites-le ! Reportez-vous au chapitre 10 pour bien gérer la question du salaire et devenir un bon négociateur.

La rémunération est-elle satisfaisante ?

Vous pouvez vous satisfaire de peu ou avoir un train de vie exigeant. À vous de déterminer vos besoins. Pour la plupart d'entre nous, l'argent n'est qu'un moyen de payer notre loyer, notre nourriture, notre moyen de transport, nos vêtements et nos loisirs. Comme je l'ai expliqué au chapitre 10, la rémunération se divise en trois parties : le salaire de base, le salaire variable (les primes, par exemple) et le salaire indirect (les avantages en nature). Évaluez chacun de ces éléments en vous posant les questions suivantes :

- Le salaire de base correspond-il au prix du marché ?
- Quels sont les composants du salaire variable – primes, commissions, stock-options ?
- Quels sont les avantages en nature – caisse de retraite, voiture de fonction, etc. ?
- Sur quelle base les augmentations se font-elles ?

Demandez un contrat de travail

Le contrat de travail écrit est de plus en plus courant. Juridiquement, aucune règle n'est gravée dans le marbre et chaque contrat est différent. Mais il existe toutefois quelques principes de base à connaître.

Le contrat type

Les relations de travail ont tendance à se formaliser aussi bien avec les cadres qu'avec les techniciens et le personnel administratif. Les sociétés ont la possibilité de vous demander de signer un contrat et ne s'en privent pas. Si vous refusez, elles n'hésitent pas à recruter quelqu'un d'autre. Cela dit, d'une manière générale, vous aurez moins de difficultés à négocier un contrat de travail s'il y a pénurie d'emploi que si dix personnes attendent derrière vous.

Les principales clauses du contrat de travail concernent le titre du poste et les grandes caractéristiques de la mission, le statut, la rémunération, la mobilité, le lieu et les horaires de travail, le remboursement de la formation, la confidentialité, le détournement de la clientèle, la non-concurrence (clause interdisant au salarié de travailler dans une autre société du même secteur pendant une certaine période), l'arbitrage et autres règlements alternatifs des litiges.

Les contrats de travail sont généralement légaux et applicables – mais pas toujours. Si vous pouvez vous permettre de consulter un conseiller juridique avant de signer, faites-le.

Votre contrat de travail

Il y a quelques années, seuls les dirigeants signaient un contrat de travail stipulant les conditions de leur recrutement – et de leur licenciement. Mais cette pratique se généralise à tous les niveaux. Aussi, si vous pensez avoir la moindre chance d'obtenir un contrat en votre faveur, faites-en la demande. Quel que soit le poste qu'on vous propose, vous devez au minimum avoir une lettre d'embauche, qui précise les principales modalités de votre recrutement.

N'hésitez pas à décliner une offre inintéressante

Dans l'euphorie du moment, vous êtes tenté d'accepter l'offre. Mais, avant de sabrer le champagne, assurez-vous d'avoir le montant de votre salaire, le détail de vos avantages non salariaux et la date de votre recrutement par écrit. Ces informations sont très importantes, notamment si vous devez déménager.

Si vous avez reçu l'offre par téléphone, demandez à l'employeur de vous envoyer une lettre d'embauche.

Toutefois si, après mûre réflexion, vous avez le sentiment que le poste n'est pas fait pour vous, ne vous sentez pas obligé de l'accepter uniquement parce que vous avez tout fait pour l'obtenir. Si vous décidez de vous retirer au dernier moment, envoyez une lettre courtoise à l'employeur pour l'en informer. Besoin d'aide pour la rédaction de votre lettre ? Reportez-vous à mon livre *Les Lettres d'accompagnement pour les Nuls*.

Sixième partie

La Partie des Dix

« Des recruteurs ont sillonné la plage pendant toutes les vacances. Je n'avais encore jamais été interrompue par la marée montante à un entretien de recrutement. »

Dans cette partie...

Baissons le rideau sur le défi le plus important que les demandeurs d'emploi doivent relever en cette période globale de reprise économique, en dépit de la légère incertitude de cette rentrée 2001. Vous ne trouverez pas un nouvel emploi du jour au lendemain et il est indispensable que vous gardiez le moral pour que votre recherche aboutisse. Les trois derniers chapitres de ce livre ont donc pour but de vous aider à ne pas perdre le sourire.

Nous ne pouvions pas nous quitter sans un bis ! Celui-ci a été rédigé par une personne qui s'y connaît aussi bien en auditions qu'en entretiens de recrutement.

Chapitre 24

Interviewers : dix personnalités types

Dans ce chapitre :

- Types d'interviewers que vous pouvez rencontrer
- Informations drôles mais utiles

Nous avons tous tendance à aimer les interviewers qui nous ressemblent. De plus, la personnalité d'un interviewer correspond souvent à celle des personnes qui travaillent dans la société.

Voici une nomenclature détaillée des différents types d'interviewers auxquels vous pouvez être confronté, présentés selon leur appellation latine. Sans en arriver au transfert de personnalité, essayez d'être en harmonie avec celle de votre interviewer. Par exemple, si celui-ci est charmant et courtois, montrez-vous aimable également. En revanche, s'il est plutôt brusque, allez à l'essentiel sans vous soucier d'y mettre les formes.

En reflétant le comportement de l'interviewer, vous parviendrez à créer une affinité entre lui et vous.

Bavardus (Bavard)

Tenue à la mode. Entouré d'objets ayant une valeur sentimentale (photos, souvenirs), désordonné, arrive souvent en retard. Comportement extraverti et optimiste.

Le *Bavardus* aime la compagnie. Il gravite toujours autour d'une foule de gens. Il parle beaucoup et vite, alors soyez attentif.

Commencez par établir un lien avec lui. Il ne fera probablement pas beaucoup attention à vous s'il ne vous aime pas. Il est donc essentiel que vous soyez sur la même longueur d'onde que lui : souriez et faites preuve d'enthousiasme. Faites le maximum pour l'intéresser tout au long de l'entretien – surtout ne l'ennuyez pas.

Chaleureuxus desordonneus (Chaleureux désordonné)

Inoffensif, amical, altruiste. Entouré d'objets personnels, fait plusieurs choses à la fois, sourit souvent avec sincérité. Comportement rassurant, soucieux et réfléchi.

Ce spécimen fait tout pour que vous soyez à l'aise avant de commencer l'entretien. En réalité, il passe tellement de temps à s'occuper de vous qu'il peut ne jamais vous interroger.

Établissez le contact, puis orientez vous-même l'entretien vers des considérations plus professionnelles. Le *Chaleureuxus desordonneus* ne demande pas mieux que de se laisser guider. Après tout, ce qui compte, c'est que vous soyez content. Ne vous attendez pas à ce qu'il sache mener un entretien efficacement – il déteste prendre des décisions. Prenez l'initiative de décrire vos qualifications.

Expertus technicus (Expert technique)

Pas de profil particulier. Entouré de stylos, de bloc-notes, d'une calculette ou d'un ordinateur portable. Porte un titre technique : comptable, assistant marketing ou ingénieur en chimie. Comportement amical mais distant.

L'*Expertus technicus* ne se mêle pas facilement aux autres espèces. Prenez soin de vous camoufler derrière vos connaissances techniques et vos réalisations. Pour plaire à ce spécimen, essayez de découvrir les centres d'intérêts professionnels que vous avez en commun avec lui.

L'Expertus technicus est très calé dans son domaine mais n'a généralement pas beaucoup d'expérience en matière d'entretien. Décrivez-lui vous-même vos compétences en détail – ne partez pas du principe qu'il sera capable d'identifier tous vos points forts. Soyez prêt à poser les bonnes questions.

Homo affairus serius (Homme d'affaires sérieux)

Grisonnant, couronné de succès, vêtu d'un costume taillé dans un tissu de qualité. Comportement sérieux et professionnel.

Abordez ce spécimen avec confiance et humilité et faites-lui savoir que vous ferez le maximum pour gravir les échelons. Décrivez votre formation, vos réalisations, votre éthique professionnelle et vos compétences en matière de leadership. Montrez que vous connaissez bien la société.

Laissez à l'*Homo affairus serius* le contrôle de l'entretien. Pour le convaincre, expliquez-lui clairement quelles sont vos compétences et comment vous pouvez les appliquer au poste visé.

Attention ! L'*Homo affairus serius* est amical. Toutefois, certains individus de cette espèce ont un gène mutant qui les rend très dangereux. Méfiez-vous de ceux qui essaient de vous déstabiliser avec des questions déplacées ou un comportement stressant.

Indifferentus contemplatifus (Indifférent contemplatif)

Tenue confortable, environnement pratique, pas d'objets personnels, aime la solitude. Méthodique, précis et professionnel. Comportement calme et autosuffisant.

S'il y a la moindre incohérence dans votre CV, attendez-vous à ce que l'*Indifferentus contemplatifus* vous demande une explication logique. Ce spécimen est un penseur – il a l'esprit analytique et critique. Abordez-le avec réserve et confiance. Ne parlez pas trop et n'essayez pas de devenir son meilleur ami. Donnez des réponses ciblées, dépourvues d'informations non pertinentes – le délayage rend l'*Indifferentus contemplatifus* fou.

En revanche, n'hésitez pas à entrer dans des détails précis. Dites qui, quoi, pourquoi, quand et comment. Ce spécimen a besoin d'informations à analyser. Offrez-lui vos compétences, vos réalisations et votre expérience en pâture.

Interviewerus incompetentus (Interviewer incompétent)

Profils divers et variés. Caractérisé par une mauvaise technique d'entretien. Comportement : tout est possible.

Contrairement à son cousin, l'*Interviewerus competentus*, l'*Interviewerus incompetentus* manque de formation ou d'expérience en matière de recrutement – à moins qu'il ne soit simplement préoccupé par des problèmes personnels. Si votre entretien part dans tous les sens, si les questions sont déplacées ou sans intérêt, ou si vous êtes confronté à une brute arrogante qui ne vous laisse pas parler, soyez sûr que vous êtes entré dans le repaire de l'*Interviewerus incompetentus*.

Pour en sortir indemne et laisser la meilleure impression possible, prenez le contrôle de la situation. Reformulez les questions de façon plus ciblée, posez des questions montrant vos connaissances ou votre savoir-faire dans un domaine particulier, restez calme, et mettez vos compétences en parallèle avec le poste. Ne surestimez pas la capacité de ce spécimen à découvrir votre potentiel.

Intimidatorus hieraticus (Intimidateur hiératique)

Tenue impeccable, conservateur, très ordonné et organisé. Goût pour les meubles anciens. Professionnel, toujours à l'heure. Comportement réservé, scrupuleux et critique.

Approchez ce spécimen avec calme et sérieux. Ne l'effrayez pas avec des bavardages, une fausse complicité ou une attitude hypocrite. L'*Intimidatorus hieraticus* ne va pas au bureau pour se faire des amis mais pour travailler et uniquement pour travailler. Ne perdez pas votre temps en plaisanteries. Allez droit au but, aussi succinctement que possible.

Quoi que vous fassiez, ne laissez pas l'*Intimidatorus hieraticus* voir qu'il vous intimide – il n'a pas de respect pour les personnes qui le craignent et passerait directement au candidat suivant.

Jeunus battantus (Jeune battant)

La trentaine, visage encore enfantin, tenue classique, allure bon chic bon genre de l'étudiant qui fréquente les salons de l'emploi, facile à apprivoiser. Comportement chaleureux, positif et amical.

Abordez ce spécimen avec un charme tout naturel et il vous mangera dans la main. Insistez sur vos loisirs et vos centres d'intérêts. Discutez du leadership en général et montrez l'admiration que vous avez pour la société. Soyez enthousiaste mais concis.

Le *Jeunus battantus* a peu d'expérience en matière d'entretien de recrutement, voire aucune. Mettez-le à l'aise en lui posant des questions. Pour obtenir le poste, faites référence à des qualités, des compétences, des expériences et des objectifs auxquels il peut s'identifier.

Valorisez-le, mais sans en faire trop.

Patronus potentielus (Patron potentiel)

Différents profils proches de l'*Homo affairus serius*. En général, responsable du service concerné, recherche de l'aide. Comportement sérieux et pratique.

Pour identifier ce spécimen, demandez à l'*Homo affairus serius* qui vous fait passer l'entretien s'il sera votre futur patron. Si c'est le cas, vous êtes en présence du Patronus potentielus. Posez-lui des questions sur son style de management et montrez-lui que vos compétences sont compatibles avec sa philosophie. Par exemple, s'il parle du travail en équipe, dites-lui que vous aimez travailler avec les autres.

Le *Patronus potentielus* apprécie le bon sens, l'expérience professionnelle, l'optimisme et déteste l'arrogance et l'immaturité. Gardez votre sang-froid et laissez-lui le contrôle de l'entretien.

Recrutorus professionnalus (Recruteur professionnel)

Aimable, professionnel, bien habillé. Comportement calme, confiant et mesuré.

Le *Recrutorus professionnalus* fait passer des entretiens toute la journée pour le compte de diverses sociétés. Il procède par élimination et cherche des raisons de vous exclure du processus de recrutement. Il ne vous laissera pas poser beaucoup de questions. Aussi, concentrez-vous sur les siennes et répondez-y en donnant le maximum de détails sur vos compétences, votre expérience et vos réalisations.

Pour lui faire bonne impression, montrez le meilleur de vous-même. Portez une tenue impeccable, soyez enthousiaste et témoignez un intérêt sincère pour le poste. Exprimez-vous avec assurance et clarté.

Jeu de rôlus

Si vous n'êtes pas convaincu par la description de ces profils délirants, mettez-vous en situation en essayant d'imaginer une personne que vous connaissez dans chacun de ces rôles. Mieux encore, faites appel à des amis et demandez à chacun de jouer un rôle particulier et de vous faire passer un entretien. Bonne chance avec l'*Indifferentus contemplatifus* et l'*Expertus technicus* !

Chapitre 25

Dix entretiens insolites

Dans ce chapitre :

- Dix anecdotes véridiques

Même si vous vous préparez bien à un entretien, il y a toujours une part d'imprévu. Et parfois, les choses peuvent mal tourner.

Certains candidats laissent échapper des informations fatales : un jeune homme a répondu à un interviewer qu'il avait besoin d'un emploi à temps partiel parce qu'il était « fatigué de dormir toute la journée ». Inutile de vous dire qu'il n'a pas obtenu le poste.

D'autres font des erreurs de jugement : quatre étudiants ont été invités à passer un entretien au cours d'un déjeuner dans une grande brasserie. Trois d'entre eux ont commandé la bière du brasseur mais le quatrième a commandé celle d'un concurrent. Dès lors, le quatuor est devenu un trio.

D'autres encore jouent simplement de malchance : lorsque j'étais jeune diplômée, j'ai passé un entretien pour un poste de coordinatrice dans le secteur de la mode. J'étais rayonnante dans mon costume en soie couleur champagne. Lorsque je suis entrée dans le bâtiment, le seau d'un laveur de carreaux est tombé du onzième étage, aspergeant mon tailleur, mon visage et mon assurance d'eau boueuse. Mais j'ai réussi à prendre cette mésaventure avec humour et j'ai obtenu le poste.

Vous voyez comme tout peut basculer d'une minute à l'autre. Les dix anecdotes suivantes sont véridiques et m'ont été envoyées par des collègues. Je vous les livre telles qu'elles m'ont été rapportées. Seuls les noms des candidats et les lieux ont été modifiés pour des raisons évidentes de confidentialité. Ces anecdotes sont drôles, instructives et parfois franchement extravagantes.

Soyez adulte

Quelle ne fut pas ma surprise, en allant chercher un de mes candidats dans la salle d'attente du cabinet d'être suivi par... deux personnes. Il y avait bien sûr le candidat que j'avais convoqué (c'était un jeune garçon de 24 ans qui sortait d'une des meilleures écoles françaises), mais il y avait aussi… sa maman. Celle-ci a beaucoup insisté pour assister (participer ?) à l'entretien, ce dont il n'était évidemment pas question. J'ai eu beaucoup de difficulté à la faire rester dans la salle d'attente pendant que j'expliquais à son fils qu'il n'aurait aucune chance de trouver un poste correspondant à ses qualifications techniques avec ce type de démarche. Gêné mais sympathique, il m'a expliqué que sa mère était très envahissante, ce dont j'ai convenu. Je lui ai demandé si sa mère viendrait aussi avec lui à l'usine pour l'aider à manager les équipes qu'il aurait bientôt sous sa responsabilité.

Si ce jeune candidat se reconnaît à la lecture de ce livre, qu'il me contacte pour me dire qu'il a effectivement tiré les enseignements de cette première expérience... déroutante et rare.

Fuyez la guigne

Je présentais un jour au Pdg d'une entreprise un candidat brillant au poste de directeur financier. Arrivé un peu avant le candidat, je m'entretenais avec mon client, dans son bureau situé au rez-de-chaussée d'un immeuble très moderne et dont les vitres étaient teintées : on peut voir au dehors sans être vu de l'extérieur. Quelques minutes avant l'heure (bravo), notre candidat arrive en voiture, gare son véhicule sans encombre (re-bravo), range son auto-radio amovible dans le coffre arrière (prudent !) et se cogne très brutalement le nez, qui explose quasiment, en refermant son coffre. Catastrophe ! Le coup est très violent. Quelques minutes plus tard, après quelques soins dispensés à l'accueil de la société, le candidat est introduit dans le bureau du Pdg avec un énorme pansement sur le nez et quelques taches de sang sur son costume. Il nous explique ce que nous savions déjà, pour l'avoir vu par la fenêtre, et se reprend rapidement pour conduire finalement un bon entretien... jusqu'au moment de prendre congé. En se dirigeant vers la porte du bureau après avoir serré la main du Pdg, il heurte la plante grasse, se prend les pieds dans le tapis et s'étale de tout son long.

Finalement, tout était très bien chez ce candidat sauf l'entrée en matière et la sortie. Le Pdg m'a félicité pour mes critères techniques de sélection (le candidat était, à part tout cela, très compétent) mais m'a dit qu'il préférait choisir quelqu'un de moins malchanceux !

La situation est grave mais pas désespérée

J'ai fait passer un entretien à Lise, une candidate pour un poste au sein d'un organisme à but non lucratif. Cette jeune célibataire avait besoin d'une source de revenus et d'une expérience professionnelle. L'entretien, qui s'était bien passé, était presque terminé lorsque je lui ai demandé : « Si nous vous offrons le poste, pourriez-vous commencer à travailler le lundi 25 ? » Sans hésitation, Lise a répondu : « Non, je dois emmener mon bébé passer un test de paternité ce jour-là. » Elle n'a pas obtenu le poste.

La scoumoune

Mon ami Pierre devait passer un entretien à Genève. Comme il ne connaissait pas bien la ville, il s'est rendu sur place la veille pour voir où il pourrait se garer. Le jour de l'entretien, il est arrivé en avance, s'est garé à l'endroit qu'il avait repéré et s'est rendu à son rendez-vous. Il a fait de son mieux pour que tout se passe bien. L'entretien commençant à 10 h, il a pensé qu'il serait terminé pour l'heure du déjeuner.

Six heures plus tard, Pierre, épuisé par une journée entière d'entretien, s'est traîné jusqu'à sa voiture. Voiture ? Quelle voiture ? Un bus était garé dans sa place de parking ! Pierre s'est précipité dans le bus pour demander au chauffeur ce qu'il était arrivé à sa voiture. Le chauffeur s'est contenté de lui montrer un panneau indiquant : PARKING INTERDIT 15 h 30-18 h 30.

Pierre avait vu le panneau en arrivant mais il était tellement concentré sur son entretien qu'il n'y avait pas fait attention. Un voyage à la fourrière plus tard, il a fini par récupérer sa voiture moyennant trois heures de démarches et beaucoup d'argent.

Sois drôle ou tais-toi

Après avoir passé vingt minutes à me poser des questions classiques, mon interviewer, une véritable armoire à glace, s'est soudain levé de sa chaise pour me regarder de haut d'un air menaçant et m'a crié : « Donnez-moi un exemple de votre sens de l'humour – TOUT DE SUITE ! » Il n'est pas particulièrement facile d'être drôle lorsque vous vous trouvez en face d'un rhinocéros de deux tonnes. J'ai su plus tard que c'était une technique visant à évaluer mon stress – l'interviewer voulait tester ma réaction dans une situation imprévue. Bien sûr, après avoir vu le genre de personne à qui j'aurais affaire, je n'étais plus intéressée par le poste. Jusque-là, tout s'était pourtant très bien passé. J'avais simplement oublié que certains individus pensent encore que les techniques démodées de provocation permettent d'anticiper le comportement humain sur le lieu de travail.

Alexandre le Bienheureux

J'ai fait passer des entretiens pour un poste de direction dans une école privée. Mon objectif était de déterminer les compétences des candidats en matière de management. Je recherchais quelqu'un qui soude les équipes et joue un rôle de mentor auprès d'un personnel important.

Après avoir lu plus de cent CV avec l'aide d'un comité de recherche, je suis parvenu à isoler trois personnes. Le meilleur candidat semblait être Alexandre, un homme provenant d'une école prestigieuse qui avait occupé le même poste que celui que je souhaitais pourvoir. Il avait l'air d'être fait pour le rôle.

Étant donné que la capacité à souder les équipes était importante, après lui avoir posé quelques questions banales, je lui ai demandé de s'imaginer dans la situation suivante :

Vous avez deux employés efficaces qui ont des opinions bien arrêtées. Ils ont tous deux contribué au succès du service à plusieurs reprises. Vous leur avez demandé de travailler sur le même problème et ils vous suggèrent des solutions brillantes mais tout à fait opposées. Comment faites-vous pour choisir une solution sans détruire l'esprit d'équipe ?

Bien sûr, il n'y a pas de bonne réponse à ce dilemme. Ce qui m'intéressait, c'était le raisonnement du candidat afin d'évaluer son style de management.

Alexandre est allé droit au but : *Oh, je ne m'embarrasse pas de ce genre de broutilles !* Ni moi de candidats comme vous, ai-je pensé.

Chronique d'une mort annoncée

J'ai fait passer avec un autre recruteur plusieurs entretiens pour divers postes. À chaque fois, j'ai été stupéfié de voir le nombre de personnes qui laissaient échapper des informations négatives. Les candidats disent tout :
le bon et le mauvais. On dirait que c'est plus fort qu'eux.

À la fin de la journée, j'ai interrogé un jeune homme qui semblait vouloir confesser tous ses péchés. Mon collègue m'a pris à part et m'a chuchoté : « À ton avis, combien de *Je vous salue Marie* on lui donne ? »

Duel

C'est l'histoire d'un entretien qui a failli ne pas avoir lieu pour une simple question de prénom.

Ma fille, France, a été convoquée à un entretien pour un poste d'assistante au service des ressources humaines d'une société d'Annecy. Lorsqu'elle est entrée dans le bureau, elle s'est présentée à l'interviewer : *Bonjour, je m'appelle France.* L'interviewer a répondu : *Bonjour, JE m'appelle France.*

L'interviewer a dit à ma fille qu'elle avait failli ne pas obtenir d'entretien parce qu'elles avaient le même prénom et que cela pouvait entraîner des confusions dans le service. Deux entretiens plus tard, ma fille a obtenu le poste et l'a accepté. Ne me demandez pas comment ils s'en sortent avec les prénoms.

Meilleur espoir masculin

En tant que conseil en carrière, j'ai passé un jour un entretien face à un panel de huit membres. Au bout de quinze minutes, le responsable du comité de recherche s'est levé et m'a demandé de me prêter à un jeu de rôles consistant à évaluer mes performances en situation de crise. Une femme du panel s'est proposée pour jouer le rôle du client. Ce jeu de rôles a dû être vraiment réaliste car, d'un seul coup, elle a fondu en larmes et elle est devenue hystérique.

J'ai passé dix minutes à essayer de la calmer en lui suggérant des solutions pour l'aider sous les yeux de ses collègues.

J'ai obtenu le poste, mais la femme qui avait joué le rôle du client lors de mon entretien ne m'a plus jamais adressé la parole.

L'arroseur arrosé

En surfant sur le l'Internet, je suis tombé sur cette histoire, qui s'est passée à la suite d'un entretien. On peut dire que le candidat a eu du cran et beaucoup d'humour.

Philippe Barrois a reçu une réponse négative à la suite d'un entretien. Mais ce n'était pas le genre de personne à se lamenter sans rien faire. Décidé à rejeter le rejet de sa candidature, il a envoyé le message suivant à son interviewer :

Cher Monsieur Louis,

Je vous remercie pour notre entretien du 15 mai et votre lettre du 2 juin. Malgré l'intérêt de votre décision, j'ai le regret de vous informer que je suis dans l'impossibilité d'accepter votre réponse négative concernant le poste pour lequel j'ai postulé dans votre société.

Cette année, j'ai eu le privilège de recevoir un nombre extraordinaire de réponses négatives. Victime de mon succès, je ne peux malheureusement pas accepter toutes ces réponses.

En dépit des qualifications remarquables de votre société et de votre expérience en matière de rejet de candidature, votre refus ne correspond pas à mes besoins dans l'immédiat. Par conséquent, je commencerai à travailler dans votre société dès que j'aurai obtenu mon diplôme.

Dans l'attente de vous revoir, je vous souhaite bonne chance dans vos futurs rejets de candidature.

Sincères salutations.

Philippe Barrois

Index alphabétique

• • • SAGIM • CANALE • • •

Achevé d'imprimer en juillet 2005
sur rotative Variquik
à Courtry (77181)

Imprimé en France

Dépôt légal : juillet 2005
N° d'impression : 8663